JN220939

三次元占星術

Three-dimensional astrology

松村 潔

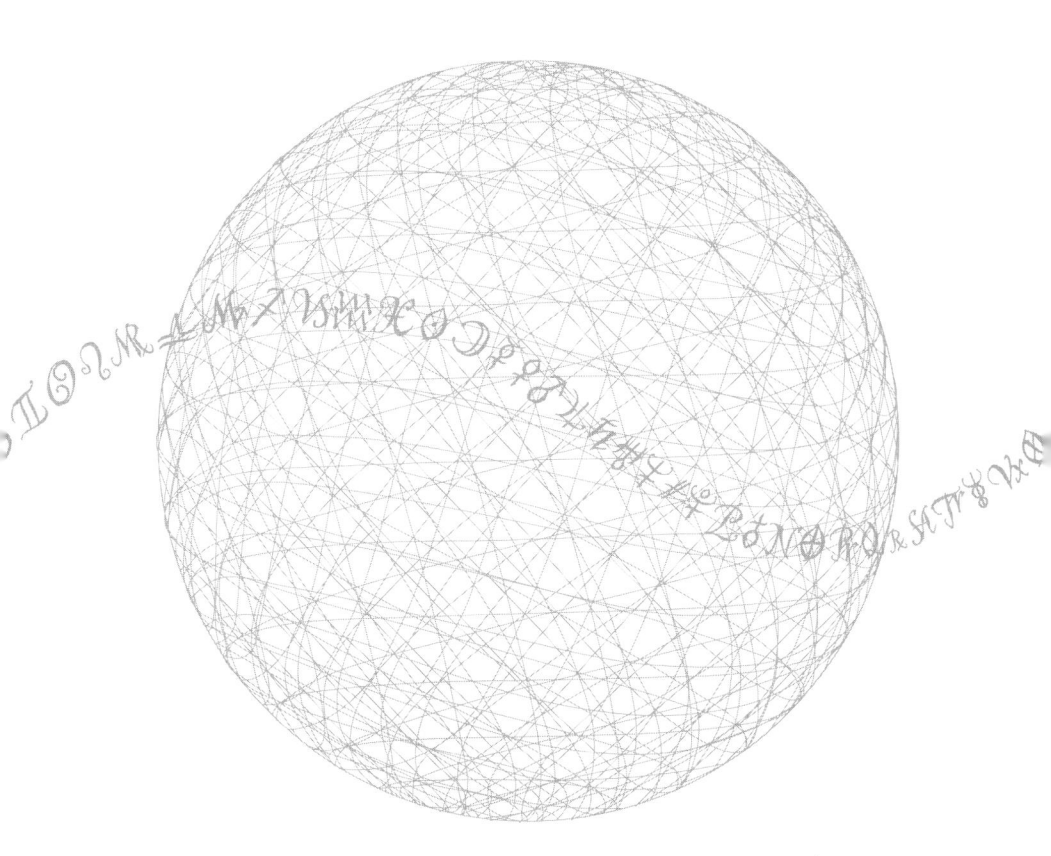

説話社

はじめに

　私は、占星術に関して、比較的新しい手法または実験的な手法などを紹介することが多いのですが、今回の「三次元占星術（三次元ホロスコープ）」はこの中で最も考え方の飛躍が大きいものかもしれません。また内外で誰が似たようなものを使っているのか知らないので、これを読んだ人は馴染むまでに時間がかかるかもしれません。しかし本人の実感としては、実はこれが一番身近で、素朴なものです。実際に理論は全くのところ複雑ではありませんから、長く勉強する必要はないかもしれません。

　イギリスの詩人であるウィリアム・ブレイクは、世界（アルビオン）の始まる前は、コスモスは卵の形をしていると作品の中で表現していますが、この卵の内部が細かく分岐していくことで、世界が作られます。

　私がしばしばよく見るのは、釣鐘のような形の中に自分がいて、この釣鐘の内側には文字が張り巡らされているというものでした。そしていつもこの文字は、日本語でも英語でもなく、古い記号のようなものでもあります。イスラムのモスクを見た時に、内側の天井の近くには、模様のような文字が描かれていますが、それも似ていると思いました。イスラムの模様は日蓮のひげ文字のような感じですが、私のものはシンプルな折れた釘のような文字ばかりです。

　このイメージをそのままホロスコープにするのならば、宇宙の暗闇の中に存在する太陽系をそのまま重ねてしまうのが一番自然です。真ん中に太陽系の太陽があり、そこから見て、回転する惑星群が腹帯のように取り巻いていて、太陽を細かく分割した内臓のようなものでもあり、そして遠くにはたくさんの恒星や星座があります。

これまでの占星術では、この世界の卵の中心の太陽をいくつかに分割したかけらとしての惑星の一つ、地球の中から宇宙を見ていくという視点のものでした。そして猫は人を猫の一種と見ているということと同じように、地球が公転しているのに、この公転を動かない太陽に投影することで、地球色に染まった太陽を自我の中心と見ていくという、考えてみればかなり歪んだ宇宙像で考えることが当たり前のことになっていました。個人の人生としての、細かい体験部分に入り込んだところを覗くにはある程度向いているかもしれませんが、狭い箱に入れられたブロイラーのようで、これではあまりにも息苦しいといえます。人間を部分的な部品と認識することから抜け出せないのです。そこで、もともとの世界の卵に戻した視点からあらためて人生を考えようというのが、この三次元ホロスコープの趣旨です。

　この世界の卵は、大きな次元では、集団意識のクラスターとなり、形としては、スズメバチの巣のようなものです。そしてミクロの世界では、もちろんさまざまな物質の基礎構造になります。また、宇宙のあらゆるものは、球形か、螺旋（らせん）か、管、糸や紐のようなものでできていると考えますが、これらは世界の卵が移動する残像が螺旋となり、遠くからあるいはより大きなところから見たら、それは管、紐にも見えるということなのです。みな同じ構造です。この螺旋の管は、バスとか鉄道などにも投影されます。宮沢賢治の「銀河鉄道の夜」の中の列車は、こうした構造のことを描いていて、円形のレールは七つのグループに分かれていることを書いています。

　これまでの占星術は、個人の物質的な存在の場所を宇宙の中心点にしてあらゆることを考えるということでしたが、これは個人の物質的な存在の

場所、つまり感覚的なものを極端に強めてしまう弊害を生み出し、そこから全く身動きが取れないということにもなります。ですが、人間の思考も感情も、実際にはこの肉体に閉じ込められているわけではありません。もしそれらが身近な感覚や肉体に閉じ込められているのならば、私達は想像力も働かないし、テレビを見て、隣国での事件を考えもできません。

　私達は複数の層でできており、この中で一番低い部分が、船が錨を降ろすように、地球に接触していて、このボトムの部分以外は、あらゆるところに知覚が開かれています。ボトムの部分があたかもすべてを支配しているかのように錯覚する傾向はあります。

　テレビの放送は飛んでいる電波の中にあり、ボトムとしてのテレビ装置が作り出しているわけではありませんが、テレビという末端の装置さえあれば、何でも見ることができると思ってしまいます。アルバート・ズスマンの皮肉な表現を例に挙げると、「ほら、いまお父さんが車から出てきた。やはりお父さんは車だったんだね」というふうに、勘違いするのです。

　これらのことをあらためて考えるのに、個人の肉体を中心にせず、太陽系の中心の太陽を、人間の自我の中心点にするというのは、存在の位置座標の歪みを修正するには、役立つのではないでしょうか。体はここにある。だが、自我はここにあるわけではなく、太陽系の中心の太陽にあり、私の一部が地球に錨を降ろしていて、そこから情報を得ているというイメージです。できれば今後この方法をもっと展開したいと思います。

Contetns

はじめに …… 2

I 三次元占星術の基礎 …… 9

1 すべての男女は星であるという発想 …… 10

2 日蝕の夢見の中で太陽意識を受け取る …… 15

3 夢とエーテル体の体験 …… 18

4 9区画システム …… 21

5 サイズの異なるコスモス (1) …… 23

6 サイズの異なるコスモス (2) 〜蟹座の場合〜 …… 25

7 折口信夫と柳田國男の比較 …… 27

8 タロットカードの「I 魔術師」 …… 30

9 グルジエフの七つのコスモス論 …… 35

10 異なるコスモスとの断絶 …… 38

11 ジオセントリック占星術の閉鎖性 …… 40

12 プラトンとアリストテレスの溝 …… 43

13 10 ハウスと 12 ハウスの価値の比較 …… 45

14 相対的な惑星の関係 …… 48

15 惑星における恒星の力 …… 51

16　7と12の法則 ····· 58

17　三次元ホロスコープのシンプルな枠組み ····· 60

18　三次元占星術を推奨する理由 ····· 64

II 三次元占星術の解説 ····· 69

1　三次元占星術に使えるアプリケーション ····· 70

2　ハウスの概念 ····· 71

　1ハウス ····· 74

　2ハウス ····· 76

　3ハウス ····· 77

　4ハウス ····· 78

　5ハウス ····· 79

　6ハウス ····· 80

　7ハウス ····· 81

　8ハウス ····· 82

　9ハウス ····· 83

　10ハウス ····· 84

　11ハウス ····· 85

　12ハウス ····· 86

3　非物質的視覚意識 ····· 88

4　感覚の独立性 ····· 91

5　近日点・遠日点・ノード ····· 99

6　黄経に配列された恒星の一覧 ····· 102

7　七つのグループ …… 125

　グループ2 … 129

　グループ3 … 147

　グループ4 … 150

　グループ5 … 160

　グループ6・グループ7 …… 164

8　12のサイン …… 187

　牡羊座 ……… 188

　牡牛座 ……… 193

　双子座 ……… 198

　蟹　座 ……… 204

　獅子座 ……… 210

　乙女座 ……… 214

　天秤座 ……… 219

　蠍　座 ……… 226

　射手座 ……… 234

　山羊座 ……… 240

　水瓶座 ……… 245

　魚　座 ……… 250

III　三次元占星術の実践 …… 259

1　恒星の一つひとつに飛ぶ練習 …… 260

2　ヤコブの梯子の入り口 …… 265

3　12サインの活用法 …… 274

4　タロットカードの活用法 …… 283

5 回転する方向 ····· 290

6 縦糸と横糸の織り成す日本 ····· 296

7 土地を歩く時の心得 ····· 0

8 黄金比での回転とマカバ ····· 317

9 地図への投影法 ····· 326

10 まとめ〜分割の恐れを乗り越えるために〜 ····· 332

補遺 ····· 339

1 三次元ホロスコープの出し方 ····· 340

2 ジオセントリックとヘリオセントリックの併用 ····· 347

おわりに ····· 358

著者紹介 ····· 362

I

三次元占星術の基礎

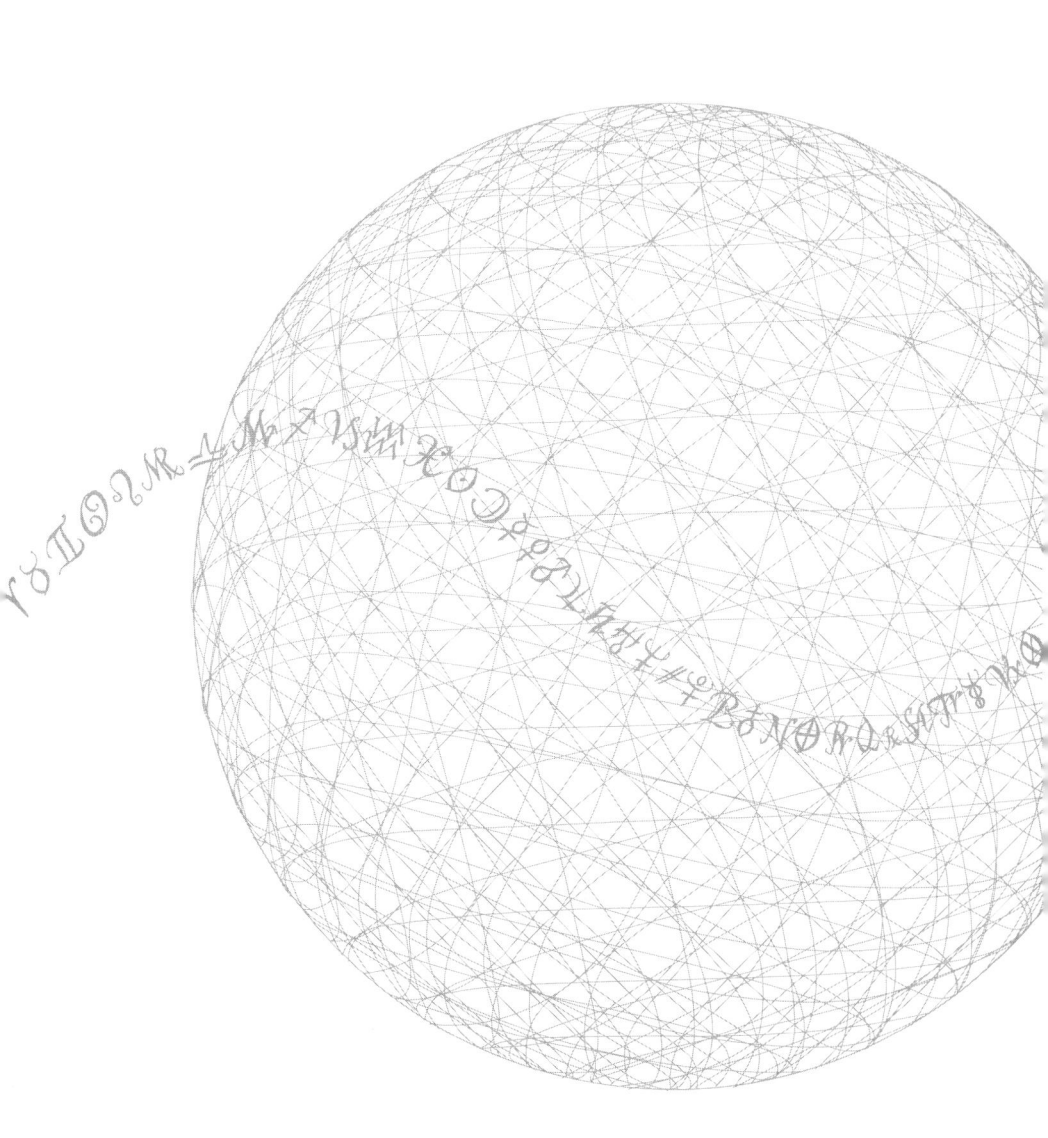

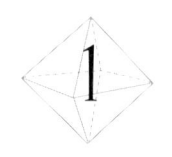 # すべての男女は星であるという発想

40年前から考えていた
ホロスコープを三次元的にとらえる方法

　最近、私はあまり複雑ではないホロスコープの読み方として、三次元的なホロスコープを常用するのがよいと考えるようになりました。前から、太陽を中心にしたヘリオセントリック占星術には関心が強かったのですが、それは確かに中心の存在する考え方だったからです。

　個人が生まれた地点から宇宙を見ていくという通常の天動説的な占星術を、「ジオセントリック占星術」といいますが、これには中心の概念がなく、さらにプラトンのいうような宇宙の構成要素の五つの元素のうち、最も重要な五番目のものを省略して四つの元素のみで考えるというシステムのことです。

　一番重要なものを取り除いて考えるというのは、実に奇妙な話ではないかと思うわけです。ヘリオセントリック占星術のように、中心に太陽がある体系を考えていると、生活姿勢としても、身体の中心点を意識するので、これはとても気持ちが良いということもわかるはずです。

　自分がどこかに部品として張りついているのではなく、丸ごと全体的なものを所有する存在とみなすことができるからです。

　三次元ホロスコープというのは、このヘリオセントリックの考え方にもう少し幅をつけたものです。私にはむしろこのやり方が最もシンプルな占星術であるように見えのです。

　具体的には、ヘリオセントリックの図と、その外側に、太陽を中心にし

て360度に広がる天球図を配置して、この球体の図をリーディングするという方法を採ります。実は、私は40年前くらいから、この三次元的な図でホロスコープを考えたいということをあちこちで言い続けていて、最初はレーザーのホログラムのようなものを表示して読むのがよいと説明していました。ですが、これでは大がかりになります。

　ある時期から大阪での講座が増えたのですが、その時、大阪の人達は海外版のホロスコープのアプリケーションである「ソーラーファイヤー」を使っている人が多く、このアプリケーションでは、プラネタリウムの表示ができることがわかりました。これだとある程度想像力で補うことで、三次元的な球体のイメージを思い描き、立体的に考えることができます。

　大げさな準備もなしにできるということがわかったので、最近はこの三次元的なヘリオセントリックのホロスコープを展開しようと決めたのです。

占星術の考えでは天体の動きは
人生の変化と連動している

　アレイスター・クロウリーは "Every man and every woman is a star." すなわち、すべての男女は星であるといいました。

　太陽は恒星ですが、恒星は自分で光り輝き、そして静止しています。この太陽系の太陽を、一つ下の次元に展開したものが惑星群です。これは箱を開くと、中にそのようなものが見えてきたという感じで、中に入らないかぎりは見えてこない領域といえます。

　プリズムに光を当てると七色に分光するように、太陽を象徴とする意識は七つの惑星の意識に分解するのです。そして、さらに惑星の一つは七つの月になります。このように、一つのものを七つに分割する思想は、古代からの思想です。

　惑星はさまざまな速度で太陽の周りを回転しています。すると、ここに

は時間の流れというものが発生するわけです。惑星は「惑う星」あるいは「遊ぶ星」と書きますが、一つひとつは規則的な速度で回転していても、速度の違う複数の惑星の関わりができることで、全体としては何かしら複雑な動きが空間と時間の中に作られていくわけです。

　占星術は、天体の動きが人の人生の変化と連動していると考える体系ですから、この惑星の異なる周期の動きが複合されて複雑な影響が作られることが、どたばたした人生の変化を作り出していると想像できます。しかし外から見ると、これは太陽系という一つの恒星が支配する家の中の出来事であり、内部に関心がないところから見れば、静止した太陽系システムが静かにぽつんと暗闇に浮かんでいるにすぎません。内部でさまざまな忙しい出来事が起きていることは中に入らないとわからないのです。

　太陽系の中で、太陽が自己を分割すると、一なるものが分割されたものの内部では、陰陽二極化、四元素、七つの原理などさまざまな差異へと分化し、それらがまた消失するまでは、離れたものがくっつく引力を発揮するように、動きが生まれます。分割したということと、融合するというのは同じものの裏表ですから、すべての動きはこの分割と融合という運動といえます。歪みを作り出すと、この歪みが元に戻ろうとします。この期間は、宇宙が存在しうるということです。

テレビや雑誌で人気の太陽星座占いでは
本来の自己の10分の1しか示さない

　通常の占星術は、この内部での惑星の一つに人間一人を当てはめます。例えば、太陽星座占いなどは、太陽のサインでその人のキャラクターを想像しますが、この太陽は1年で公転するものなので、太陽ではなく、実は地球のことを示しています。

　一つの有機体の寿命は1回転の長さで測られます。この1回転の中には

春夏秋冬のように四つのサイクルが内包されています。1年間で公転し終える太陽などあり得ませんし、それは地球が回転しており、この地球のサイクルが押しつけられたものなので、占星術で使う太陽は、太陽ではなく地球そのものを意味しています。いわば地球の鏡像とか、地球サイズの太陽の代理人とか、太陽を偽装した地球などといろいろな言い方ができるでしょう。

　つまり太陽サインを自分と同一化することは、惑星のすべてを統合化した太陽ということではなく、七つに分割された一つの地球を自分とみなしているということです。すると、他の六つの分身は自分ではないと思いがちです。占星術では、それらを他人や環境の中の事象に投影し、自分そのものとは考えません。自分をばらばらに割って、それらを環境の中にばらまいているということです。旧来の占星術とは、もともとの自己の7分の1の小さな自己に同一化するので、それは自己喪失の占星術と考えてもよいのです。

　この場合、7分の1の人格には特有の色があります。そしてそれは他の同レベルの他の人格＝惑星と対立関係になりやすいのです。自分の一部が、自分の他の部分と対立するわけです。元の大きな自己からすると仲間だが、小さな人格から見ると、他のものはみな自分とは生き方の異なる要素に見えてしまいます。この違いはかなり大きいのではないでしょうか。

　テレビとか雑誌で使われている太陽星座占いは、太陽のサインだけを取り上げるので、本来の自己の10分の1、ないし7分の1を自分とみなします。このことを私は笑い話にしてしまうのですが、太陽サインが蟹座で母性的、感情が豊かというキャラクターを想定しても、10分の9、あるいは7分の6は違いますよと言われた時に、太陽サインのキャラクターを自分とみなせる人はどこにいるのかということです。ときどき太陽サインと同じサインに水星や金星、他の天体が三つくらい入る人もいます。その場合、10分の3がそのサインの特質を帯びます。それはなかなか太陽サインの比

率が高いといえますが、この場合でも、10分の7は違う性質を持った人ということになるわけです。

下にあるものは自力で上がれないが
上にあるものは自分を分割して降りれる

　小さな自己を七つ集めて、太陽としてのエルダーセルフを取り戻す、つまり惑星が惑うように、時間の中で相対的な出来事に振り回されて生きていることを軸にするのではなく、静止した恒星としての太陽を自己の中心点にして、あらためて、惑星がぐるぐる動くことを自分よりも下位の、周縁的な出来事であり、なおかつそれらはみな自分の部品が演じていることなのだと意識すると、生き方も考え方もかなり変わるのではないでしょうか。

　これはロベルト・アサジョーリがいうように、「私は思考ではない」「私は感情ではない」「私は身体ではない」「疲れていても、疲れているのは身体であり、それは私ではないのだから、私は疲れていない」というように、自己を構成するさまざまな諸機能のどれかの部分に自己同一化しない姿勢を作り出すことなのです。この方式でいえば、私は太陽サインではありませんといわなくてはいけません。これがクロウリーのいうすべての男女は星であるという考え方に通じる、初めの段階です。

　すべての男女は星であるという考え方を推し進めるには、ヘリオセントリックで考える方がより自然でしょう。これまでのジオセントリック占星術は当人の肉体を宇宙の中心に考えるので、それは肉体や感覚に深く結びつきすぎていて、地上の拘束から離れることが困難だからです。

　下にあるものは自力で上がれません。ですが、上にあるものは自分を分割して降りることができるという法則からすると、ジオセントリック占星術では、惑星に落ちた人間が、エルダーセルフに回帰する道筋が示されることはありません。

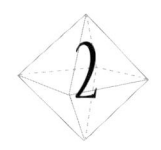

2 日蝕の夢見の中で
太陽意識を受け取る

シュタイナーのいう日蝕とは
天体現象ではなくもっと象徴的な意味がある

　ルドルフ・シュタイナーは、キリストのゴルゴダの秘蹟（ひせき）について幾度も言及していますが、「第五福音書」で、その時、日蝕が生じたということを説明しています。ここでいう「日蝕」とは、よく知られている実際の日蝕というよりも、もっと象徴的な意味を持つものでしょう。

　そもそもシュタイナーが今日知られる日蝕そのものについてのみ語るなどということはほとんどあり得ないように思えます。シュタイナーは、たいてい半分は不可視の領域（「エーテル体」という）と、半分は可視的現象について平行して説明するので、今日の一般的な考え方で、すなわち物理的な見える現象のみを扱う姿勢でシュタイナーを読むと、多くの人は誤解してしまい、シュタイナーのことをとてもおかしなことをいっている人だと考えるに違いないでしょう。

　シュタイナーのいう日蝕の時、太陽の光が地上に届かなくなり、この太陽の光を遮った月の方に光が受け取られました。地上の活動に連動する脳の働きが停止し、地上の植物や動物がすべて一瞬死んだ状態になり、その代わりに月が象徴するエーテル体（「生命体」と定義づけられる身体）というもう一つの見えない身体が、太陽の力を受け取ったわけです。

　通常の脳の機能はぼんやりして、夢見のような状態になり、この時に、太陽の中に住む生命体の力が降りてきたのだといいます。太陽の中に住む生命体とは、恒星意識と名づけるような存在状態のことです。ヘレニズム

時代には、恒星は第八天と定義されており、それは恒久的な存在であり、人間よりもはるかに神の近くにいるとされていました。

ヘリオセントリックの概念は
フォーカス35とつながりやすい

　仏陀は解脱した後、もう地上に転生することができなくなりました。ですが、エーテル体までは降りることができるといい、これを仏教用語で「応身^{おうしん}」といいます。

　シュタイナーのいう日蝕の時、使徒達は夢見の状態になり、エーテル体までは降りることが可能な太陽存在が、そこに働きかけることができたのだといます。仏陀はそもそもイエスに働きかけていました。イエスは日蝕の時、使徒に働きかけました。

　地上の肉体は、太陽の中に住む生命体と断絶があります。もう一つの身体であるエーテル体は、この太陽意識とつながることのできる階段の一番下にあります。

　習慣的に勘違いすると思いますから、あらためて説明しますが、ここでいう太陽とは、太陽系の中心の太陽であり、私達が日々見ている1年で1周する太陽（地球）のことではありません。占星術で扱われる太陽、あるいは私達が感覚として、目で見て認識する太陽は、人間個人のエゴを象徴していて、ここから真の意味での太陽を想像することはほとんど不可能に近いのです。

　下から上に上がれないというのは、占星術で見る太陽、感覚で認識する太陽から、真の太陽を連想することさえできないということにも言い換えられるでしょう。

　シュタイナーは、短期間でも太陽の中に住むためには、地上の肉体から分離する必要があるといいますが、それは地上の肉体は太陽と断絶してお

り、エーテル体を通じてしかつながらないために、その個体が太陽の意識に同調するためには、肉体感覚を伴う意識状態ではなく、エーテル体の意識状態に切り替えなくてはならないということなのです。

　モンロー研究所のヘミシンクでは、フォーカス番号で次元を表記していますが、太陽系の中心の恒星としての太陽、横つながりで、比較的近いコンステレーションやケンタウルスやシリウスなどを「フォーカス35」と定義しています。ヘミシンクでは変成意識状態になった段階で意識は地上の肉体から分離します。ヘリオセントリックの概念は、この太陽の中に住む生命体、あるいはフォーカス35の意識を重心とした意識とつながりやすい面があるわけです。

3 夢とエーテル体の体験

変成意識を意識的に受け取るには
子供が成長するような継続的な練習が必要

　私が以前書いたヘリオセントリック占星術の本（『ヘリオセントリック占星術』説話社）でも取り上げた話ですが、三重県の櫛田で占星術の講習会を定期的に行っていた時期があります。そこでヘリオセントリックの話題を出しました。後に、参加者の一人のＴさんが、Ｔさんの夢の中で私に「ヘリオセントリックとはどんなものなのか教えてほしい」といったそうです。すると、夢の中の私はＴさんの額にいきなり鳥の嘴<ruby>嘴<rt>くちばし</rt></ruby>を刺し、Ｔさんのお尻から鳥の身体の一部が飛び出したそうです。その時に、上部から強烈な光がやってきて、強い振動が起きたという内容の体験をしたようです。

　夢と変成意識ははっきり違うものなのか、夢はやはり夢でしかないのかと聞かれることがありますが、私達が通常考えたり思ったりする時の日常意識は、肉体組織・神経とか脳と深く結びついたところで働いています。そこに慣れすぎているので、神経の働きから分離して働く変成意識は、よほど慣れないかぎりは、朦朧<ruby>朦朧<rt>もうろう</rt></ruby>としたコントロールしにくいものになります。

　結果的に、それは夢にかなり似ているものになるわけです。夢とは、身体から離れた時の印象活動を反映することも多いのです。身体のストレスが夢になるという説もありますが、身体から切り離され、もう一つの身体であるエーテル体をベースにして働く意識は、身体のストレスを受け取りません。そこから遠いところにあるからです。このエーテル体の体験も夢と似ているといえます。

変成意識の体験を鮮明に、意識的に受け止めるには、それができるように、自分の知覚意識を訓練しなくてはならないし、脳や身体から来る情報を、意識的に、一時的に退ける必要もあります。このレベルで活動するには、ある一定時間の経験が必要でしょう。それは子供が成長するのと同じことだからです。

長い時間そこで過ごすことで、手足を動かし、目を開いて活動できますが、初期の段階であれば、石のように身動きは取れないし、曖昧で、朦朧とした意識しか働かないはずです。

そのようなわけで、必要な時には情報は夢の体験として受け取られることもあるし、夢がいつもそういう働きばかりをしているともかぎりません。人によって夢の使い方がずいぶんと違うのです。

下世話な話から宇宙哲学まで
占星術のシステムは幅広くカバーする

身体にあるチャクラという中枢の考え方でいえば、ヘリオセントリックの占星術は頭の上のサハスララチャクラを通じて、より上位の影響を持ち込みます。今日通常の占星術は、肉体の生まれた場所を中心にして宇宙を見ることなので、これは身体の一番下のムラダーラチャクラから見ていることになります。ムラダーラチャクラは肉体そのものを意味するチャクラです。感覚的であり、「ここ、いま」という時、これはムラダーラチャクラそのものを意味しています。

私達は上から来るものと下から来るものの両方が流れる吹き流しの筒として生きています。ヘリオセントリックの場合、Ｔさんの夢のように、頭頂の上から来た光が、下に降りて、腰（ムラダーラチャクラ）に飛び出すまで降りていくのです。Ｔさんの場合、鳥はお尻からはみ出したのです。

ヨガのチャクラでは、一番下の中枢がムラダーラチャクラで、これは腰

にあります。腰から下の足までがムラダーラチャクラに属するものと考えます。生命の樹の場合には、腰から下の足の裏に、さらにもう一つの中枢であるマルクトがありますが、これはチャクラにすればムラダーラチャクラに属するものなのです。

占星術の便利さというのは、そもそも占星術が生活の比較的細かいところまで具体的に説明できるということではないでしょうか。ハウスとか、アスペクトなどを細かく見ていくと、ずいぶんと下世話なところまで話を展開することができるからです。しかし占星術のシステムそのものはまさに宇宙哲学のようなものであり、この星の彼方、宇宙哲学のようなものが、世俗の極めて下世話な話題まで、そのまま地続きでつながるというところに、占星術の面白い特徴があるといえます。

精神的な哲学とか思想、理論などであれば、細かいところまで話が降りていきません。精神世界的なアプローチ、例えばアカシックリーディングとかチャネリングなどのさまざまなリーディングでは、胸までしか降りないとか、へそ上までしか降ろせずに、抽象論のままということはよくある話です。これだと精神論で終わってしまいます。

頭のてっぺんに突き刺された光は、Ｔさんの夢の場合には、お尻まで降りていきました。これはＴさんが、ヘリオセントリックの影響を、かなり具体的なところまで引き下ろすことができるということでしょう。Ｔさんの能力でもあり、他の人が等しくできるとはかぎりません。

これは反面、占星術の具体性に執着しすぎて、ジオセントリックのように、腰から上に上がろうとしても、胸の下あたりで止まってしまい、それ以上は上昇できないという弊害も作りやすいでしょう。

人の視野が広がるのはアナハタチャクラです。そこまで行かないその橋の下に住んでいると、個人の思惑に閉じ込められた息苦しい人生となるわけです。

4 9区画システム

児童絵画分析法と生命の樹の融合
さらに発展させたのがライフシンボル

　本書は、このヘリオセントリックの考えを基にした三次元占星術ないしは三次元ホロスコープについて説明をしていますが、私の宇宙法則の扱いに関しての基本的な姿勢をあらかじめ説明しておく必要があると思います。

　私はすべてを支配する宇宙的な法則ということを考える時に、最近はどのような時でも同じ構造図を考えることにしています。いや、最近というよりは、30年前からでも、ずっとそうしてきたのかもしれませんが。

　2014年に出したタロットの本（『クラウドスプレッドタロットリーディング』説話社）でも、「クラウドスプレッド」という名前で、タロットカードを卵の様な形に配置することを提案しました。

　私は1980年代の初め頃に、生命の樹と浅利篤の児童絵画分析を合わせて、九つの区画で分析する手法を考えました。後にそれを「ライフシンボル」という名前にして、写真とか絵、色などを組み合わせて分析する手法に発展させました。

　クラウドスプレッドは、形は卵ですが、内部の構造を考える時には、この手法を活用しています。絵を分析する時には、紙を九つの区画に分割しますが、卵の形でも、内部的に上下に三つ、横に三つという分割法で考えるわけです。今後も、この構図を、あらゆるものに投影しようと考えています。もちろん、この考え方のベースには生命の樹があります。ライフシンボルの九つの区画は、生命の樹の簡略版といえるでしょう。

この構造を投影される対象のサイズはさまざまです。人体のオーラを見る時には、人体よりも少し大きなサイズにこの構図を考えます。絵を描く場合には、もちろん白い紙のサイズに投影します。

知覚の限界の壁があるために
複数の階層の七つの法則がわからない

宇宙法則を考える時に重要なのは、プリズムのように一つの光が七色に分解するということです。

ピュタゴラスは、耳で確かめながら、1オクターブを七つの音に分けました。一つのものは内部的に七つに分かれ、そのうちの一つの中にさらに七つが生まれ、さらにこのうちの一つの中に七つがあり、さらに……ということです。

θ（シータ）ヒーリングなどでも、七つの次元を想定しますが、この七つを統合化して一つのものにした時、つまり頂点に向かった時に初めて、これがより上位の七つのうちの一つであることに気がつくわけです。

頂点に行くことで初めて気がつき、途中の段階までは全く気がつかないのは、知覚の限界の壁があるからです。知覚の不可能性の壁に阻まれているので、一つの階層だけを取り上げて、法則は七つであるというふうに考える人々も多く存在します。ですが、一つの世界に住んでいるかぎり、それでも不足は感じないでしょう。そこから一生出ないのなら、それでも十分だからです。

ライフシンボルの元になる生命の樹は、インドのチャクラの仕組みと共通点が多く、チャクラのいくつかを陰陽に分けて左右に振り分けたものとみなすとよいでしょう。ライフシンボルとか、私が多用する9区画システムは、縦軸にこの七つという考え方が含まれているわけです。

5 サイズの異なるコスモス（1）

国内にいるとわからないが
海外に出ると日本人を意識させられる

　私達は、この七つを並べた階層のどこかのレベルに住んでいます。この一つのコスモスを構成する七色はそれぞれ強いカラーを持っているが、この中に入り込むとこの色を対象化できず、それは無色透明なものになります。

　外から見ると色があるけれど、中に入るとその色は消えて透明に見えるのです。

　夜空に輝く恒星にはさまざまな神話があり、それぞれの恒星は強い特質がありますが、私達は同じ恒星である太陽系の太陽がどのようなカラーを持っているかは知りません。私達がこの腹の中に住んでいるので、太陽の色は、私達からすると空気のように透明なものに見えます。

　外から見ると色があるけれど、中に入ると人はその色に染まり、無色透明に感じます。これは、一つのコスモスの中に入ってしまうと、それがどういう世界なのかは説明できなくなってしまうことと同じです。そして外に出ると、カラーがわかるわけです。

　海外旅行をして、帰国する際に、日本行きの航空機を待つ待合室でたくさんの日本人を見た時に、日本人の強烈な特色について誰もが意識するはずです。それはちょっと恥ずかしいものかもしれません。私はアメリカのアトランタで、日本帰りの飛行機の待合の区画に向かった時、そこに座っていたたくさんの日本人を見て驚きました。自分もこの仲間だということ

に嫌な感じがしました。国内にいた時は、日本人の癖なんか考えたこともありませんでした。私達は自分が所属する世界を対象化できないのです。ですから、外から見た時にその特質がわかるのです。

　それと同様に、特定のコスモスの中に住んでいると、そこでの法則が他のコスモスにも通用するものだと思い込んでしまいます。構造的にはどこのコスモスも似ていると思いますが、それでもいくつかのコスモスが階層状に重なっているとすると、それぞれサイズの異なるコスモスのつなぎ目には断層があるわけです。はたして私達はそこを移動できるのでしょうか。移動しようとすると、それまで透明で見えなかったものが現れて、私達自身の特質そのものが大きく障害となり、移動を阻まれる場合もあるのではないでしょうか。

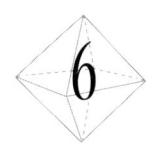

サイズの異なるコスモス (2)
〜蟹座の場合〜

水の範囲を拡大していくプロセスは
そのまま共同体の拡張に当てはまる

　私は占星術の蟹座の説明をする時に、いつも蟹座という共有された集団意識の基盤は、異なるサイズがレイヤーになっていると説明します。これは90年代の初め頃から思い浮かんだことで、というのも、それ以前の占星術の説明では、蟹座とは家庭的で、狭い範囲のもので、やや閉鎖的で、というイメージで語られることが多く、それは大きな間違いだといいたかったのです。

　蟹座の基盤という性質は、とても広いものも含んでいます。もちろん、その中にいるかぎり、それは透明です。

　蟹座は水の元素で、活動サインなので、それは積極的に参加し、共有される地盤を意味します。家族は共有する人数が数人しかいません。しかし、「ファミリー」と象徴的にいわれるものにするならば、血縁でなくても、その場は大きくなりうるでしょう。水の元素は心理的なものなので、必ずしも血縁だけを考慮に入れる必要はありません。共有された水というのは、例えば、風呂のイメージです。小さな風呂だと二人程度しか入れません。しかし、もう少し大きいものならばそれは共同浴場のようなもので、十数人は入れるでしょう。そしてもっと大きくなると、それは湖や池、海などになります。

　この共有される水というイメージでは、最も小さな器の水とは、カップの水です。タロットカードでは、小アルカナの聖杯のカードにこのカップ

が描かれます。カップのサイズは複数あります。大アルカナの「XVII 星」のカードでは、足元に池があります。これも大型のカップ、つまり共同体を暗示しています。

　カップの水⇒風呂⇒池⇒湖⇒海などのように、水の範囲を拡大していくプロセスは、家族⇒町村⇒市⇒県⇒地方⇒日本⇒アジア⇒各大陸⇒地球⇒太陽系⇒銀河系……というふうに拡大していくことができます。

　水は下に落ちるので、この大きな基盤に向かうのは、上昇するのでなく、むしろ下に落ちていくイメージです。土のサインの牡牛座も、資質を使い切るとさらに下の地層に入るといえます。下に行くほど巨大なバッテリーがあるわけです。水と土は、下に落ちて行くにしたがい巨大化するのです。

　そして蟹座というサインは、段階的に拡大する性質も持っています。集団原理というのは、集団という性質を持った瞬間から、大が小を食うことを避けられません。サビアンシンボルで、蟹座の５度に「列車に衝突された自動車」というシンボルがありますが、５度は拡大とチャレンジ、ジャンプを表し、小さな数人しか乗れない集団性の「自動車」から、数百人が乗れる「列車」に移るのです。その時、小さな集団性としてのプライドは一度壊されるので、一瞬ショックがあり、しかし大きな集団性に乗り換えた時には、心理的により強力になっていくことでしょう。

　例えば、蟹座の層がいくつかあるとして、それならば、ある人はどこの蟹座を基盤にしているのか、ということが問題になります。大きいほど、共感の輪が大きいので、それは多くの人に通じるものになります。アルマーニの洋服が世界中に普及して、同じ型のものがどこでもコピーして販売されているとしたら、アルマーニの蟹座は地球サイズだということです。しかし、ある着物デザイナーの蟹座が京都の範囲でしかないとすると、そのデザイナーの設計した着物は京都でしか売れず、大阪の人々にさえ理解されないわけです。

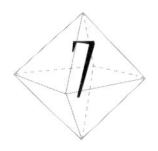

7 折口信夫と柳田國男の比較

共同体は輪の中を循環すると考えた柳田
閉じてはおらず外宇宙と行き来すると考えた折口

　民俗学の分野での柳田國男と折口信夫の違いは、その宇宙像が閉じているのか、それとも外に開いているかという違いかもしれません。

　折口信夫は性同一性障害だったので、家族を持つことができなかったことが、閉じた共同体の概念を受け入れなかった理由の一つだといわれています。

　柳田國男は、家族や先祖などは閉じた輪の中で循環すると考えました。共同体は閉じており、死んだ先祖は山の上からまた里に下りてきます。しかし折口信夫は、この共同体の輪（卵）は外に開いた穴があり、そこから外宇宙の力が出入りすると考えました。「マレビト」という思想が出てきたのは、この扉を行き来する外界のものがあると考えたからです。

　ゲオルギイ・グルジエフの紹介した宇宙法則図のエニアグラムにおいては、唯一外宇宙に開いた場所は、頂点の9の位置でした。それ以外の1から8までは、外に対して接点を持つことがありません。

　カバラの生命の樹も、最上のケテルはより上の次元に開いています。ですが柳田國男のコスモスはどこにも出口がありません。

　ちなみに、通常の学者は、折口信夫が閉じた共同体を考えなかったのは、前述のように性同一性障害によって家族を作れない条件にあったからだと考えるのかもしれませんが、世界とはその内部で初めに作用が二極化されて活動が始まります。動きというのは、陰陽の二極化のことですから、

何か活動するには二極化しないといけないわけです。ですが、この二極化の前は単性的なものが存在しています。そしてそれは静止しているのです。それが次の宇宙につながる穴を作り出すと考えられています。静止すると境界線はなくなるのです。

　神道の思想での造化三神は、ひとり神、そして男女神という二極化です。ひとり神は前の宇宙とつながっています。こうした法則から考えると、閉じたコスモスなどは考えられません。

　しかし二極化された段階では、このエニアグラムの９番のような、外への穴は見つかりません。意識は完璧なまでに、この世界の内部の活動の範疇（はんちゅう）に閉じ込められているのです。そのため私達は、私達が住む世界の出口近くで、ツインに出会うという考え方も生まれるわけです。ツインに出会った後は外宇宙へと出て行きます。あるいはツインの考え方ではなく、両性具有的なものになるとよいという考え方もあるでしょう。女装した男性が、本来のシャーマンの姿であるように、折口信夫の性同一性障害も、二極化されたものから単一のものへ、そして世界の穴へ、という意味合いを内包していると思います。二極化されたものを前提とした考え方の柳田國男には理解しにくいものが、折口信夫では強く意識されていたのでしょう。

　蟹座の一つの単位を共同体ないしコスモスとみなした時に、それは閉じているのか、それとも開いた穴があり、外からもう一つ大きなコスモスの影響が流入するのか。実は穴の開いた共同体は傷のついた共同体であり、それはいつも不安で脅かされており、安心して生きる蟹座空間を作れません。住居空間のどこかに、危険な場所があるのです。

　確かに、蟹座の終わり頃では獅子座の気配が忍び込み、共同体を不安にします。27度の「渓谷に吹く嵐」は、獅子座に脱出したいと思う人の無意識的に共同体に不穏な空気を入れることを表しています。あたかも外から迷惑をかけられたかのように感じるが、実際には本人が呼んでいるに他ならないということです。

前アメリカ大統領のブッシュはこの度数を持っていて、ブッシュが大統領になってからテロが始まりました。ブッシュはいかにもテロを呼びそうな、つまり反対者達を怒らせるような気配を持っていました。

　私は、蟹座のさまざまな階層のコスモスは、穴が開いて、そのまま次の大きな宇宙の影響が入り込むというふうに考えなくてよいのではないかと思います。私達は基本的に閉鎖的に生きています。人間は思考の中に眠っており、そう頻繁には外界を認識しません。ときどきはっと目覚めるけれどまた眠り込みます。そうしないと、あまりにもストレスが激しい生活になるからです。

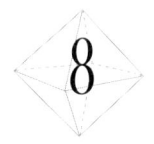 8 タロットカードの「Ⅰ 魔術師」

タロットの魔術師の頭にある
無限のマークは忘却の印

　タロットカードの大アルカナで、1の数字の「魔術師」は家の中に入ります。魔術師は外からやってきたマレビトなのです。それは上位のより大きな世界との扉ケテルを通じてやってきて、家を表すビナーの中に入ります。ビナーの子宮、家は、この世界そのものです。

　ヨガのチャクラは生命の樹と似ていますが、それでいえば、ケテルからビナーの家に入るパスは、頭頂のサハスララチャクラから、額のアジナチャクラ（の陰の側または右）に降りるプロセスといえます。

　魔術師は入ると同時に元の宇宙を忘れてしまいます。ある世界に同調すると、前の世界を忘れるというのは、前の世界と新しい世界の法則が違うからです。家の中に入ると、入ることそのものが前の世界を忘れる意味になります。そこで、魔術師の頭には無限のマークがついています。これは忘却の印です。真ん中に×印が入り、二つのコスモスはこの×印で分けられています。

　二つの円を結ぶような形を、シュタイナーは蜂の形態で説明していました。蜂の前身体と後身体をつなぐ薄い茎のようなものを不可視のものと考え、しかし二つの世界がちゃんと連動していると説明します。

　不可視になるのは、そこで意識が暗転するからです。その暗転の瞬間を、まるでものを見るかのようにはっきりと対象化するのは難しいでしょう。対象化というのは、見ている自分が変わらず、対象が変わることを人

ごとのように見ることだからです。しかし、見ている自分自身の姿勢が変化することが暗転ならば、それをきちんと説明はできません。

　内と外。例えば、ちょっと妙な例えとなりますが、私は食べ物を見ている。それを口に入れる。その瞬間、私は外に見ていた食べ物が内側で感じられることへ転換した事実に驚きます。

　×印とはこういうことです。外から見ていたものが内になったり、内にあるものが外に見ているものになったりするのです。

　つまり蟹座の複数のベースの切り替えは、スムーズにつながっておらず、この切り替えの瞬間には、リアリティの転換のための意識の断絶・意識喪失があります。モーツァルトの『魔笛』でタミーノは蛇を見て気絶しますが、これは意識が切り替わったことの暗喩といえます。連続した意識は、そのリアリティや記憶の継続をしているがゆえに、決して異なる範囲のコスモスを受けつけません。

　穴は見えないのです。穴が見えることと、その世界を継続している意識が断絶することは引き換えといえます。

穴のある共同体は傷つきやすく不安定だが
完全に崩れることなく維持されている

　柳田的と折口的なものの組み合わせをすると、日常の意識において、共同体やコスモスは、穴はなく閉じられており、どこにも出口はありません。ですが、意識が切り替わると、それは異なるコスモスに通じる穴が開きます。それは日常の意識においては見えてこないものなので、特殊な転換が必要となりますが、そこで初めて切り替わるわけです。つまり、表向き、扉は見えないのです

　表向きのこの穴、つまりは傷が開いている共同体とは、はっきりと傷ついた共同体なので、例えば戦争で負けたり、東日本大震災のような事件が

あったりするのです。その反対に傷のない共同体は閉鎖的で、やがては腐敗します。というのも、エネルギーの出入り口がないからなのですが、しかし傷が表にはっきりと残りすぎた場合には、そもそも共同体自体の維持が難しいといえます。

　傷口を忘れようとすると、まともでない嘘の多い共同体になります。しかし傷口を意識していると、共同体はそこから崩れていきます。傷口の扉は、日常の生活とは同一の平面に置いてはなりません。それは確実に存在するとわかっていても、裏側に置かなくてはなりません。そしてそれを卑下したり、差別したりすることもあるでしょう。なぜなら、それを日常では思い出さないように仕組まなくてはならないからです。

　共同体の立派な一員であるためには、そこに決して関わってはいけないのです。網野善彦は、一つのコスモスの出入り口に近いところにいる存在を、その共同体の中での差別民にしていったという歴史的な経緯について詳しく書いています。一つのコスモスに長く住みつく人を正とすると、移動する人々は邪なのです。それはその共同体を支配する人々が、住民を管理するために、このようなキャンペーンを行ったからです。もし、この出入り口に近いところにいる人々が、その社会の中で認められてしまうと、その社会はかなり不安定になってしまいます。

　テレビドラマで「家族狩り」というのがありますが、そこでは悲惨な家族ばかりが登場します。ですが、平和に維持できる家族があると思うことが一つの幻想なのです。この平和な小さな共同体を安全に運営することは、そもそも無理な話なので、あらゆる手段を使って維持しなくてはならないのですが、現実を直視しないということも必要になってくるのかもしれません。しかし現実を直視しないために、共同体は脆弱にもなります。

　小さなコスモスと大きなコスモスの隙間には、断絶の暗闇があります。出たい人はその穴を見つけ出すでしょう。しかしそれを望まない人は、その隙間が見えるところを避けて、あたかもそれがなかったかのようにみな

すはずです。

　私はエニアグラムと禅の十牛図は同じ法則のものであると説明した本を2冊（『たましいのこと』ユビキタスタジオ、『意識の10の階梯』ヴォイス）出しましたが、エニアグラムの外宇宙との扉9は、十牛図ではそのまま第九図の返本還源であり、山の上、人が住んでいないひっそりした場所にあり、町中に外宇宙との扉が開いているわけではありません。

一つの決まった視座にいるために
コスモスを正しく理解することはできない

　占星術で共同体を表す蟹座を見ると、実際には、この蟹座の中で穴が開きかけたり綻びたりするところは、あちこちにあると思います。一例を挙げると、13.00度から13.99度まで、つまり数え度数の14度の、東北に向いた老人の場所。これは蟹座を突きつめていくと、そこに虚空が開き、より大きな蟹座へと接触しますが、その結果として、それまでの蟹座の情感や心理、気持ちが無意味化され、空虚な何も感じない空白の意識に入ります。共同体としての意識の連続性においての臨死体験のようなものです。

　私は中学生時代に頻繁にそれを体験していて、すべての心理的な機能が停止し、何も感じない、ということにかなり消耗しました。夜中にふいにやってくるのです。

　どのサインにも、真ん中あたりに、それが壊れてしまうような場所があるのですが、どのようなものも突きつめていくと、その世界は壊れてしまうのかもしれません。世界を温存するには、壊れないように、殻を割らないように、ゆるく握りしめる必要があります。

　私は以前からそれぞれの複数のコスモスを連結して、それら全体を俯瞰するような全体図を提示したいという夢を持っていました。関係性の公式のようなものかもしれません。

一つのコスモスの中に、さらに小さいものがあり、そしてさらに小さなものがある……。例の一つの中に七つがあり、その七つの中の一つにもさらに七つあるという構造の連鎖を、一覧表にしたような俯瞰図です。

　ですが、それははたして可能なのでしょうか。なぜなら、私達はいつも決まった視座でものを考えます。この決まった視座は、決まった一つのコスモスの中でのみ通用するものなので、この視点から他の意識のあり方でしか認識できないコスモスを正しく理解することなんかできるわけがないのです。

　とりあえずは、ばらばらなまま、複数のコスモスを行き来するというのがよいのではないかと思います。そして移動する都度、記憶が激しく飛んでしまうような体験をしていくことを受け入れるのがよいのかもしれません。何度試みても、それに慣れないのですが。

9 グルジエフの七つのコスモス論

意識の拡大は高次の宇宙の方向にだけではなく
上方に進みながら同時に下方へも進んでいく

　グルジエフは『奇蹟を求めて』（P.D. ウスペンスキー著、浅井雅司訳、平河出版社）の中で、古代の知恵として、七つのコスモスの関係を説明しています。

❶ 第一宇宙、プロトコスモス。これは創造の光における絶対の領域。

❷ アヨコスモス、聖なる宇宙。あるいはメガロコスモス、巨大宇宙を示している。これは創造の光においては世界 3 と呼ばれ、全世界を表す。

❸ マクロコスモス、大宇宙。われわれの星雲界。あるいは銀河系。創造の光では世界 6。

❹ デュートロコスモス。第二宇宙。太陽、太陽系。世界 12。

❺ メゾコスモス。中宇宙。全惑星、世界 24。あるいは惑星界の代表としての地球。

❻ トリトコスモス。第三宇宙。人間。

❼ ミクロコスモス。小宇宙。原子。

　この七つの領域の関係性として、一つの宇宙は上がゼロないし無となり、

下が無限とつながっています。つまりミクロコスモスとトリトコスモスの関係は、ゼロと無限の関係と同じであり、メゾコスモスとデュートロコスモスの関係も、また他の場合も同様です。

　普通の状態では、人間は一つの宇宙の中でだけ自分自身を意識し、他の領域に関しては、自分の住んでいる宇宙の視点から考えます。例えば、私達は地球上の科学的な知識によって、大宇宙も同じ原理で働いていると考えます。しかしこれは、今の私達の感覚で見ているにすぎず、この視点そのものが、私達を閉じ込め、外宇宙には行けない理由の一つを作り出している可能性があるのです。

　グルジエフはここで、意識の拡大と心理機能の強化は、人間を他の二つの宇宙、より大きなものとより小さなものへと同時に導くと説明しています。意識の拡大は一方向、つまり高次の宇宙の方向にだけ進むのではなく、上方に進みながら同時に下方へも進みます。

　例えば、もし人が惑星の生命を感じ始めるのなら、あるいは彼の意識が惑星界のレベルに達するのなら、同時に彼は原子の生命を感じ始め、彼の意識は原子のレベルに達するということに他ならないでしょう。今のところ私達は私達の住んでいるトリトコスモスの見方に縛られていて、メゾコスモスとミクロコスモスに関しては外面的にしか理解していません。決してその内部に入ることはしません。私達は知識としては原子を知っていますが、「原子の生命を感じ始め」るということはまずありません。そもそも私達は地球を生きたものだとは思っていません。グルジエフのいう、宇宙のすべてには知性があるという考え方ではないからです。

　無と無限の間に一つの世界があり、無の壁と無限の壁を超えることができません。それは知覚の限界の暗闇というものです。私達はこの宇宙の部品で作られているとすると、この宇宙の外にあるものを見てきたくなっても、それは私達自身をここに置いていかなくてはならないということです。いったい何者が、この宇宙の外に出かけていくことができるのでしょうか。

タロットカードの「Ⅰ 魔術師」のカードで、魔術師の頭上にある無限マークは、このグルジエフのいう無と無限そのもので考えてもよいのかもしれません。つまり、より上位の宇宙からすると、魔術師が入ってきたこの世界は、無限とみなされるのです。それは一つひとつを識別することなんてできないということです。

　無限というのはつるんとした壁で、そこを突破することは困難で、入ろうとすると突き返されてしまう。メゾコスモスの意識は人間を認識しないでしょう。それは、私達が原子を認識できないのと同じことです。

10 異なるコスモスとの断絶

自由を自覚するためには
自由でないことを忘れればよい

　異なるサイズのコスモスは、それぞれ無と無限に挟まれ、シームレスにつながってはいません。この隙間は、ある時代から、さらに拡大したように思われます。私達のトリトコスモスは、下のミクロコスモスと上のメゾコスモスとの間の溝をもっと深めたのではないでしょうか。それは人間中心主義のものの見方を、他のあらゆるコスモスへの見方にまで押し広げることでなされたといえます。

　私達人間は、人類の自由を得るために、上の大きな宇宙と下の小さな宇宙との関連性を切り離しました。一つの宇宙は上と下の間に挟まれてのみ成立するという現実を忘れるように考えたのです。これは天国との綱を断ち切ったということです。

　例えば、今の暦であるグレゴリオ暦は抽象的な時間単位です。本来は、一つのコスモスはより大きなコスモスの一部であり、つまり歯車の一つで、またこのコスモスはより小さなコスモスとつながっているはずでした。ですが、グレゴリオ暦のお正月というスタート点は、どこにもつながってはいません。虚空に作られた抽象的な暦は、人類が独立的な自我を形成するためにわざと作り出された、というのはシュタイナーの説で、このようなことは暦以外にもたくさんの分野で同様のことが行われたのです。

　自由を自覚するためには、自由でないことを忘れればよいのです。これによって、私達は一見すると自由になりましたが、同時に孤立して、前に

も後にも空白が残されてしまいました。例えば、私達は前世を覚えていません。生まれる前の記憶がないのです。本来は、昨日のことのように前世を記憶していなくてはならないのですが、それができないのは、個人の自我、トリトコスモスの視点に徹底して集中したからです。今日の中で自由を感じるためには、前後の関係を忘れた方がよいということです。

　私達の一つだけの人生はトリトコスモスの世界観です。そして、たくさんの前世があり、それらは連続しているとみなすのは、メゾコスモスからの視点で、ここでは、私達はたくさんのブドウのように、一つの幹からぶら下がっています。メゾコスモスからの視点なら、私達は前世を前の日のことのように思い出せますが、トリトコスモスからの視点ならば、前世記憶は今の人生と反発し、記憶から追い出され、私達の知覚には入ってきません。今の人生がすべてだからで、他のものが入る余地はないからです。

11 ジオセントリック占星術の閉鎖性

今のように感じて今のように考える私達は
死ぬ時にすべて終わる存在である

　ジオセントリック占星術は、人間個人の視点を宇宙の中心にしています。これによって、私達は自分の感覚で感じた世界を重視することができます。ですが、それと引き換えに、私達はこの世界の中に閉じ込められてしまいました。

　チャクラでいえば、腰から下の三つ目のマニプラチャクラまでに閉じ込められ、その上には上がれないのです。個のパースペクティブから解放されるのはアナハタチャクラです。というより、上位からやってきた視点が、アナハタチャクラの場所で、下からの三つと配合された時、個のパースペクティブは解放されるのです。この橋の下に住む下位の三つのチャクラは、三つだけではムラダーラチャクラという物質的肉体からの視点からは逃れることができません。

　この世界の中に閉じ込められた時には、この世界が終わった時、その後の異なる世界にスムーズに意識を連続させて移行はできません。橋渡しの道具を私達は用意していないからです。ある時期、その架け橋ないしは綱を切り離して、そのことを忘れたのだから、そう簡単には取り戻せないでしょう。つまり、ここにいる間の尺度でのみ自分が作られているのならば、この世界が終わった時に、その人はそれで終わるということです。

　シュタイナーは生きている間に霊界と接点を持たない人は、死後霊界に行けないといいました。というのも、生きている間の私達そのものは死

ぬ時に終わります。その後に何か人生があったとしても、それは今の私達とは結びつきがないのです。もし今の私達が、死後もまだ継続できるとしたら、今の私達の意識のあり方そのものに、霊界を結びつけなくてはなりません。それができない時には、死後も私達は生きているかもしれないが、それは今の私とは関係がない、ということなのです。

　切り離されて成立したものを私とみなすならば、その私は孤立した私なのです。今のように感じ、今のように考える私達は、死ぬ時にすべて終わります。

太陽が分割して地球に向かった視線がわかることで地球は回帰のコースをたどることができる

　下にあるものは自力では上がれません。それは下にある世界観にしがみついており、その中での価値観でしか考えないため、自ら階段を締め出しているということです。

　ペテロはゴルゴダの秘蹟の時に、日蝕の中で、通常の脳の活動が凍結し、夢見の状態に入り、かつてイエスと共に歩いたことを思い出しました。ペテロはその時階段の上がり口を見つけ出したのです。しかし地上的な生活をしている人々は、この入口を見つけ出すのはとても難しいでしょう。そのためペテロは、日常意識においてはキリストを知らないといいました。

　地球から太陽へ、小さな自己からエルダーセルフへ回帰するには、太陽が自己分割して、地球に向かった視線を取り入れることができたら、地球は太陽へという回帰のコースをたどることができます。

　グルジェフのエニアグラムの体系では、宇宙法則を音律のドからシまでの７音と関連づけています。寸詰まりのミとファ、シとドの間に超えられない壁があり、上から降りてきた別のオクターヴのドの音が介入して、その隙間を埋めることで、オクターヴは上昇することができると説明してい

ます。

　ミの音はファにはなれません。ですが、これら七つの音を生み出す元の一つの音は、自らを七つに分割できるので、どの音にも降下できます。上から降りてきたものはいかなる音にもなれますが、下から上がる音は、その固有のトーンに縛られています。

　赤は緑にはなれませんが、しかし七つの色を統合化した元の無・透明に戻れば、そこから緑に降りることができるわけです。つまり元をたどれば赤は緑になれるのです。

　例えば、地球においての科学をこの地球色の科学と考えてみます。これはガラスの透明球体の中に閉じ込められたハエが、外に出ようとすると見えない壁に当たるということなのかもしれません。それは人類が宇宙に飛び出そうとし始める段階で初めて判明する事柄です。無の壁に当たって、理由もわからず突き返されるのです。まだ内部に住んでいる時には、何の矛盾も感じません。

　今のところ私達は宇宙に飛び立つことができないので、私達の科学はどこでも通用するように考えてしまいますが、壁に近づくとその現実に気がつくのです。

# プラトンとアリストテレスの溝

現代では天動説は誤りと考えられているが
精神面では根強く存在している

　紀元前280年に、サモス島のアリスタルコスは地動説を唱えました。彼のこの著作は10世紀頃にアラビア語に翻訳され、15世紀頃にラテン語訳が刊行され、18世紀に、ギリシア語訳が出版されています。しかしその後、アリストテレスが天動説を強く押し、2世紀には、プトレマイオスが数学的に計算可能なものとして体系化しました。これは日常生活において、矛盾も破綻もなかったので、宇宙に目を向けないかぎりは困ることはありませんでした。ルネサンス時代までは、ヨーロッパでは科学は衰退しきっていたので、この天動説に疑問を感じる人は少なかったのです。

　プラトンとアリストテレスの間には、思想的な大きな溝があります。プラトンは、地球は太陽の周りを回っていると考え、また歳差活動を意識したロングカウントの宇宙サイクルを重視していました。それは個人の意識の範囲をはるかに超えた大きな宇宙像でもあり、ここでは個人は複数の前世を持ち、連続しており、より大きなコスモスに属していたといえます。

　ですが、アリストテレスはプラトンの思想を否定し、ことさらこのロングカウントを意味のないものと考えました。アリストテレスの考える天動説になった段階で、宇宙は個人意識を超えた範囲のものを除去し、つまりメゾコスモスよりも上のものを排除し、個人の感覚的な視点によって宇宙を考えるという姿勢が強化されたのです。

　哲学的な意味では、アリストテレスの天動説は大変に長く影響を残し、

科学的には天動説は間違っていると考えられている現代でも、人間の生き方として天動説は根強く残っています。私達は精神においては、まだ天動説なのです。

　しばしば現代の占星術は、もともとのスタイルのごくわずかしか残さず、不完全なものだといわれています。それはルネサンス以後の古典的な占星術を使うことで、本来のものに近づくのかというと、むしろ反対です。プラトンの思想から、アリストテレスの思想への転換、地動説的な考えから天動説への転換が占星術を不完全なものにしていく一つのきっかけになったと思います。プラトンの考え方であれば転世の思想も矛盾なく組み込むことができます。アリストテレスにおいては、そのような循環システムを考えるのは次第に難しくなりました。

　それ以後占星術は、何か具体的なことに対しての占いとか、当てものとして使われる傾向に走るのは避けられないものとなりました。例えば17世紀に、具体的な質問に対して答えるという占星術技法を強化したウィリアム・リリーがいますが、ここでも占星術は具体的な事象の占いをするためにある、というような誤解をされる面が強まってしまいました。もちろん、それはそれで一分野として、存続の理由はありますが、占星術は本来そこまで小さいことにフォーカスしないのです。

13　10ハウスと12ハウスの価値の比較

10ハウスは閉鎖的な共同体を意識するが
12ハウスは傷ついた共同体を意識する

　ホロスコープは基本的に円形の時間を体現しています。しかし直線時間と円形時間という対比はホロスコープの中にも反映されています。直線時間においては、私達の前には何もなく、また後にも何もなく、私達は一本の棒のように孤立しています。円形時間では、小さな円は大きな円につながり、さらにそれは大きな円につながっています。そして小さな円も大きな円も、似た構造があるので、大きな円の中で体験した何かは、小さな円の中で模型的に復元されます。要するに、円形時間においては始まりと終わりがなく永遠なのです。占星術の円形時間は1日、1年、一生などは同じ構造という考え方に現れています。

　占星術の体系の中では、直線時間の概念を一番色濃く持っているのは、子午線の扱い方でしょう。直線時間の頂点はMCにあります。それは山のてっぺんのようなものです。円形時間においては、12サイン・ハウスの循環は、次の1番目のサイン・ハウスにつながるので、一つのコスモスに限定すれば、その最終的な完成地点は12番目にあります。

　ですが12番目に行くには、直線時間としての頂点から降りなくてはなりません。特定の地域でのみ成り立つ物質的な価値観と直線時間性にしがみつくと、12ハウスは完成地点というよりも、むしろ12ハウスは隠れた、劣る場所と考える傾向も生まれてきます。事実、リリーの考えていたホラリー占星術などでは、12ハウスの得点は低いのです。これは10ハウスと

縦書き: I ── 三次元占星術の基礎

いう直線時間の中での頂点を重視した結果といえます。

　現世的な世界しか存在しないという考え方の人からすると、12ハウスは薄暗がりですが、小なる円は大なる円につながり、小なる円は大なる円の一部であるという考え方からすると、12ハウスは無の壁を越えて、次の大円につながる可能性を持ったあらゆるハウスの中で最も広がりのあるハウスといえます。

　この世が最高の場所であるという直線時間の見方と、この世はたくさんのものの中の一つにすぎないという円形時間の考え方の違いによって、占星術の技法にまで違いが出てくるのです。

　当てもの占星術をするのは、個人のエゴの要請に従うことを表しています。この個人のエゴの価値観は、この社会から植えつけられた価値観です。その価値観に従い共犯者になることは、占いをする側の人間を直線時間の考え方の中に閉じ込めてしまいます。

　12ハウスはテンポラリな10ハウスの価値観を浄化する場所であり、10ハウスで作り出された偏見が少しでも残っていると、次の回転に歪み成分を残します。その結果として、人生は間違った方向に走ってしまいます。戦争で敵の兵士を殺すことは正しいことだという考え方が10ハウスです。しかし、このローカルな、国の正義から離れてみると、殺人というのはどのような時でも正しくはありません。12ハウスの考え方とはこのように特定の場所の価値観に振り回されないで、本来の人間の意義から善悪を考えることです。

　10ハウスで作り出された信念体系が12ハウスの段階でごくわずかでも残っていれば、後に広がっていき、その人を根本から苦しめることになります。12ハウスの役割として、10ハウスの価値観を根底から溶解するべき、ということが求められています。崩された残骸が、なめらかな粉状になるまで蒸留されないとこのプロセスは完了しません。

　10ハウスの価値観にしがみついて生きている人は、この12ハウスの作

用を恐れています。ご当地的な価値観を根底から崩されてしまうと自分の足場を失うことになるからです。12ハウスは外との扉を意識し、10ハウスは共同体に穴があるとは認識しないところで成り立つものです。

14 相対的な惑星の関係

金星が強く出すぎると
土星はそれを抑制しようとする

　これまでヘリオセントリック的な考え方の利点についてくどくど理由を
つけて説明してきましたが、三次元のホロスコープを考える時には、太陽
を中心にしたプラネタリウムを考えます。プラネタリウムは中心に太陽が
あり、その外側には惑星が回転しています。この惑星の回転はパンケーキ
のように平面的です。

　その外側に全方位に広がる恒星の意味も考えます。恒星は静止して動き
ません。それは私達の生きた生活の中に組み込まれているわけではありま
せん。しかし、生きた生活を表す、太陽系内部の惑星の循環に影響を与え
てくれば、私達の短い時間でしか味わえない生きた暮らしの中で、永遠を
感じさせる恒星の影響が持ち込まれるのです。

　恒星は基本的にフォーカス35ないしはフォーカス49のレベルの意識な
ので、それは日常の生活の中で、とりわけ具体的な影響力をもたらすわけ
ではありません。時間の中でぐるぐると動く惑星は、恒星の影響を受け止
めきれないくらい卑小です。

　惑星は太陽の内部分割なので、それはお互いに元は一つの兄弟です。一
つのものを割って成り立つので、互いに相対的な関係にあり、それぞれが
単独で働くことはありません。見える惑星としては七つ存在し、このそれ
ぞれを全体として管轄するのは土星です。

　エドガー・ケイシーは、土星は忍耐を表すと説明していました。この理

由は全体の管轄者としての土星は、それぞれの惑星が自分自身を主張しすぎないように制御しなくてはならないということです。

例えば、金星が強く出すぎれば、その人は快楽主義者になったり、怠け者になったりします。それを禁止するのではなく、7分の1の役割以上に出すぎてはいけないということを考えるのです。楽しいことをしてもよいのですが、それが他の惑星を邪魔するような範囲にまでエスカレートすると、惑星全体をまとめた意識に到達することができなくなります。そのため土星はそれぞれの惑星が強く出すぎないような意味での忍耐ということを表すわけです。土星は箍であり、はみ出さないように締めつけるのです。

惑星全体のまとめということを意識せず、惑星一つの働きに自分自身を重ねている人は、例えば金星のような生き方をしようとした時、土星からむやみに抑圧されたことを不満に思うことでしょう。「何のために？」とか「どうして？」と感じ、不当に扱われたと感じるわけです。その必要性や意義については理解しようとしません。

一つの楽しみに没入できないこと、それがいつまでも続かないことに対して悲しい思いをするかもしれません。自分は何一つ上手くいかないと考えるかもしれません。これは惑星の一つに自己同一化して、他の天体を自分ではないものとみなす偏りからもたらされます。

自分が金星に同化して、他の惑星を世間のいろいろなものに託すと、世間は自分を脅かす環境に変わります。惑星一つに同一化した小さな自己で生きている間は、その惑星の価値がすべてに勝るのです。そして他の惑星はそれに対しての敵対的な要素となります。しかし、土星の側としては全部を管理しなくてはならないと考えます。食事を7人に均等に配置するためには1人だけがたくさん食べてはいけないのです。

惑星が動くこと自体が
相対的な関係や栄枯盛衰を表している

　アリストテレスは、月下に互いに栄枯盛衰を繰り返す四元素があり、月上には第五元素があり、そこには遊星（惑星）や恒星があると考えました。この場合、互いの相対的な関係で成り立ち、決して単独では存在し得ないのは四元素のみであり、月上の惑星や恒星にはそのような制約はないと考えられます。

　ですが、太陽という恒星を内部分解したものが、七つの惑星であるという考えからすると、この七つの惑星を統合化することで太陽意識に回帰し、この太陽意識からすると、七つの惑星は自身を七つに分解したものであり、自分を構成するために、互いに相対的な関係で助け合う七つの部品と考えることになります。

　地上の四元素の世界からすると、惑星はより自由な世界ですが、それでも太陽からすると、相対的な栄枯盛衰を繰り返す領域なのです。惑星は動いていますが、この動きがあるということ、時間の中での変化が発生しているということ自体が、相対的な関係または栄枯盛衰を繰り返すことを意味しています。時間がある世界に住むかぎり、栄枯盛衰は避けられません。

　ある時はある惑星の影響が強くなり、また次になると他の惑星が優勢になるわけです。太陽系の全天体が全く同じ配置になることはありません。ということは、言い換えると、どれかの惑星が最終的に優勢になることはないということでもあります。

　惑星レベルに住んでいる人は、その惑星が主導権を握ることを望んでいます。そうでないかぎり、自分の意志や願望が達成される幸せのチャンスはずっと望めないからです。しかし、頭を出そうとすると必ず他の天体に頭打ちにされてしまいます。

15 惑星における恒星の力

七つのポイントで
惑星を考えてみる

　そのように相対的な関係の中で出たり引っ込んだりするような惑星の作用に、自ら光り続け、作用が継続的な恒星の影響は受け止めきれないでしょう。

（1）「全」とは七つのこと

　太陽は恒星と同格のものなので、恒星の力が、太陽系の中のどれかの惑星に入り込もうとした時に、太陽は恒星の影響に対するプロテクターとして働きます。シュタイナー式の言い方でいえば、外部的な影響が人間に受け取られる時には、大天使が保護の役割をします。

　神智学的な発想の、一つのものは七つに分岐するというのは上にも下にも成り立つことなので、モーツァルトの『魔笛』の登場人物である夜の女王のアリアに歌われているように、「七つの太陽」あるいは「七重の太陽」は、太陽系の太陽が属する七つの太陽です。それを統合化している中心点は、エドガー・ケイシーによるとアルクトゥルスです。

　全太陽⇒太陽⇒全惑星⇒惑星⇒全月⇒月というふうに次元が連なります。ここでいう「全」とは、基本的には七つということです。恒星や惑星、月がそれよりも多くても問題があるわけではありません。なぜなら、人間の意識がこの中で任意に七つ選び、それを足がかりとして活用するからです。

統合点から見ると、下位にある七つのものはみな部品で、仲間ですが、七つのうちのそれぞれからすると、互いに反発作用が働きます。つまり兄弟的な恒星に対して、太陽系の太陽は反発しており、恒星の影響が接近しすぎると、それと同格の太陽系の太陽との間には緊張関係が生じます。

　太陽は二つ要らないのです。それは距離の遠いところで共存しています。身近なところに来るとうるさく感じます。アルクトゥルスだけは、この反発を受けません。それは恒星をまとめた上位にあるからです。

（2）　上にあるものと下にあるものは似たもの同士で共鳴する

　太陽系の太陽を支点にして、つまり無限マークの真ん中にある×印を支点にして、太陽系の外にある恒星Aの影響は、恒星Aのキャラクターに類似した惑星aに特に共鳴しやすいのです。キャラクターというのは音階の七つの音に例えると、どの音に当たるかということです。

　七つの太陽の中で、ソの音に該当する恒星があるとしたら、それは太陽系の中の惑星群の中のソの音に該当する惑星と共鳴します。型が同じなら、大きなものは小さなものの中に宿ります。これが雛形理論、類感呪術、四次元的な原理です。惑星は恒星と、太陽系の太陽の定めた範囲内において通信します。

（3）　太陽の特性は外から見るとわかる

　基本的に恒星は太陽と同格で、ある恒星はソの音であり、この太陽系の太陽はファの音かもしれません。ソの音の惑星は、七つの音を統合した無色透明の太陽の下においての小さなソの音ですが、ソの音の恒星と共鳴することで、結果的に、透明な太陽が実は全太陽領域においては、もともとはファの音であったという理解の手がかりをつかむことにもなります。

自分の家の親と同じ年齢のよその家の人がやってきて、その交流を見ていると、自分の家の親の性格がわかってくるということです。

（4）　惑星は恒星との関係で長期的な志を手に入れる

　惑星はその性質が他惑星との相対的な関係によって決められており、単独では意味を持つことができません。他惑星との相対的な位置関係によって意味を与えられ、さらに、地上の諸事と象徴的に結びつけられています。惑星が管轄する経験内容は、時間の中でぐるぐると相対的に変化する関係性と、地上体験の色合いに染まっているのです。

　ですが、そこに天空の恒星の共鳴する性質が宿ってくると、それは地上になく、また相対的な関係の中で意見を変えてしまうような姿勢ではない資質を夢見ることになります。

　恒星の力を持ち込もうとしている惑星の行為とは矛盾していますが、栄枯盛衰の激しい時間の中にあります。陰陽二極化を避けられない、やがて死の訪れる領域において永遠性を夢見て、自分が所属する太陽系の太陽に匹敵するような力に憧れ、近所にあるよその家の模範をコピーしようとしているということなのです。

（5）　外に飛び出すには太陽の関門を越えなくてはならない

　私達は太陽系に属しているので、太陽は無色透明であり無です。ですが、恒星と関与する惑星作用を通じて、それが無色透明でなく、何かのトーン、色を持っていると気づきます。それは太陽が何か大きなものの部分であることに気がつくことです。

　太陽は全惑星を合わせたところの無であり、全です。ここからどのような色の惑星にも降りることができます。しかし外の恒星によって、太陽は

大きな領域では、特定の音であることを知るわけです。

　大きな領域では特定の音。しかし太陽系の内部から見ると無であること。玉突きのような感じかもしれませんが、外の恒星と惑星との間でオクターヴは違うが同等の音を共鳴させることは、無の太陽から、その惑星が上昇するために必要な音を引き出すきっかけになります。

　シュタイナーが、生きている間に霊界と結びつくと、死後、霊界に行けるといったことをそのままここに適用すると、地上生活をしている間、相対的であり、時間の中で動いていく惑星に恒星の性質を持ち込むと、惑星から恒星へと架け橋が生まれ、死後、恒星の領域へとわたりをつけることができる、ということにもなります。

　仏教では、人間が死んだ後、すぐに次の輪廻（りんね）に入るので、死後の生活は存在しません。この輪廻から抜け出すには解脱（げだつ）しかありません。解脱とは、惑星を統合化して、その上にある太陽、あるいは恒星のレベルにシフトすることです。太陽はこの太陽系というコスモスの中においては無であり、すべてであり、ワンネスなのです。そしてこの太陽のレベルに行った段階で初めて、解脱も実は７色の一つでしかないことに気がつき、つまり解脱界の輪廻があり、その輪廻を終わって、もう一つ大きな解脱があることを知るわけです。

　死後にすぐに輪廻に向かうのは、異なる惑星体験へと移動することです。あるいはもっと小さな範囲でならば、地球の中であちこちを転々とすることです。人間以下になった時には、惑星を七つに分解した、七つの月をつぎつぎに体験することを表します。

　輪廻が終わって解脱するためには、七つの世界をすべて体験し尽くし、１個１個に引き寄せられなくなる抗体が出来上がる必要がありますが、それだけだと統合化への集中性が足りず、推進力として、無色透明の解脱意識と同格の恒星がもたらす夢に向かう意志が役立ちます。それは無の中にある有のようなものです。無の果ての有といえばよいのでしょうか。

（6）　自分の内部に上位の音を響かせる

　太陽はより上位の全太陽のコスモスにおいて、七つに分かれたうちの一つです。私達人間の意識が、この全太陽から太陽へという降下プロセスを知ることができたら、恒星から降りてきた力を、惑星の上昇に対する負荷ショックとして活用できます。

　下にあるものが上に上がるために必要な、上からの負荷ショックを誘発するには、ミニチュア的に、自身の中でこの構造を復元します。同等の型であれば、大きいものは小さいものの中に宿ります。

「意識の拡大と心理機能の強化」は、このプロセスを自らの中に作り出すことに貢献します。より大きなコスモスへの進展は、より小さなコスモスへの進展も促すということは、より小さなコスモスの中に、より大きなコスモスと同じ型のものを見い出すという意味でもあるのです。

　グルジエフのエニアグラムでは、身体と感情と思考という三つのオクターヴが平行して働いている図が描かれます。人間はこの三つのオクターヴの組み合わせでできています。ミとファの間、シとドの間の隙間がそれぞれ不足しており、オクターヴ自身は自力ではそれを乗り越えられません。

　身体は限界まで進化してシの音になり、そこでストップし、そこから先に行けません。思考も限界のミの音まで行き、そこでストップし、そこから先に行けません。感情だけはまだ限界の音にまで至っておらず、余裕があり、外宇宙に開かれた9の位置ではまだソの音の段階で、外宇宙にラとシの音を飛び出させることができます。そこで恒星と共鳴し、降りてきて、降りてきた音はどの音にもなれるという理屈からして、身体のシ、思考のミに、それぞれ上から降りてきたドの音として、その不足分を負荷ショックとして与えることができます。求めるものに与える力を付与するという回路が、自身の中で出来上がるとよいのでしょうが、それについてはまた

後に述べたいと思います。

　感情の音ソが、それまでのコスモスの価値観にしがみついていると、外宇宙に飛び出す気がないことになります。これまでのコスモスに退屈しきって、そこに何の可能性ももう感じられなくなるという段階に至らないことには、外に出る気がしません。このしがみつかなくなることを「感情の浄化」といいます。シュタイナーは「畏敬の念」といいましたが、言葉では説明しようがない精妙な感情というものに満たされると、外に飛び出るわけです。

　惑星のどれか一つでもよいので、そこに関連した恒星に通路をつけると、例えば、その惑星がオレンジ色で、恒星がより上位の次元においてのオレンジ色だとしても、降りてくる時には、それはオレンジ色でなくどの色にもなることができる要素を持っているので、それは惑星レベルの次元に奇蹟を起こすことを可能とするとも考えられます。つまり、一つでも恒星と結びつきを作れば、これは変成の呼び水になるわけです。

（7）　惑星が遠いものを夢見る

　惑星の七つは統合化されることで、太陽に近づくことができます。ここでは特定の惑星の役割を特別に重視してはなりません。惑星に割り当てられた範囲というものを越えようとすると、土星が制裁を加えるからです。ケンカをすると警察がやってくる。お金を使いすぎると支払いを迫られる。そのようなものです。

　しかし、惑星はより超越的な広い場所で生きている恒星に憧れています。それは惑星の役割をより拡張していきます。内側で夢見たものは、太陽を転回点にして、そのイメージ通りの外の世界につながっていきます。内側にあるイメージそのものを、実際の外とつなぐために、その隙間の無の断絶を越えなくてはなりません。

　惑星作用を、地上的な諸事と象徴的に結びついている諸事から解放し、

惑星の作用の本来のものを受け入れるということは、人間にとっては意識の拡大と心理機能の強化ということに深く結びつきます。惑星意識が恒星意識を夢見るように、その感情を育成するのです。

　実際の問題として、惑星に対応する意識状態は、恒星との結びつきなしでは純粋化される見込みはありません。志を失って相対的な関係の中でのみ生きているような状態が、恒星と関わることのない惑星意識です。

　惑星意識とは適応だけの人生です。惑星に長期的な推進力を与えるには、恒星との関係を作り出すのがよいでしょう。

16 7と12の法則

12の感覚を12のサインと結びつけようと
長い間試行錯誤したシュタイナー

　話を戻しますが、基本的な考えとして、生命は七つの層があり、感覚は12あると考えます。これが占星術で適応された時に、惑星の七つ、12のサインという概念が生まれました。

　古代において感覚は七つだったというふうにシュタイナーは述べており、その時には感覚は生命活動と直接連動していました。例えば赤い色を見た時には、生命はそれに反応して、興奮作用を受け取り、アメーバのように形が変わったのです。ある時代から感覚は形骸化して、生命に直接反応するわけではなくなりました。鈍くて固い殻のような働きを持つようになったのです。

　シュタイナーは、12の感覚を占星術の12のサインと結びつけようとして長い間試行錯誤してきました。しかし、最終段階に至るまで、満足に当てはまる対応関係は見つけにくかったようです。どれかが適合すると、今度は他のものが少し合致しなくなったのです。

　アルバート・ズスマンは、このシュタイナーの試みの半ばの時期の対応表を活用して、改めて12感覚論について説明する本を書きました（『魂の扉・十二感覚』石井秀治訳、イザラ書房）。その本での12サインと感覚の対応は次の通りです。

　私にはここで牡牛座が思考感覚に対応するという部分のみ、なかなか馴染めませんでした。ですが、全体としては、私はだんだんこのズスマンの

考え方に慣れるようになり、最近では占星術のサインの説明をする時にこのシュタイナー＝ズスマンの12感覚を引用するようになりました。雑誌の原稿でも使ったことがあります。

　生命の七つ、感覚の12という法則の関係性はイメージとしては、地球のような球体を想像し、そこに30度ずつの区分をつければ比較的わかりやすいかもしれません。経度は30度ずつ区切られ、12サインに対応しています。緯度は30度ずつ区切れば、北極と南極をそれぞれ頂点にして、七つの区切り線が生まれます。

　実際には、前述した上に三つと横に三つの九つのマトリクスは、この構造とは結びつきやすいでしょう。七つの区切り線は六つの領域を作り出し、それは三つの区画をさらに倍にしたものです。横の三つは一つの区画を四つに分割すると、三つの区画に12の区画が作られることになります。

牡羊座	自我感覚
牡牛座	思考感覚
双子座	言語感覚
蟹　座	聴覚
獅子座	熱感覚
乙女座	視覚
天秤座	触覚
蠍　座	生命感覚
射手座	運動感覚
山羊座	平衡感覚
水瓶座	嗅覚
魚　座	味覚

17 三次元ホロスコープの シンプルな枠組み

恒星の位置は上下7区分の どれかに固定される

　太陽を中心にしたプラネタリウムでも、頂上の部分から底に向かって、七つの層に区切られます。黄経の横ラインには12サインが当てはめられます。個人が生まれた時のヘリオセントリックの惑星に、黄経で一致する恒星は、惑星に影響を与えます。黄緯がいかにずれていても、黄経という座標においては共鳴します。黄経の12が感覚だとすると、感覚の精妙なものから濃密なものまで七つの段階があり、しかし同じ感覚として、上位のものと下位のものは同じ感覚に属するのです。

　惑星はそれぞれの惑星の役割をある程度満足がいくまで発揮した後は、上位の自己へ上がる階段を模索して、太陽系の外にある恒星の影響を取り込み始めます。まだ惑星としての役割に汲々としている間は、恒星の影響の関与はありませんし、必要性を感じないでしょう。

　恒星の位置は、上下の七つの区分のどれかに固定されていますが、この七つはあたかもチャクラのような意味を持っています。バーナデット・ブレイディの代表的な数十種類の恒星を考えてみても、それらはみな場所が固定されています。いかなる影響もすべての人を貫通しているので、ここでは限られた人だけに特別の恒星が大きな役割を果たしていると考えなくてもよいでしょう。

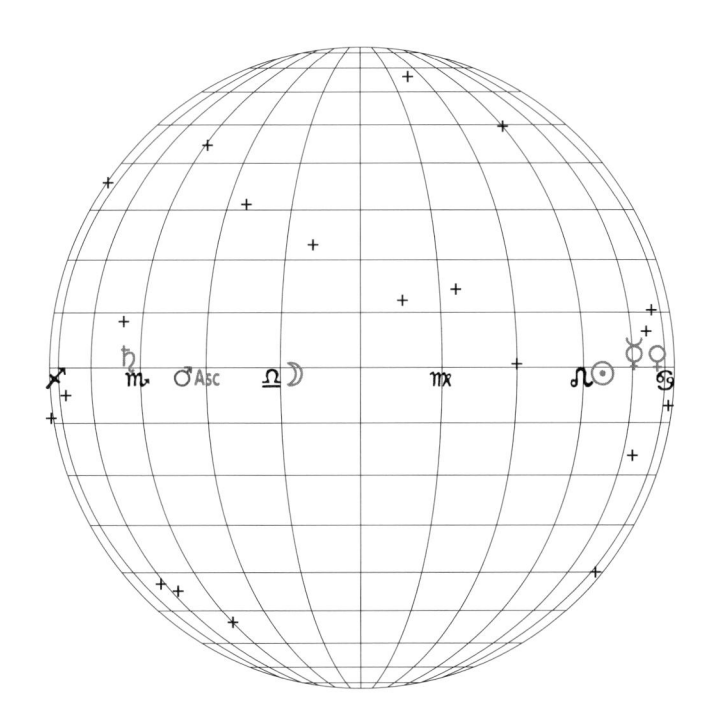

ソーラーファイヤーのプラネタリウムを参照に作成

　すべての人にすべての影響が通過していますが、生きて活動している私達が特定の惑星で、その恒星の影響受け止めるというのは、通過している影響力を、自身の注意力によって引き止めているということです。つまり、誰もが体験しているにもかかわらず、ある人はそのことにこだわって、その影響をずっと意識するということなのです。他の人は通過するに任せています。影響を通過させず引き止めるには、その個人が引き止める理由があるわけです。それによって、その個人は他の人と違う注意力を発達させ、次第にその人らしい個性を作り出していきます。

　ですので、例えばある惑星の黄経に一致する度数に恒星があるとしても、その配置を持つすべての人に共通した影響をもたらすとは考えにくいので

す。ある人は惑星の発達段階で手一杯です。ある人は、惑星の作用に満たされ、それに飽きており、太陽への階段を模索したい。その時に、恒星の手を借りようとして、この惑星に黄経として共鳴する恒星を引き寄せ、惑星の働きの中で、できるかぎり長期的に、この恒星の個性が鳴り響くようにしようとします。

　ジオセントリックでは、同じホロスコープを持つ人は数万人に一人もいません。しかしヘリオセントリックでは、ここまで細かい厳密な考え方はしないのです。私は私だけ、特別な私というより、似た時期に生まれた人は同じようなものなのだと考えます。自己の中心点は太陽で、そこからすると、個別の個人はあまり重要に見えてきません。

オーブは1度ではなく
3度から5度くらいの範囲で考える

　私の書いた『トランシット占星術』（説話社）では、ブレイディの書いた恒星と惑星のパランを紹介しました。この技法は、ヘレニズム時代にはもう使われていたし、バビロニア発祥の古い技法です。これもジオセントリックの占星術に属しています。

　この恒星パランで紹介した時には、オーブは1度、あるいは0.5度というタイトなものを想定していました。しかし、三次元ホロスコープでは、もっとルーズに考えてもよいと思います。それは任意に引き寄せられ、その人の要求によって異なるからです。例えば、3度程度のオーブとして考え、さらに意識的に引き寄せようとした場合には、5度程度までは許容範囲に入ると考えます。

　恒星は少しずつ移動しますが、その移動速度は非常に遅いものです。したがって、特定のサインの性質と恒星は特徴が混じり合うようにも見えます。サインの度数に意味があると考えるサビアンシンボルや、私が提唱し

ている度数の意味などは、純粋にサインから出てくる意味なのですが、そこに恒星の性質がレベルの違うところから干渉してくるわけです。

　このようなケースも想定して、サインの度数の意味と恒星を、両方意識しながら解釈してください。恒星の神話においては、それが考えられた時代のサインの位置の意味とかが組み合わさっていることもあるでしょう。例えば、レグルスは獅子座の意味とある程度結びついているといえます。もちろん、ここでいう獅子座とは、星座としての獅子座ではなくサインのことです。現在レグルスは乙女座の初めの位置に移動したので、少しずつ定義が変わってくるような状況というのも考えてみてもよいのではないでしょうか。

18　三次元占星術を推奨する理由

半眠の中で出会った金毛九尾の狐
架空の動物は常にエーテル界の生き物

　三次元ホロスコープはシンプルで、素朴なものに見えます。しかし個人的な感想として、生々しく納得できるものがあるので、私はこのホロスコープの考え方に親しみを感じています。

　ここで私の個人的なことを書いてみたいと思います。牡牛座の26度10分、黄緯北緯22度26分には、アルゴルがあります。アルゴルはクンダリニなどを示す恒星で、それは牡牛座の欲張りさと共鳴します。しかし、いわゆる物欲とか個人的な欲求を強める恒星ではなく、もっと思想的なものです。ヘリオセントリックの惑星がこの近くにあれば、その惑星には、こうした勢いが盛り込まれますが、私の場合は木星が重なっています。

　数十年前、私はある朝、目覚めると、半眠の中で自分の横に自分よりもサイズの大きな狐が添い寝しているのに気がつきました。動物特有の焦げ臭い匂いがしたのです。そしてそれは人間の皮膚と狐の皮膚がまだらに混じり合っていました。

　この生き物が、私に対して従順な感情を抱いていることを感じ取りました。これは実在しない生き物であることは当然なのですが、架空の動物は常にエーテル界の生き物といえます。これが伝説の金毛九尾の狐であると思いました。狐は六つないし七つくらいの階級に分かれていて、狐憑きなどで語られる狐は、下から二番目のものです。一番上の位置の狐は、密教などでソフィアと同等の役割を与えられたダキニ、あるいは命婦として、

神の代理人として働きます。

　いずれにしても金毛九尾の狐はエーテル界の生き物なので、それは型共鳴によって、どこにでも複数同時に出現します。物質的な生き物ならば、特定のどこかにしか存在しませんが、エーテル体の場合には、同時にさまざまな空間と時間の中に出現可能なのです。

　恒星に当てはめると、これがアルゴルだと思われました。自分よりも大きいからです。この大きいというのは、私の場合、木星と関わるからとも考えられます。それが朝の、半分夢見の状態の中で、自分よりもサイズが大きいというふうに視覚化されたのではないかと思いました。友好的なのは、アルゴルと木星が、私自身を示す地球ポイントと120度だからということもあるでしょう。

　ヘリオセントリックでは、ジオセントリックで使っていた時と同じように、惑星の年齢期を使うことにしています。すると、木星の年齢期にあるものは、それ以前の年齢では無意識的に働き、それを外部的な作用にみなす傾向があり、さらに木星の年齢時期以後は、それをコントロール下に置き、直接的にはさほど自己同一化しないという移り変わりがあります。

　木星の年齢期の特性に対して、前と後では態度が違うということなのですが、年齢期以外でも、木星作用がなくなるという意味ではありません。

　私の場合も、木星の年齢期が終わり、土星の年齢期の56歳になった時に、金毛九尾の狐が離れていったような感覚を味わいました。

土星と海王星が重なった場合
土星に海王星の作用が乗り込むことを意味する

　土星期になると私の土星の近くには海王星があり、さらにアルクトゥルスとスピカが存在することになります。かなり若い頃、私は土星に体外離脱するという体験をして、この土星の中にアルクトゥルスに関係する老人がいるのを見ました。

もう一つは、体外離脱をしてある星に行きたかったが、その通路がないと感じていました。そこで、複数の男性が溶けて螺旋パイプを作り、この中を回転しながら星に到達することができました。この星はアルクトゥルスとスピカに関係しています。星は球体の形をしていませんでした。というよりも、これは形あるものというよりは帯域だったのです。

　私としては、土星期の今はそれが遠いものに見えず、身近に接近していることを感じています。そのため、おそらく、土星の年齢期以前では、それを手の届かない遠いものとみなし、それでも何とかまた接近したいという欲求を作り出したのです。今はむしろそれがいつも共にあるという実感があります。それにいったん通路ができてしまえば、もうそれは失われません。強い満足感があり、私は土星期になってよかったと感じています。

　土星と海王星が重なると、それは土星に海王星の作用が乗り込むことを意味しており、海王星は人間の寿命の2人分とか、3人分くらいはありそうな周期を持っています。土星意識という現世的で短いスパンのものに、人の寿命を超えたものが乗り込むことは、土星に犠牲を強いることになるのですが、体外離脱をした後、地球に戻る時に、私の背にその星の住人が乗ってきたのは、土星をみつえしろにして海王星が乗ったということです。そして、その前にその星に行くために、複数の人が溶けてパイプになったのは、この土星を海王星に拡大したことを示していると考えました。

　土星、海王星、そしてアルクトゥルス、スピカという回路がそのまま、この体外離脱で視覚的に復元されたのです。これらはみな鋳型の世界です。型の世界は時間の外にあるため、昔そういう体験をしましたと考えるよりも、これは過去にも未来にも、今でも、その状況が働いていることを示していると考えた方がよいでしょう。

　それ以外にも思い出してみると、私はアレキサンドリア図書館に興味を持っています。その時代の知識の扱い方は、今日のようなものではなく、集団記憶にアクセスしつつ、資料をその鍵のようなものとして使うという

方法だったと思ます。いわば書物は索引カードのようなものなのです。

　この古い時代の知識、あるいは知識の開発の仕方を再現することに私は興味を抱きました。私の水星は乙女座の３度にあるのですが、その黄経の近くに、竜座のトゥバンがあります。黄緯としてはかなり高い位置にあるので、それは部屋の中の天袋に置いてあるようにイメージ化されます。

　それはエジプト時代には北極星でした。そして、トゥバンは財宝の守りの竜です。水星に関わると、ブレイディも図書館員と説明していますが、私はヘリオセントリック的な意味での図書館員のような気分でいます。ヘリオセントリック的な意味とは、地上に存在する物質的な本ではなく、太陽から水星へという流れの中での、つまり非物質的でアカシック的な領域においての図書館員として振る舞いたいという意志が強いということです。

　私の本の書き方は、実在する多くの本を参考にして書けるものが少ないです。実在する書物から、私が欲しいものはなかなか取り出せないのです。少数の本は刺激にはなります。実際、アレキサンドリアの書物のようなものがあればかなり執着心を発揮します。その匂いを多少とも残していると思われる『ナグ・ハマディ文書』や『ヘルメス文書』は大変に貴重で馴染みやすいのです。

三次元占星術とパランに矛盾はない
ジオセントリックで見るかヘリオセントリックで見るかの違い

　このように身近な感じで惑星と恒星が黄経で重なるので、この三次元プラネタリウムには実感として親しみが持てるわけです。個人的な実感としては、ジオセントリックのホロスコープも、恒星パランも、ここまでリアルな親近感はありません。しかしこれはジオセントリックや恒星パランが間違いという意味ではありません。視点が感覚を中心にしたものなので、それは外面的な事象には結びつきやすいが、その分、自身の奥に届かない

ということにすぎないのです。

　三次元ホロスコープのプラネタリウムは、世界の卵の形をしていて、この卵の中で、人は夢見をしているのです。ヘミシンクをすると、自分が釣鐘の中にいて、この釣鐘の内部には文字が書かれているのを見るのですが、これがこの三次元ホロスコープとしてのプラネタリウムなのです。宇宙的なクラスターは、蜂の巣のような形をしているといいますが、これとも似ています。

　もちろん、恒星パランとの矛盾はありません。なぜなら、ブレイディの提案する恒星パランは、ジオセントリック占星術の視点で見たものであり、私達は腰から見たジオセントリックと、頭から降りてきたヘリオセントリックは、異なる視点のものとして共有できるからです。

　ジオセントリックにどういう利点があり、どういう欠陥があるかを知り、ヘリオセントリックにはどういう利点があり、何が不足しているかを明確に認識すれば、使い分けはそんなに問題はないでしょう。

　理想としては、ヘリオセントリックとジオセントリックを50％ずつ使うとか、あるいはヘリオセントリックの比率を少し増やして60％くらい使うなどで、併用するのも興味深いものです。むしろそれはとても正しい姿勢なのかもしれません。例えば、誰かのカウンセリングをする時に、環境適応の図としてはジオセントリックで見ますが、地球に生まれてきた理由そのものを意識して、本来の大きな自己を思い出すためにはヘリオセントリックを使うとよいのではないでしょうか。ジオセントリックには進行図がありますが、ヘリオセントリックには進行法という計算はありません。

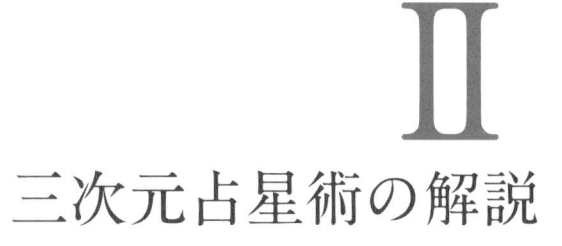

II
三次元占星術の解説

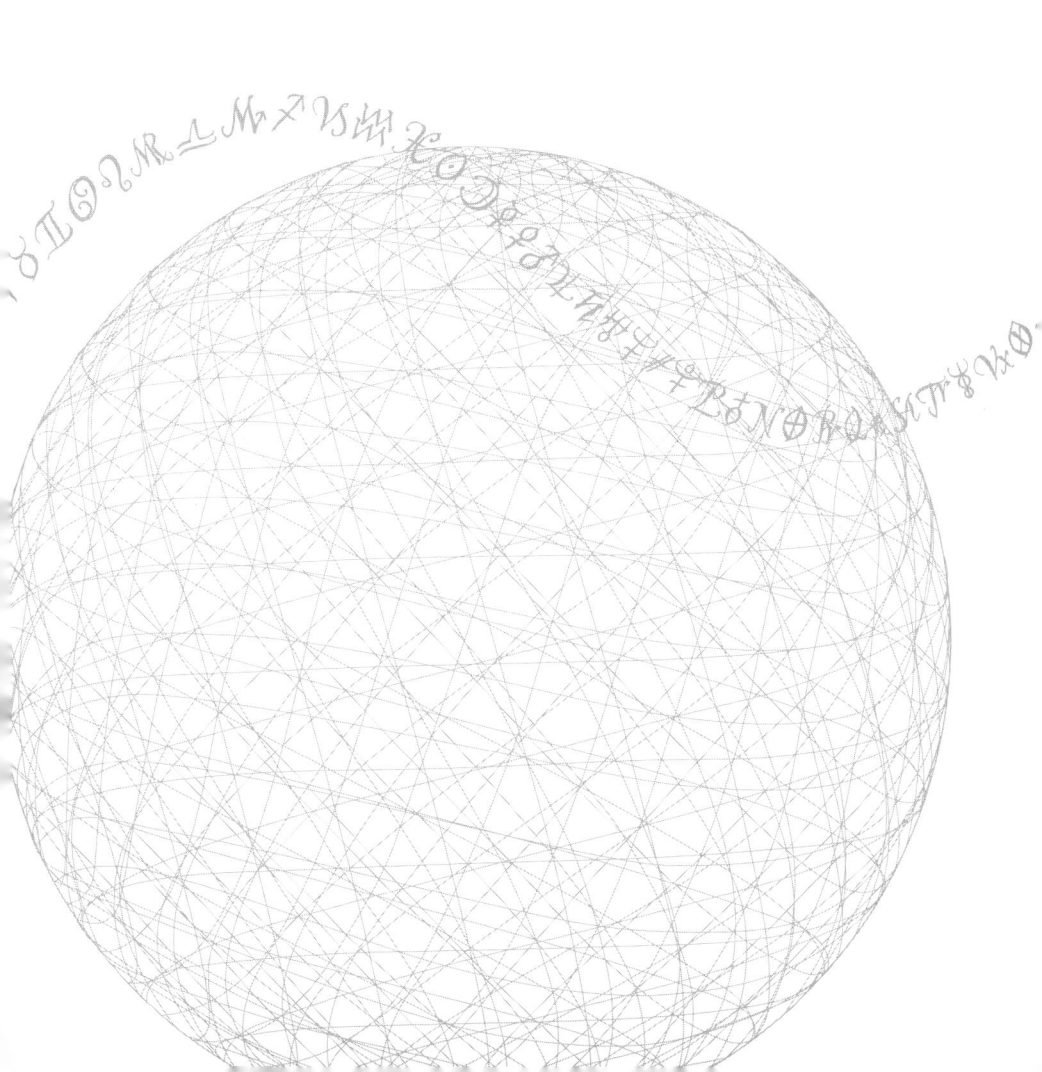

# 1 三次元占星術に使える アプリケーション

プラネタリウムを表示できる
ソーラーファイヤーがオススメ

　ヘリオセントリックの天体計算ができて、なおかつプラネタリウムのような形に投影できる図は、「ソーラーファイヤー」で見ることができます。

　大阪の講座でそれを見てから、自分でも購入し、ときどき使うようにしています。私が持っているのはＶ6です。Windows 7のＯＳを使ったパソコン上で、Windows ＸＰモードを使い、ここで起動するようにしています。というのも、ソーラーファイヤーを使うには、Windows を英語モードにしなくてはならず、常用するＯＳを常に英語版にしておくわけにはいかないので、いつもは Windows 7で使い、この中で、エミュレーターとしての Windows ＸＰモードのみ英語版で動くようにしてソーラーファイヤーを起動させると、あたかも一つのアプリケーションのように使えるからです。細かいことを考えなくてもよい、ＯＳつきアプリケーションということになります。

　ヘリオセントリックの天体計算は、インターネットのサイトでは、astro. com で可能です。また小曽根秋男氏の「Stargazer」でも、ヘリオセントリックの天体位置計算は可能です。ですが astro.com も Stargazer もプラネタリウムは表示されないので注意しましょう。

 2 ハウスの概念

精神や内的なものと実際の生活は
どこかで断絶して切れ目がある

　ヘリオセントリックの惑星は、どのサインにあるかということで、その惑星が帯びたカラーを推理します。これは従来の占星術と変わりません。ジオセントリックの時と全く違う位置に水星や金星があったとして、ヘリオセントリックは鳥を腰にまで降ろしてこなくてはならないので、この水星や金星のサインごとの特質を、地上の活動にまで突き抜かなくてはなりません。

　ジオセントリックは物質的、感覚的、外部的に確認し、ヘリオセントリックは、内的、実感的に確認しますが、その後は、ヘリオセントリック的影響を、地表活動にまで降ろしてくるべきです。つまり知識だけにとどまらず、それを具体的に生かすというところにこぎつけなくてはならないのです。

　ヘリオセントリックのホロスコープは内的に感じます。つまり精神の領域からやってくるのです。私達は、この精神や内的なものと実際の生活はどこかで断絶し、切れ目があります。これは人によってさまざまで、首で切れ目がある人、胸にある人、腰にある人などなどです。この傷口がない人は地球上には存在しません。この傷口の位置によって、その人の人生の弱点やトラウマというもののパターンが出てきやすいのです。

　私の場合、左足のつけ根がその切れ目でした。太陽系の中では、土星と天王星の間のキロンの場所が切れ目です。カバラの生命の樹は、下から3

分の2あたりの位置に、紙を破ったかのようなちぎれ目があり、それを「アビスの深淵」といいますが、これがキロンに近い位置にあるものと考えてもよいでしょう。

太陽系の外では、ケンタウルス座がそういう区切れ目に当たります。そこで綱が断ち切られ、傷つき、地上的なものは地上に落ち、天上的なものは、地上につながらなくなったのです。

そのため、ヘリオセントリックのように、太陽から降りてくるものは、その切れ目を通過してさらに降下すれば、実生活の中で確実に反映されることになります。下からは自力で上がれません。上からは降りることはできます。そしてこの法則以外に習慣としては、下と上はどこかで切れ目があり、下は自身のプライドで閉鎖し、上を受けつけないという癖があります。これは法則ではなく習慣なので、それぞれの人が個別に解決しなくてはならない問題といえます。

土星と天王星が断絶する切れ目のキロンは、公転周期が50年くらいなので、この切れ目の傷は、ある程度までは集団的・世代的なものではあります。

もし、12サインをシュタイナー式に12感覚に対応させるならば、キロンは世代的にどこかの感覚に傷を持っていることになります。キロンはそこをはっきりと打ち出すと、攻撃されるのではないかという不安感を抱く場所です。取り組んでみると世界が急に開けて、止まっていたところに血が流れるような爽快感があります。ですが、それには何十年もかかる場合もあるのです。

ハウスのとらえ方は
基本的にはジオセントリックと同じ

占星術の体系では、ヘリオセントリック的な影響を腰にまで降ろすには、

ずいぶんと具体的なイメージを提供するハウスを活用するとよいのではないでしょうか。もともとはヘリオセントリックにはハウスという概念はありませんが。

この時に、地球をスタート点にして、そこからハウス分割をするとよいのではないかと私は考えました。つまり、地球に入った状態を始まりとするわけです。ハウスの度数は30度ずつの区分で考えることになります。太陽系のプラネタリウムが、そのまま地球の中で縮小的に再現されると想定するのです。

水星は分割の始まりなので、それは最も重要なことはいうまでもありませんから、それがどこのハウスにあるかを重視しましょう。人生の可能性は水星の場所から暗中模索が始まるのだといえます。それは太陽から自立できているようなできないような曖昧さの中で、太陽から切り離されたことの怒りとか失望などを抱えこみつつ、新しい可能性を探しているのです。多分、水星は諦めきれていないまま模索を始めます。そしてそこからさまざまな惑星の役割へと展開されていくわけです。

地球人生の始まりは地球ポイントです。これは太陽とちょうど180度の位置にあります。その近くに惑星があったり恒星があったりすると、地球に生まれてきた理由そのものと関わることになります。

ここでハウスやアスペクトや、あるいはまたヘリオセントリックの上でのトランジット天体との関係などを考えることになるのですが、それでも、これまでのジオセントリックのホロスコープで使うような複雑な技法のあらかたは使うことはありません。支配星の意義も考えにくいからです。

ハウスの意味は、これまでのジオセントリックの占星術と同じと考えればよいでしょう。

次頁から各ハウスの説明をしていきます。

地球に降りてきた目的

地球ポイントに何らかの惑星がアスペクトを作ると、それは地球に生まれてくる時の援護や随伴者などを表します。地球活動のすべてにおいて、このアスペクトは最後の最後まで強い働きかけをするのです。

ある人物の場合、この地球ポイントのそばに海王星があり、そして土星が90度でした。これは土星と海王星が90度の世代の課題、精神性やスピリチュアルな要素と、合意的現実の同調がテーマになることを示しています。ですが、地球ポイントは海王星と合なので、土星は外部的なものとして、常にこの人の足を引っ張ったり、否定したり、批判したりするものとしてやってきます。人あるいは組織、あるいは意見、あるいは現象としてです。

ヘリオセントリックの概念では、大きな自己太陽を分割したものが惑星なので、土星の妨害も自分の中の一側面にすぎません。地球ポイントが海王星の側に寄りすぎたので、少しばかり土星は外部的なものとして現れているのです。

土星の妨害は、常にテーマを忘れないように信号が来ているという意味にとらえてもよいでしょう。忘れそうになると足を引っかけてくるのです。自分で作り出したゲームルールというふうに考えることもできます。少しでも忘れると、星の影響が二律背反的なものとしてやってきます。

ヘリオセントリック占星術での読み方として、それぞれの惑星ごとに、アスペクトを作る惑星があると、そのアスペクトの種類に従い、その惑星を仮想ハウスに当てはめるというものがあります。例えば、海王星が1ハウスだとすると、そこから90度過ぎた場所の土星は4ハウスとみなされるのです。もちろん手前に90度だと、それは10ハウスです。

すると、この妨害者は家族になります。この例の場合では、本人の精神世界

的な活動に配偶者がいつも反対をしています。あるいは1ハウスが個ならば、4ハウスは集団です。今日的な社会集団の意識として土星がやってきているのかもしれません。

　この人物の場合、親は大学教員で配偶者も大学教員、自分も大学で仕事をしています。この土星環境の中で、自分の海王星をストレートに出すには抵抗があります。しかし、土星環境の中に (キロンの傷によって、地上に孤立した合意的現実の思想) 海王星を持ち込むという、大それたチャレンジをしようとしているわけです。その結果、地球ポイントにアゲナが重なります。これはケンタウルスの足の傷です。

　1ハウスはいつも人生の出発点で、その人の意識が目覚める前から働きます。その結果、1ハウスについては、たいてい本人は無自覚なことが多いでしょう。地球人生そのものとしての1ハウスなので、ここに何か惑星がある場合も、地球人生を運営するに当たって、直接合流してくる影響です。地球ポイントに直接恒星が重なる時には、この恒星そのものの個性が強く働きかけます。その人の人生はこの恒星そのものであるかのように、色濃く影響を受けます。地球環境の中で、その人がこの恒星の役割そのものを演じるかのように見える場合もあります。

2 ハウス 所有／過去の資産／既にあるもの／保護

　所有物とか収入を考える時には、いつもこのハウスを点検します。

　ヘリオセントリックの2ハウスは太陽の自己分割であり、上から降りてきた光なので、地上生活の中で就職したり、世間的に既にあるものを引き継いだりするかたちではなく、自発的に自分の目的で行為して、その結果として得る物品、収入などを意味しています。また、地球に生まれてきた時に、その人の目的に応じて価値を持つようになる地球的な資産です。

　携帯電話を作る企業からすると、レアメタルは大変な価値があります。しかし他の人からすると、そうした鉱脈を発掘することには関心がありません。地球ポイントの目的から初めて照らし出される資産なのです。

　2ハウスの資産は地球の肉体を得ると、自動的にこの中に含有されているものです。太陽の自己分割という発想では、常にあらゆる行為は楽しい創造的なもの、光の降下なので、2ハウスの収入にしても、楽しみ事をして追求されるとよいということになります。それに地球特有の資産を掘り出すことの面白さを追求するわけです。

　なお、2ハウスが過去の資産、11ハウスが未来から引き寄せるものという関係は変わりません。2ハウスに何か惑星があれば、過去にどんどん遡ってみるというのも、参考になります。既に持っているが、しかし開発しないことには使いものにならないものもたくさんあります。

<table>
<tr><td>3
ハウス</td><td></td></tr>
</table>

⬡ ３ハウス　移動／学習／分散する知識

　３ハウスはしばしば初頭教育といわれます。小学校ではたくさんの科目があり、それらを等しく学習しなくてはなりません。どれか一つを深めることはなく、均等に横に広がるのです。そのように３ハウスの知識や学習は、分散し、バラエティを持つ方向に仕向けられます。

　新鮮な刺激を求めて移動するわけです。散歩しながら考えるとアイデアがよく出てきます。うろつくことなどは３ハウスです。

　子供は外に遊びに行っても、夕方には家に帰ってきます。４ハウスの家に戻らなかった場合、３ハウスは分散し、統合的な自分を喪失することなので、迷子になったように心細いことでしょう。まとめられないで分散したままのものは、ノアの箱船から飛び立ったまま戻らなかった黒い鳥のように、悪しきものとみなされます。

　４ハウスに回帰することを前提に３ハウスの可能性を考えていかなくてはならないということです。もともと２ハウスは土の元素 (牡牛座)、３ハウスは風の元素 (双子座)、４ハウスは水の元素 (蟹座) の場所なので、土は風に分散し、水でまとめられるという順番で考えられます。知性の発達や言葉の能力、また移動などを意味する従来の３ハウスの意味は変わりません。また、２ハウスの資産を活用するという意味もあります。２ハウスにあるものが応用的に多岐にわたり、展開していくことになります。

4ハウス 家族／集団意識／基盤／不動産

　1ハウスが個としての目覚めを意味するとしたら、それにスクエアの関係の4ハウスは眠りを意味することになります。個の意識が使えなくなり、その代わりに、集団意識の方にスイッチが入るのです。

　家では、家族全員で夜に眠ります。つまり家族が混じり合って、共有される意識になるのです。家では警戒しないで無防備に眠ることができなくてはなりません。路上で安心できる人はめったにいませんが、4ハウスは自宅だろうが、事務所だろうが、無防備にリラックスできるのならば、それは4ハウスといえます。

　1日の終わりに眠るのが4ハウスだとすると、一生の終わりに眠りにつくのも4ハウス。ですから、ここはよく晩年を意味するともいわれています。個の意識が消えると、それはいきなり宇宙に分解していくのではなく、この4ハウスの集団意識というバッファのようなものに溶けていきます。この溜め池のような集団場は階層があり、徐々に大きくなっていきます。小さなクラスターから大きなクラスターまで幅広く存在しています。個人は疲れると眠り、この4ハウスのエネルギーの鉱脈から活力を吸い込みます。そして十分にチャージされたら、また目覚めていくのです。4ハウスにあるサインの性質によって、どのような場所がリラックスできるかも推理はできます。眠りにつくための条件など、つまり入眠儀礼のスタイルなども、ここから推理してみるとよいでしょう。

遊び／道楽／趣味／創造／子供

　5ハウスは、1ハウスという地球での生まれと目的に対して、120度、すなわち正三角形の関係で協力するハウスであり、それは4ハウスという集団的な力のチャージの後に、あらためてまた個が目覚め、その力を広げていく場所といえます。4ハウスの場が大きいほどチャージは大きくなり、その分、5ハウスの放電や放出は強力になります。

　ゲーム的に、遊び的に、力が放出されるのです。吐き出すということがメインであり、ここで吸収するということはありません。吸収したり充電したりするのは4ハウスだからです。

　2ハウスが資産だとすると、それにスクエアの関係の5ハウスは、資産を放出するような行為ともいえます。例えば、仕事で儲けたお金で競馬をするというような行為は、この2ハウスで得たものを5ハウスで失うということの典型例です。

　ですが、2ハウスの力を失いつつ、1ハウスの個人の主張は、のびのびと外に爆発していきます。この爆発が止まるのは、チャージした心理的な共感力の4ハウスの力と2ハウスの資産を使い切った時です。しかし2ハウスはもっと深く掘り下げると、もっと大きな鉱脈にたどり着くことができます。4ハウスも、意識が深くなると、もっと大きなクラスターに行き着くことができます。

　となると、5ハウスの放出はもっと大きくできるはずです。大パワー主義の人は、2ハウスと4ハウスの潜在力を拡大するとよいのではないでしょうか。

労働／訓練／役立つこと／目的のために作り替えること

　ジオセントリックでは、6ハウスは働く能力で、真面目に働くかどうかはたいていここでわかりやすく、もし、会社の社長や人事担当者がホロスコープを知っていれば、6ハウスを見ることで働く人だけを採用するということも可能かもしれません。

　しかし、6ハウスは5ハウスの内側からの喜びの放出ということを否定し、苦しい修行や訓練になるので、6ハウスが強い社員ばかりを集めると、その会社の雰囲気は暗くなるかもしれません。役に立たない遊び人を何パーセントか入れていた方が会社としては楽しくなることでしょう。

　一方、ヘリオセントリックでの6ハウスは、社会適応としての仕事ではないので、会社員に向くかどうかということを考えません。自発的に、自分の目的を地上で実現するためにこつこつと働くことを表しているのです。したがって会社に行かないと急に怠け者になるという人はいません。一人でもきちんとこなす勤勉さを意味することになります。

　1ハウスに対して150度なので、自己改造または自己訓練であり、人が見ていないところでも練習する姿勢を表します。また6ハウスは狭い範囲の中での5ハウス的な要素の発露なので、小さな仕事の枠内で創造的に遊ぶという意味もあります。

協力関係／環境／取り囲む人々／自己の鏡／対人関係

1ハウスはたいてい本人には無自覚で、自分を自覚するには、自分を鏡に映してみないといけません。7ハウスはその鏡であり、ここで他者の目の中に映る自分を確認します。

しかし他者の鏡というのは多数あります。選んだ人によって、自分の表現方法も変わってしまいます。これは社会の入り口なのです。社会とは、多数の人が集まった場であり、まずこの社会の入り口として身近な人に出会うわけです。

韓国の調査では、3人の人が賛成すればその活動は広がるといいます。この7ハウスで、3人の人が賛成してくれたらその後の発展があるということなのかもしれません。美味しいものにうるさい人々に囲まれて生きていれば、自分も美味しいものにうるさい人になる、そういう目で自分も他人も見るようになるということです。社会の始まりは少数の人の集まりであり、他者に受け入れられるか、それとも拒否されるか、ここではっきりしますから、7ハウスは極めて厳しい場所でもあります。ここにある惑星は、他者に投影することが多くなります。自分そのものというよりは、他人の中にその惑星を見るのです。

継承／もらう／依存する／固定的な関係性

8ハウスも6ハウスと同じく、1ハウス＝地球人格に対して150度の場所で、ここで、大きく変えられてしまうことを示しています。

6ハウスはひそかに一人で自己改造をしていました。が、ここでは他者の関わりによってそれが行われるわけです。自然体の自分のままではいけない、社会的な活動の場にふさわしい自分に作り替えなくてはならない。生まれ育ちの違う他人とずっと一緒にいると自分を作り替えざるを得ない、などと感じます。

また、外部のものを受け取るという意味もあり、もらいものだったり、受け継ぎだったりします。この外部というのが、死の彼方ということもあるので、異次元からの受け取りということも場合によってはあることでしょう。

そもそもヘリオセントリックは、地上の習慣に染まった占星術ではなく、太陽から地球へという流れなので、地球外から受け取るということを想定してもよいのではないでしょうか。

チャネラー達はよく8ハウスに天体が集まります。通信する外部の存在は、この8ハウスに示されやすいのです。かつて人間だったもの、あるいはずっと人間になったことのないもの。これらとの接触をする場所でもあります。継承する場所なので、あまり自主的な性質ではありません。

思想／宗教／高等教育／研究

9ハウス

ジオセントリックでは9ハウスは海外旅行などを意味していましたが、ヘリオセントリックはもともと太陽から地球へという流れの中にある占星術なので、ここで急に狭苦しい地球内海外旅行ということを意識するのはどうかと思う面もあります。

1ハウス地球の意識に対して、5ハウスと共に120度という延長の作用の場所なので、個人の精神の拡大や高揚感を意味します。3ハウスが横広がりで、マルチな方向に知識が分散したのに比較して、9ハウスの教育・学習は、グレードアップということを意味しており、一つのことを深めたり、応用的にしたりします。そのことで地球意識、つまり地球に生まれてきた目的を応用的に発展・拡大させます。レベルアップしていけるということです。そのためのきっかけや可能性を探索するわけです。

旅行という点では、ジオセントリックでは、3ハウス国内で9ハウス海外と見ましたが、ヘリオセントリックでは、3ハウスに国内と海外をすべて含め、9ハウスは太陽系内または地球外旅行というふうに考えてもよいかもしれません。今の段階では、まだそのチャンスは訪れていませんが。ここでは役に立たなくても、教養的に満足ならば、追求します。それは次の10ハウスでは必要がない場合もあるので、9ハウスの終わりでは余剰成分をダイエットする必要もあります。

10 ハウス — 直立する場／地域社会／ローカルな場の中での立ち位置

　ホロスコープの中で、4ハウスと10ハウスを結ぶラインは直立する場で、直線時間的な概念に従っています。つまりローカルな場で、その場所の中でのみ通用する価値観の中で上り詰めることを表しています。高台の上に行くといったことを意味しています。

　ジオセントリックではこれは子午線のことですが、集団社会の圧力を示しています。例えば、社会的な地位というのは集団社会の中でしか成り立ちません。しかもその場所から離れるとその意義も成立しなくなります。ある会社の重役も、会社から離れたらただの人だ、というわけです。

　細く高いビルを見ると、地震に対する耐性はどうなのだろうかと不安になりますが、そのようにこの縦社会的な要素は、その地域が狭いものほど脆弱で倒れやすいのです。

　4ハウスは見えない集団性で、それは滲みのように広がる輪郭を持ちますが、10ハウスは見える集団性なので、はっきりと物質的に確認できる集団の輪郭を持っています。

　したがって、4ハウスと10ハウス、ないし蟹座と山羊座は、民族性と国家のような関係といえます。4ハウスは広がる本性があり、10ハウスの肥満する身体を外から締めつける細い洋服のように収縮させようとします。10ハウスと1ハウスの間でスクエアのアスペクトが出てくると、社会的な立場と個人の方針に二重性が出たり、互いに圧迫したりしますが、スクエアは裏側からの協力関係なので、反動的に互いを強めたりもします。限られた時間しか与えられないとかえって集中力が高まったりするのと似ています。クラシック音楽は形式の枠に従うわけですが、その分、表現が爆発的に激しくなっています。

10ハウスに対する批判／未来を見ること／友人／サークル

10ハウスは、限られたローカルな場でしか通用しない価値観の中で生きることを意味していました。限られた場の中で上り詰めることに飽きた人は、必然的に11ハウスに向かいます。これは友人や同盟、国家の連合のように、特定のローカルな場ではなく、活動の範囲をもっと広げて、その広い場に共通の価値観の中で活動することを表しています。

または、まだ実現していない未来的な理想のために努力をします。まだ手に入れていないがビジョンというものは資産でもあります。人は過去から未来に向かいますから、2ハウスを消費しつつ、11ハウスを得ようと努力するわけです。

11ハウスは10ハウスを解体してもっと大きな共同体を作ろうとします。あるいは、解体しないでもっと息苦しくない別の場を作ります。結果として、10ハウスに対しては反抗的になることもあります。10ハウスを維持しようとする人々は、11ハウスを取り締まろうとすることもあるでしょう。それぞれの縦の立場から離れて、自由な状態で交流するというのが11ハウスですが、5ハウスが個人としての1ハウスから五番目。11ハウスは7ハウスという人との交流から始まる5番目なので、共有される楽しさ、遊びなどを意味します。5ハウスは放出ですが、11ハウスは未来からの意図を吸引します。

12ハウス すべてのハウスのまとめ／次の輪の準備／

　最後のハウスである12ハウスは、どのハウスよりも広がりがあり、制限がありません。これはジオセントリックでも全く同じです。例えば、10ハウスでローカルな価値の優劣が決められたとしたら、それは12ハウスで溶かされていきます。11ハウスにおいて、いくつかの国で共通した価値観の中で連盟ができるとすれば、12ハウスはその範囲をもっと拡大して、人間としての共通点とか生き物としての共通点というものの中で、考え直すことになります。

　かつて12ハウスが投獄とか、閉じ込められるというイメージで考えられていた時代もありましたが、それは物質的な面だけを見ていたからです。ここでは、物質的な面ではおとなしいか仮死状態に近づき、反対に精神は分離して拡大していきます。つまり人の死の際の状況に近いとみなすのです。

　精神は身体から解き放たれると、空間の中に果てしなく拡大します。そのように、12ハウスは物質的な枠から解放されて、影響力がどんどん大きくなっていくわけです。

　惑星があると、その惑星の意味するところで、集団的な意識をキャッチし、またそこに送信します。身体から離れたところで通信するとは、渡辺豊和が書いた本のタイトル『縄文夢通信』(徳間書店)のように、個の意識や緊張を鎮めて、超個的な領域へと踏み込むことです。このハウスにある惑星は個人的な輪郭を失い、集団意識に送受信します。

　地球ポイントを1ハウスの始まりとみなすと、この場所は地球意識のバックグラウンドになります。

　10ハウスが切り捨ててきた価値も集めてくるので、その点では、10ハウスという限られた視点から見ると、矛盾したものに見えたりもするかもしれませ

超個的／隠遁／世俗から降りる

ん。影になっていたものも集めるので、無意識を扱うというふうに見えることも多いでしょう。

昼の光の中では決して見えてこないものも、ここに現れてきます。中沢新一の『アースダイバー』（講談社）のイメージでいえば、10ハウスが高台で12ハウスはそこから降りた縄文の海の残る場です。お金持ちは高台に家を持ち、商売のために低地の縄文の海の痕跡のある場所に向かいます。例えば、東京なら広尾に住み、海の底だった渋谷駅前などで仕事をするという印象です。もちろん従来までの12ハウスの定義である見えないもの、精神性、神秘的なもの、奉仕的、公共的、聖職、隠遁（いんとん）という意味もあります。10ハウスからすると12ハウスは見えないものをたくさん持っていますが、これは個人に見えないものということではありません。本人からするとはっきりとわかるものでもあるでしょう。

3　非物質的視覚意識

ヘリオセントリックは太陽が中心のため
地上の肉体感覚的に依存しない

　12ハウスに関して、また個人的なことを取り上げてみたいと思います。私のヘリオセントリック図では、乙女座の初期にある水星と金星が、この12ハウスにあります。乙女座はズスマンによると、視覚意識を表しています。確かに、乙女座の1度の人は、イラストレータとか画家に多く、事物や人物の特徴を捉えてそれを強調して描き、視覚的な描写に優れています。しかしヘリオセントリックの場合には、そして12ハウスの場合には、この視覚意識は非物質的な方向で働きやすいのです。つまり非物質的イメージです。

　私は十代の終わり頃から、ひたすらこだわっていたことがあり、それは黒鏡とか黒曜石、水晶などに映像を見るということでした。何もない空気の中に働きかけ、毎日何時間も暗闇に向かっていた時期もありました。

　ヘリオセントリックは、太陽の自己分割なので、視覚意識の対象は地上の既存の事物ではなく、象徴と事物を切り離し、この象徴を直接見ることでもあります。シュタイナーは、意識から脳の活動を切り離すと、霊的な内容を直接見ることができるといいました。事物から象徴を切り離すというのは、生理的な働きとしては脳・神経から視覚意識を切り離すことです。そもそもヘリオセントリックは太陽が中心であり、地上の肉体感覚的なところに依存しないところから始まります。ですから、ヘリオセントリックの乙女座の視覚意識は、正確には物質を見る視覚意識ではないことになる

わけです。

物質的な存在への関心が薄まると
ビジョンの現れ方は濃くなっていく

　ここ最近いつも不思議なのは、大阪に講座に行き、夜にホテルで横たわると、実に鮮やかな映像が出てくることです。これは身体をリラックスさせた時に起こります。そして４Ｋテレビで見ているような克明な映像であり、一昨日も、気がつくと森を見ていました。ですが、それらをじっくり見ていると、それが地球上にはあり得ない場所なのではないかと思うようになりました。

　ヘリオセントリックでは最初の分割、いまだ太陽から自立できていないヒルコのような水星（ずっと太陽に顔を向けてちゃんと自転できていないということです）が重要ですが、その意味では、私の場合、個人的にこの12ハウス、乙女座の初期の水星というのが、人生の中で一番重大事ということになります。

　ヘリオセントリックの図で、誰でもどこかのハウスに乙女座があります。ここでは、このように地上的な感覚に依存しない視覚意識を、そのハウスの内容に沿って発達させるとよいのではないかと思います。

　ズスマンによると、乙女座に対応するところの視覚意識というものは、思考の反映であるといいます。視覚意識は公平に何かを見ることはできません。何かをクローズアップして、その代わりに何かを見落とす。これは乙女座の性質と似ています。木を見て森を見ずという本性の乙女座は、魚座が集めてきたたくさんのものの中で、どれかに熱中して他を忘れ、忘れたものを影にします。視覚はそのように部分拡大をしていきます。

　この何を拡大するかという選択性は、思考によるのです。私達には、宇宙のあらゆるものが貫通しています。この中でどれかを捕まえると、それ

がリアルになるわけです。視覚意識はこのように限定することで、それが映像化していくのです。何かを見ているというのは何かを見ていないという意味なのです。

　大阪ではなぜかリラックスすると映像がくっきりと目に映りました。ホテルのベッドに横になった時に、目をつぶってしばらくすると、まぶたの向こう側の壁とか室内の光景が浮かび上がってきました。目を閉じてもその先のものが見えるのはときどきあります。その直後から、異質な別の光景が浮かんできたのです。

　私は植物とか森とか、葉などにこだわりすぎていて、そういう光景を見る比率がかなり大きいのですが、ここ数カ月、カメラに熱中することに決めていた時も、結局撮影しているのは植物の葉かあるいは建物の外に設置された螺旋階段でした。

　この映像の濃さの度合いは、その人がどこに注意力を集合させているかということで変わってきます。例えば、多くの人は、若い時期にはこの地上で達成していないことがたくさんあります。するとそこに意識が引き寄せられ、そこにリアリティを感じるのです。ですが、多くの人は、ある程度の年齢までいくと、だいたい世間で手に入るものはみな手に入れ、たいていのことは体験しています。すると、そのような事柄に対する欲求というものは比較的薄くなるのです。

　物質的に存在するものへの関心が薄くなると、それに応じて、ビジョンの現れ方は濃くなります。物質的なところで体験することよりも、想像の中で体験することの方がより充実しているとか生々しいと感じる人もいるのです。

4 感覚の独立性

感覚が精細度を高めていけばいくほど
内側の生命力を圧迫していく

　七つの層でできている生命体、12の感覚がその皮膜になって、世界の卵が作られています。ジオセントリックの12サインは、腰から上がるものと説明しました、これはつまりは地上に依存した感覚です。

　ヘリオセントリックの12感覚は、乙女座の例で話したように、物質的に目の前にあるものではないものを先に見ます。むしろ内側にあるものを視覚として投影するのです。12感覚を表す12サインは、ヘリオセントリックの場合には、意識の中心から感覚へと向かうので、外の情報を感受するという役割ばかりに専念しているわけではありません。

　最近、映画では3Dではなく、さらに進化させた4Dという形式が出てきたようですが、これは感覚のいくつかをこれまでよりも少し多めに占有するもので、その分、映画が迫真的になるということを追求したものです。古い時代なら、作曲家のエリック・サティが、オペラを作る時に香りや照明なども連動させるように作っていました。

　私達が世界を認識する時には、12感覚が総動員されてその全部の感覚がぴったり同期を取ると、情報はますます迫真性になります。4D映画などは、映画にもっと引きつけるということに主眼が置かれています。

　テレビにしてもカメラにしても、解像度が高くなり、視覚はすみずみまで緻密になっていきます。しかしこれは楽しいかというと、案外そうでもないのかもしれません。映画にしても、3Dになったり、解像度の高い映

像になったりしますが、その反面、内容はどんどんと退屈になっていきます。なぜといって、感覚は死んで硬直した器官であり、感覚が精細度を高めていくほどに、それは内側の生命力を圧迫するからです。

　感覚に没入するほどに、生命的な実感は弱まっていきます。音楽的音楽から、感覚的音楽が増えていくにつれて、音楽も退屈になって、二度聴けなくなります。シュタイナーは太古の時代に感覚は七つしかなく、生命の七つと共鳴していたといいますが、その後、感覚が12になって、生命からは多少乖離しました。時代の変化としてこの方向を止めることはできません。私達はますます感覚が重く、鮮明に、占有率が高くなり、一人ひとりの生命力はますます弱体化していくのです。

全感覚が生命体に情報を送り込むのが通常の生活
それらに取り囲まれると人間は疲労してしまう

　ビジョンで見る映像は生き生きしていますが、これはこの映像は物質で作られておらず、エーテル体でできているため、素材そのものが生命的だからです。そのため、ただ果てしなく樹が並ぶ森を見ていても、それそのものが強烈な刺激を持っているわけです。意味がわからないまま、ただ映像を見ているだけでも、多くの人がパワーチャージされた気になるというのはそういう作用だからです。

　高額な最新型のビデオで最新の４Ｋの映画を見てぐったりするよりは、何もない刺激のない一室で黒曜石で映像を見た方が、充実感とか生きた実感が強まるはずです。

　姫路でアイソレーションタンクの仕事を始めたＵさんは、私の講座の参加者でしたが、しばらくタンクに熱中している時期は、目を開いたまま映像を見ていたといいます。アイソレーションタンクは真っ暗で、感覚の刺激がなく、慣れてくると目を開いたままいろいろな映像が見えたりするよ

うです。これは瞑想の中でのビジョンとかヘミシンクでの映像よりも、より水晶玉や黒曜石で見る映像に近いのかもしれません。いろいろなところを旅しても、旅先の景色とか旅館の名前などはけっこう忘れてしまいますが、こうした映像で見た光景は、いつまでも忘れません。

　４Ｄ映画は、いろいろな感覚を動因しますが、そもそも感覚は12個すべて同期を取らなくてもよいのではないかと思います。例えば、ヘッドホンで音楽を聴く時には聴覚のみで音楽を聴いています。実際の音楽会に行くと、そこに空気感として音が身体に当たってくるのが加わります。これは触覚です。それに演奏者を視覚で見るということもあるでしょう。触覚と聴覚と視覚が共同して、情報を与えてくれるわけです。ヘッドホンではなくスピーカーで聴く時には、耳という限定されたものだけでなく、身体のさまざまな部位が音を受け取ることになります。ですが、聴覚のみでも十分に音楽に浸ることはできます。

　もともとヘッドホンで音楽を聴くのは、音楽に集中したいというよりも、他の騒音を聴きたくないという遮断効果を狙っているものが多いのかもしれません。飛行機に乗っていると、あまりにもノイズが大きいので非常に疲れます。そこで、ボーズ社の創始者であるボーズ博士は、この疲れを軽減するために、ノイズキャンセリングのヘッドホンを設計しました。外部の騒音をマイクで拾って、位相を逆にして、ヘッドホン内部でノイズの音を出す。すると、反対の位相同士で打ち消されるというものです。これは大変に効果的なので、音楽を聴かないまま、ノイズキャンセリングのヘッドホンをつけている人はたくさんいるようです。それに軍隊のヘリコプター操縦士用に、低反発ウレタンのイヤーチップもあります。これをカナル型のイヤホンにつけると、目の前で拍手しても聞こえません。外で音楽を聴きながら歩くにはかなり危険です。私も背後からやってくる自転車に気がつかないことが何度もありました。

　全感覚が同期を取って、生命体に情報を送り込むのが通常の生活ですが、

地上に結びついた感覚は重苦しすぎるので、それらにいっせいに取り囲まれると、人間は疲労します。つまり感覚に奪われて生命力が弱まるのです。そして疲れると寝てしまいます。寝てしまうのは、全感覚のスイッチを切って、非個人的な意識へと移動していくことです。

　この世界に住んでいても、感覚のすべてを外界に向けることはなく、何か主体的に集中したい時には、どれかの感覚をオフにすることは多いということなのです。

　感覚は世界を認識するための装置なので、この感覚の内、いくつかのものを異なる世界に向けることができたら、それはまるごと違う世界に行ったのと同じ意味になります。

　12の感覚のうち、一つだけでもそれは十分に迫真的ですが、さらに二つ三つと加わると、ほとんどそこにいるかのように感じることになります。

感覚が遮断されて胸の中心に
柿の種のような形で存在することを認識

　ヘリオセントリックのホロスコープは、物質的には目の前に存在しない太陽を中心にして、そこから12感覚を並べ直しています。ヘリオセントリックのホロスコープは頭のてっぺんから入るものだと説明しましたが、これが腰まで降りると、この太陽を中心に形成された感覚に置き換えられることを意味するので、それは移動のできる可能性を作り出します。どこか違うところでも自分を復元できるということになるのかもしれません。下にあるものは置き換えできないのですが、七つのものを統合化した一つの光に戻してそこから降ろすと、どの色にも降りることが可能ですが、これは感覚を引っ込めて、また感覚に降ろすということです。その時に、これまでの感覚の場所ではないことを選ぶこともできるのではないかということです。

　私は十代の頃に低血圧症のような体験で、意識を失ったことが何度もあ

りますが、その時、目の前のものが見えなくなり一面真っ白になったり、音が次第に聞こえなくなったり、と感覚が一つずつオフになる体験をしました。

　もちろん身体感覚はなくなります。そしてすべての感覚が遮断された時には、自分が胸の中心に、柿の種のような形で存在することを認識します。この時にはしばらくすると、また感覚が一つずつオンになり、やがて元の世界に戻っていきます。シュタイナーのいう血液が神経に触れなくなるというのは、血液の持ち運ぶ情報そのものが単独で独立して、肉体の感覚組織に接触しなくなることです。すると、感覚から受け取ったものではない情報を受け取ることになります。自分は胸の中心に、柿の種のような形で存在していると認識するのは、この感覚から切り離されたところで受け取った情報です。実際にはこの低血圧症のような貧血のようなものは慢性化しているので、今でも軽いものなら1カ月に何度か起きているのですが、これが感覚から離れやすい癖を作っているのかもしれません。

　ヘリオセントリックの影響は、頭から降りてきてそれが腰にまで到達すると、例えば乙女座の示す視覚は、肉眼で見る目の前の映像、すなわちジオセントリック的なものを押しのけてより濃密になるのではないでしょうか。肉眼で見るものよりもビジョンで見る映像の方がリアルであるという逆転が起こると、それは腰から上がるものよりも、頭から降りてきたものの方が優位になるということになります。

　地上的な感覚との違いは、選択性があるということです。下にあるものは赤は赤ですが、上から来たものだと違う色になるのです。これは同時に、異様な映像を見ることも多いことになります。

人は人の形と強引にこの世界に合わせるのではなく
異様な映像をそのままとして受け取る

　ヘミシンクとか、あるいは霊的なビジョンの練習をする人は、かなりの

人が、あたかも地上のものであるかのように映像が出てこないといけないと信じている面があります。ですが、太陽から降りてきた視覚というのは、この地上のどれにも該当はせず、全く似ていないものを見ることの方が多いのです。それについて判断法を学んだ人などいないので、たいていの場合とまどうわけです。

私はこの異様な映像をそのまま受け取ることにしています。例えとしてそれはどのようなものか、と説明することができるものもありますが、全く説明不可能なものもあります。ずっと昔は、地上にあるものであるかのように見ることができない場合には、それは不完全なものだと思っていました。しかし今では、むしろ地上であるかのように見えないものは、正確に見ていることなのだと考えています。

チャネラーのリサ・ロイヤルは、アンドロメダの空間認識・映像認識・時間認識などは天の川銀河とは全く違うということを説明しています。彼らの意識は性質上、言葉で表現できません。

私達は地球の重力場に依存しているので、道を歩いている時も、この道からあそこへ、そこに建物があり、その向こうに駅があるというふうに順番に移動することができます。しかしアンドロメダの場合には、歩くつど、違う光景に変わるというわけです。

シュタイナーは霊界では、時間の経過というものは空間の違いのようなもので、違う時間には自力で歩いていかなくてはならないと説明していますが、時間と空間と主体の関係が、アンドロメダでは違う構造になっているということです。

これはブルース・チャトウィンの水星が5ハウスで重なるアルフェラッツなどに、特徴が現れてくると思われます。アルフェラッツはアンドロメダ座アルファ星で、現在は連星だと考えられています。互いに97日周期で回転し、二つ合わせて太陽の200倍明るいという特徴的な星です。アルフェラッツはアラビア語で「馬」という意味で、この俊足なイメージを持

つ星は、相対的な関係性の中で、位置をどんどん変えていくという意味になります。

　映像としてみるビジョンは、あたかもこの世の中にあるものを見ているかのように、人は人の形、町は町、建物は建物というふうに見えているのが初期段階かもしれません。しかしそれは、実は強引にこの世界にこじつけたもので、気にしなくなれば次第にナチュラルなものに戻り、これをどう説明すればよいのだろうかととまどうような映像がたくさん出てきます。

　死後探索を教えているブルース・モーエンのところに参加していた人々で、頑迷に自分は何も見えていないと言い張っている人がいて、この中で一人の精神科医の場合には、映像はこの地上のようでなくてはならないと信じていたために、自分が見えていることを否定していたといいます。そのことを指摘し、見方を修正してもらうことで、素直に見ることができるようになったようです。

　この地上の風景も、人の形も、この世界にしか存在せず、違う世界は全く似ていないので、無理に地上に合わせる必要はないのです。

想像の体験と現実の体験というのは
相対的な比率によって可変される

　私は講座の参加者に、惑星に重なる恒星について、マニュアルを信じるよりも、確認のために実際に行ってみて調査してほしいといっています。つまり想像上でその恒星に行くわけです。想像だとそれは真実ではないし、リアルでもないという人がいたら、それはあまりヘリオセントリック的でないのかもしれません。

　この視覚意識は人によって濃さが違います。説明したように感覚的・物質的な世界で欲求が満たされていないほどに、そこに注意力が向かうので、想像的なものを嘘くさく感じるのです。しかし現実の体験といわれている

ものでも、視覚意識をみればわかるようにごく一部しか見ておらず、感覚の情報はかなり偏った受け取り方をしています。つまりは想像の体験と現実の体験というのは、感覚の占有の相対的な比率の違いによっていくらでも可変するのです。

　私が見ていた森は地球のものではなく、違う世界の森なのです。森の木の枝の一つがそのまま動物としての生命体になっているという映像です。植物と動物が分かれていないのかもしれません。

　地球でいえば、この森はプエルトリコとかハバナとか、キューバなどだろうと思いました。後に説明しますが、地球の本初子午線が、東経31度13分だとすると、今述べた地域は東経の240度から270度範囲になり、これは射手座の領域です。

　射手座にあり自然な森ということだと、自然放置・自然崇拝の恒星であるラス・アルゲティこそが多少北緯が高いが、該当するのではないかと勝手に想像してみました。

　地球の場所に、プラネタリウムのホロスコープをそのまま手を加えないで投影してみたら、ラス・アルゲティは射手座の17度でした。ラス・アルハゲが射手座の23度です。この時期、ヘリオセントリックの火星が射手座の21度にあったので、このあたりを刺激している時期だったのかもしれません。

　おそらく、ヘリオセントリックのトランジットの惑星がある場所は、その時期に注意が向く方向です。つまりその近くにある恒星には行きやすいのです。そうやってトレーニングしていくとよいのではないでしょうか。そしてジオセントリックよりもヘリオセントリックの影響の方が強まり、それをより身体化していくにつれて、このビジョン探査は生々しく、実感的になっていきます。

 5　近日点・遠日点・ノード

陽から見ると惑星はみな兄弟であり
惑星からすると他の惑星は敵

　惑星は太陽の自己分割と考えた時、惑星の軌道で、太陽に近い近日点近くと、遠い遠日点は、惑星が親元に接近しているものと、惑星が孤立し、それ自身の主張が強まっている違いとみなすとよいでしょう。例えば、月の軌道では遠地点はリリスとして知られています。それは地球に落とし込まない月としての主張を強めた姿勢を表しています。地上の活動には存在しないが、しかしエーテル領域（空気）の中には気配として存在するものです。

　これと同じく、惑星の遠日点は、自分は太陽に所属していない気分、所属していない孤立、惑星としての固有の特性を強く押し出すことを示しています。ルーツを忘れがちなものと考えればよいのです。また、各々惑星は、惑星同士では反発しあっています。これらを互いに敵とみなさず、仲間とみなすには、太陽がそれをまとめなくてはなりません。太陽から見ると惑星はみな兄弟であり、惑星からすると他の惑星は敵対的に見えます。その点で、遠日点は他の惑星との協調性を失い、惑星それ自身の主張を一方的に強めようとします。そのため、他の惑星には寛容ではありません。ひがんでいると考えてもよいでしょう。

　ノードは、地球と太陽の関係の平面に他の惑星の軌道が割り込む隙間を表しています。太陽と地球の間に直接割り込むのは内惑星としての水星と金星しかありません。ビーナストランシットでは、太陽・金星・地球が一

直線に並ぶことを示していましたが、これは日蝕を参考にしてみるとよいのではないでしょうか。

　シュタイナーのいう日蝕は、太陽の光を地球が受け止められなくなり、地球上のすべての動物と植物が瞬間的に死んでしまい、この力を月が示すエーテル体が占有したということです。結果として脳が凍結し、夢見の中で受け取る印象があり、その時に、地上では受け止めることのできない情報が夢見状態の中で現出します。

　ビーナストランシットであれば、太陽の光を金星が受け止め、その間、地球への供給が多少弱まります。すると、私達の金星意識の側で今まで受け取っていなかったような記憶や意識が働くわけです。地球の意識においては記憶喪失し、金星意識において、あるいは金星が翻訳した情報としてのものを太陽から受け取ります。地上においては想像もしなかったような記憶や認識の側面が表面化します。地上活動に利用されていなかった金星の記憶でもあります。あるいは地上活動には漏れてしまった金星があり、太陽がそれを活性化するのです。

惑星ノードはそこに何か惑星がやってくると
それぞれの惑星のメッセージをぶちまける

　惑星は太陽の自己分割なので、全部の惑星は太陽の光を等しく受け止め、七つの惑星があるのならば、一つの惑星は７分の１を割り当てられています。金星は一時的に地球の受け取り分も占有して、地球はそれを受け取れません。

　母親が７等分したケーキを金星が２人分取ってしまい、地球はその間、空白状態というか仮死状態になってしまいます。そしていつもの小さな自己の自分ではなく、別の、影に隠れた自己から異なる記憶が引き出されます。ある種のシフト、切り替えということになるのかもしれません。

金星のノードは、このビーナストランシットを引き起こす現場で、ビーナストランシットは頻繁には生じませんが、金星の公転軌道プレートが太陽と地球の関係のプレートに割り込む場所といえます。ノースノードを境に金星は上がっていき、サウスノードを境に金星は下に降りていくのです。

いつもの日常の小さな自己の意識・日常意識に、金星的な意識が干渉する場所です。月のノードの場合には、月的なものが干渉します。それは物質的なものよりも、目に見えない「気の絆」のようなものを生み出します。そして月の示すエーテル体は、そもそも植物的な性質で単独性を持たないので、それは似たものにわたりをつけようとします。

物質的なものとは、孤立し、ここにしか存在しないものという意味です。しかしエーテル体は似たもの同士で共鳴しようとします。何かしら物質的に孤立しておらず、何となく共鳴すればお仲間と感じるような、そのような原始的な結びつきです。これが月のノードであり、月のノードと重なった惑星はその惑星作用をたくさんの場にぶちまけます。集団意識に関与するようになるのです。

となると、惑星ノードは、そこに何か惑星がやってくると、それぞれの惑星の普遍的な意味が働く場に惑星のメッセージをぶちまけます。もちろん惑星ノードの意味する分野において、集団的にそれが広がっていきます。縁があるものをどんどん引き寄せるのです。惑星ノードの惑星の意味に対応するような意味での公的な広い範囲に、そのノードに重なった惑星の作用が広がっていきます。放送されていくと考えてもよいでしょう。

地球の外の惑星のノードは、太陽と地球の間の関係には割り込みません。それは地球の背後か、あるいは太陽の背後に割り込みます。金星や水星のように乗っ取りをすることがありませんが、力づけになるのではないでしょうか。

近日点・遠日点は惑星の特質の発揮に影響があり、そしてミッドポイントはその移り変わりの揺れを表しますが、惑星ノードの場合には、影響がおおっぴらにぶちまけられると考えるとよいのです。

6 黄経に配列された恒星の一覧

ブレイディの "Star and Planet Combinations" を参考に
惑星のノード・近日点・遠日点も追加

　ブレイディの紹介する代表的な恒星を、黄経の度数の順番に掲載してみます。恒星の意味の説明に関しては、ブレイディの "Star and Planet Combinations" に基づいていますが、私が追加説明した部分もあります。

　恒星の位置は2000年1月の度数で表記しています。惑星との関わりは、前後3度程度を通常の許容範囲にして、時折関心を向けるならば5度程度までは射程に入ると考えてみてください。

　ヘリオセントリックのホロスコープのすべての惑星に恒星との関係が形成されることがふさわしいのですが、しつこくいうように、受動的なまま恒星の力が宿ることはありません。惑星が表するところを全部使い切らなければ、恒星の力が入り込むことは少ないのです。惑星が示すところのものを使い切った段階で、つまり惑星の可能性が既に見い出せなくなった段階で、少しずつ恒星の影響が入り込んでくると考えるとよいでしょう。

　私達はこれまでの自我の結晶からより大きな結晶に移動する時に、前の結晶を一度解体します。この解体している期間は不安定で、リスクの大きい時期です。そのため、全惑星結晶（七つの惑星）ができた後に、次の恒星結晶（七つの恒星）を意識はするが、いきなりシフトしたりはしません。少しずつ準備していくのです。

　天空を見つめても恒星の数は極めて多いのです。この恒星を人間の基準とみなしてみましょう。とすると、この恒星を七つに分解した惑星のどれ

かに同一化した人間、例えば太陽生まれサインに同一化した人は、人間以前のいわば「前・人間」という定義の生き物といえます。これをある人は「分割魂」と呼びました。通常の占星術は、この分割魂としての前・人間のためにあり、人間のために存在していません。ですが、惑星と恒星が重なることを考えに入れた三次元ホロスコープは、人間になるための手がかりにもなりやすいでしょう。

　なお、この一覧表では、惑星のノード・近日点・遠日点も入れてみました。

ALDERAMIN　アルデラミン	牡羊座12度46分	黄緯N68度55分	グループ2
ALPHERATZ　アルフェラッツ	牡羊座14度18分	黄緯N25度41分	グループ3
木星の近日点	牡羊座15度32分		
AL RESCHA　アル・リシャ	牡羊座29度23分	黄緯S9度4分	グループ4
MIRACH　ミラク	牡牛座0度24分	黄緯N25度57分	グループ3
HAMAL　ハマル	牡牛座7度40分	黄緯N9度58分	グループ4
海王星の近日点	牡牛座7度6分		
SCHEDAR　シェダル	牡牛座7度47分	黄緯N46度38分	グループ2
冥王星の遠日点	牡牛座14度3分		
MENKAR　メンカル	牡牛座14度19分	黄緯S12度35分	グループ4
水星ノースノード	牡牛座18度20分		
火星ノースノード	牡牛座19度33分		
CAPULUS　カプルス	牡牛座24度12分	黄緯N40度23分	グループ3
ALGOL　アルゴル	牡牛座26度10分	黄緯N22度26分	グループ3

ALCYONE　アルシオン	双子座0度	黄緯N4度3分	グループ4
MIRFAK　ミルファク	双子座2度5分	黄緯N30度8分	グループ3
ALDEBARAN　アルデバラン	双子座9度47分	黄緯S5度28分	グループ4
天王星ノースノード	双子座13度59分		
金星ノースノード	双子座16度40分		
RIGEL　リゲル	双子座16度50分	黄緯S31度7分	グループ5
水星の近日点	双子座17度26分		
BELLATRIX　ベラトリックス	双子座20度57分	黄緯S16度49分	グループ5
CAPELLA　カペラ	双子座21度52分	黄緯N22度52分	グループ3
PHACT　ファクト	双子座22度11分	黄緯S57度23分	グループ6
EL NATH　エル・ナト	双子座22度35分	黄緯N5度23分	グループ4
ALNILAM　アルニラム	双子座23度28分	黄緯S24度30分	グループ5
POLARIS　ポラリス	双子座28度35分	黄緯N66度6分	グループ2
BETELGEUSE　ベテルギウス	双子座28度45分	黄緯S16度2分	グループ5
土星の近日点	双子座29度38分		
MURZIMS　ムルジム	蟹座7度12分	黄緯S41度15分	グループ5
ALHENA　アルヘナ	蟹座9度6分	黄緯S6度45分	グループ4
木星ノースノード	蟹座10度29分		
地球の近日点	蟹座12度56分		
SIRIUS　シリウス	蟹座14度5分	黄緯S39度36分	グループ5
CANOPUS　カノープス	蟹座14度59分	黄緯S75度49分	グループ7
CASTOR　カストール	蟹座20度15分	黄緯N10度6分	グループ4
冥王星ノースノード	蟹座20度17分		
POLLUX　ポルックス	蟹座23度13分	黄緯N6度41分	グループ4
土星ノースノード	蟹座23度38分		
PROCYON　プロキオン	蟹座25度47分	黄緯S16度1分	グループ5
金星の近日点	獅子座11度11分		
海王星ノースノード	獅子座11度47分		

ACUBENS　アキュベンス	獅子座13度39分	黄緯S5度5分	グループ4
DUBHE　ドゥーベ	獅子座15度12分	黄緯N49度41分	グループ2
ALPHARD　アルファード	獅子座27度17分	黄緯S22度23分	グループ5
REGULUS　レグルス	獅子座29度50分	黄N0度28分	グループ4
火星の遠日点	乙女座6度25分		
THUBAN　トゥバン	乙女座7度28分	黄緯N66度21分	グループ2
ZOSMA　ゾスマ	乙女座11度19分	黄緯N14度20分	グループ4
天王星の近日点	乙女座20度33分		
DENEBOLA　デネボラ	乙女座21度37分	黄緯N12度16分	グループ4
ALKES　アルケス	乙女座23度41分	黄緯S22度43分	グループ5
DIADEM　ディアデム	天秤座8度57分	黄緯N22度59分	グループ3
VINDEMIATRIX　ビンデミアトリックス	天秤座9度56分	黄緯N16度12分	グループ3
木星の遠日点	天秤座15度32分		
SPICA　スピカ	天秤座23度50分	黄緯S2度3分	グループ4
ARCTURUS　アルクトゥルス	天秤座24度14分	黄緯N30度44分	グループ3
海王星の遠日点	蠍座7度6分		
ACRUX　アクルックス	蠍座11度52分	黄緯S52度52分	グループ6
ALPHECCA　アルフェッカ	蠍座12度17分	黄緯N44度19分	グループ3
冥王星の近日点	蠍座14度3分		
ZUBEN ELGENUBI　ズベン・エルゲヌビ	蠍座15度5分	黄緯N0度20分	グループ4
水星のサウスノード	蠍座18度20分		
ZUBEN ESHAMALI　ズベン・エシャマリ	蠍座19度22分	黄緯N8度30分	グループ4
火星のサウスノード	蠍座19度33分		
AGENA　アゲナ	蠍座23度47分	黄緯S44度8分	グループ5
TOLIMAN　トリマン	蠍座29度28分	黄緯S42度36分	グループ5
ANTARES　アンタレス	射手座9度45分	黄緯S4度34分	グループ4
天王星サウスノード	射手座13度59分		
RAS ALGETHI　ラス・アルゲティ	射手座16度8分	黄緯N37度17分	グループ3

金星サウスノード	射手座16度40分
水星の遠日点	射手座17度26分
RAS ALHAGUE　ラス・アルハゲ	射手座22度26分　黄緯N35度50分　グループ3
ACULEUS　アキュレウス	射手座25度44分　黄緯S8度53分　　グループ4
ACUMEN　アキュメン	射手座28度43分　黄緯S11度23分　グループ4
土星の遠日点	射手座29度38分
FACIES　ファシーズ	山羊座8度18分　黄緯S0度44分　　グループ4
木星サウスノード	山羊座10度29分
地球の遠日点	山羊座12度56分
VEGA　ベガ	山羊座15度18分　黄緯N61度44分　グループ2
RUKBAT　ルクバト	山羊座16度38分　黄緯S18度23分　グループ5
冥王星サウスノード	山羊座20度17分
土星サウスノード	山羊座23度38分
ALTAIR　アルテア	水瓶座1度46分　黄緯N29度18分　グループ3
金星の遠日点	水瓶座11度11分
海王星サウスノード	水瓶座11度47分
SUALOCIN　スアロキン	水瓶座17度22分　黄緯N33度1分　グループ3
SADALSUUD　サダルスード	水瓶座23度23分　黄緯N8度37分　グループ4
DENEB ALGEDI　デネヴ・アルゲディ	水瓶座23度32分　黄緯S2度36分　グループ4
SADALMELEK　サダルメレク	魚座3度21分　　黄緯N10度40分　グループ4
FOMALHAUT　フォーマルハウト	魚座3度51分　　黄緯S21度8分　　グループ5
DENEB ADIGE　デネヴ（デネヴ・アデジ）	魚座5度19分　　黄緯N59度55分　グループ2
火星の近日点	魚座6度25分
ACHERNAR　アケルナル	魚座15度18分　黄緯S59度23分　グループ6
ANKAA　アンカー	魚座15度29分　黄緯S40度38分　グループ5
天王星の遠日点	魚座20度33分
MARKAB　マルカブ	魚座23度29分　黄緯N19度24分　グループ3
SCHEAT　シェアト	魚座29度22分　黄緯N31度9分　グループ3

ALDERAMIN　アルデラミン	牡羊座12度46分　黄緯N68度55分　グループ2

　バランスの取れた男性的な性質です。つまり男性と女性に分割された片割れとしての男性というよりかは、独立的な男性的性質となります。攻撃性を発揮しない男性的な性質として、紳士的です。この恒星の属するケフェウスは紀元前2万1000年から1万9000年前の間は、北極星でした。そのため、7500年くらいにまた回帰します。

　アルデラミンは、今は失われた古代の王のイメージを連想させるものとなります。

ALPHERATZ　アルフェラッツ	牡羊座14度18分　黄緯N25度41分　グループ3

　飛ぶこと、移動すること、自由であることなどに関係しています。スピードを好み、例えば、乗りものに乗る爽快感なども表します。

　移動、自由ということからすると、それを食い止める傾向のある絆や拘束を断ち切るということも暗に含まれています。

木星の近日点	牡羊座15度32分

AL RESCHA　アル・リシャ	牡羊座29度23分　黄緯S9度4分　　グループ4

　魚座の二つの魚のつなぎ目です。異なるものを結びつけるという意味があります。関連づけ能力であり、新しい意味を作り出すことのできる創造的な知性です。

　しかしこれは単純な知性を持つ他の人からすると、混乱するような事柄でもあります。つまり理解できない矛盾した行動というものも含むからです。

MIRACH　ミラク	牡牛座0度24分　黄緯N25度57分　グループ3

　若々しい創造性と女性的な受容性を表します。芸術の面でも能力を発揮しやすいでしょう。ただし、わがままで、自分の思いにとらわれてしまう傾向もときどき出てきます。

　創始するという能力はありませんが、自分が受け入れたものを発展させる力があるのです。平和的でやさしい性格です。

HAMAL　ハマル	牡牛座7度40分　　黄緯N9度58分　　グループ4

　どの惑星に関わってもその惑星の力を強め、独立性を与えてくれます。この強調は良い面にも悪い面にも働きます。

　実用的で、直接的な成果に向かいますし、そこに屈折はないのですが、気分にムラがあってせっかちな面があり、長期的に維持する信頼性には欠ける面があります。

海王星の近日点	牡牛座7度6分

SCHEDAR　シェダル	牡牛座7度47分　　黄緯N46度38分　グループ2

　女王をシンボルとする星です。自分をあからさまに主張せず、節度のある名誉ある姿勢によって、支配力を発揮します。

　品位の高さを保ち、何か言うよりも無言の圧力の方がはるかに効果的なのは、背後にある力に支えられているからです。女性的な威厳を表現しています。

　霊的な系統がこの人物を背後から支えていると考えてもよいでしょう。これは古い時代の日本の、表向きおとなしいが背後では呪術的な力を発揮するような性質にも関係しています。

冥王星の遠日点	牡牛座14度3分

MENKAR　メンカル	牡牛座14度19分　黄緯S12度35分　グループ4

　鯨は集団意識を表しているので、集団意識から受けるものと集団意識に働きかけるものその両面を表しています。多くの人を巻き込みますが、多くの人に巻き込まれるということです。これに関わる惑星の情動とか動作の動機には、個人的でないものが多く含まれています。

　集団的なものは非常に力強いので、個人はそれに抵抗できませんし、切り離して独立もできません。

水星ノースノード	牡牛座18度20分

火星ノースノード	牡牛座19度33分

CAPULUS　カプルス	牡牛座24度12分　黄緯N40度23分　グループ3

　アルゴルが女性的な欲望を表すのなら、これはペルセウスの剣としてアルゴルを分断する男性的な力となります。

　極めて行動的で、ときに乱暴とか暴力を示しますが、アルゴルの意味するクンダリニに負けないという意味では、クンダリニの示す眠り、催眠的なものに抵抗する目覚めなどにも関わるでしょう。

　関連づけよりも関連を切り離します。ですから、状況を無視する傾向もあります。

ALGOL　アルゴル	牡牛座26度10分　黄緯N22度26分　グループ3

　リリスに関連づけられることもあります。母親という側面ではない女性のエネルギーを表します。つまりは性的なものでクンダリニです。

　男性中心的世界観では、アルゴルは邪悪なものと解釈されていましたが、それはリリスがもともとアダムに従わなかったということから来ていて、本来の意味として邪悪さはありません。男性中心的な考えの世界では姿勢が変化して破壊的になりやすいのです。つまり従属しない女性的なものです。

　母なる自然に結びついたものと考えます。

ALCYONE　アルシオン	双子座0度　　　　黄緯N4度3分　　　グループ4

　第三の目に関係するといわれていて、外的なものではない内的な知識を得ることを表します。ときにはそれは予言的な視野を提供する可能性がありますが、常識的な面の欠落ということもあります。

　スピリチュアルな性質であり、芸術的な資質と考えることもあるでしょう。

MIRFAK　ミルファク	双子座2度5分　　　黄緯N30度8分　　　グループ3

　若い兵士の力強さを象徴しています。力を誇示することもあるでしょう。向こう見ずで、自己の力を過信します。

チャレンジを好みますが、共同で何かするには向かないともいえます。

　周囲の状況を見ていない場合もあり、そうなると現実離れした行動に走ることもあります。

ALDEBARAN　アルデバラン	双子座9度47分　黄緯S5度28分　グループ4

　ミトラやアフラマツダに関係するといわれていて、ビジネスや商売に成功しやすいです。倫理的な厳格さがあります。

　また契約ということに関係して、不正に対しては厳しい姿勢を取ります。指導力とか管理力に関係すると考えるとよいでしょう。

天王星ノースノード	双子座13度59分

金星ノースノード	双子座16度40分

RIGEL　リゲル	双子座16度50分　黄緯S31度7分　グループ5

　オリオンの足として守りの力の強さを表します。教育や研究、学術などでの最も定番的な星といえます。個人的な利益に走ると、この星の力は失われやすいのですが、公共的な多くの人に貢献する知識や研究に取り組むと成功します。

　堅めで保守的、真面目すぎるキャラクターになりやすいです。オリオンの足ということで、頂点に立つことそのものを好まない傾向があります。

水星の近日点	双子座17度26分

BELLATRIX　ベラトリックス	双子座20度57分　黄緯S16度49分　グループ5

　女性の征服者です。自身の中にデーモン的な要素があり、その影を上手く扱うことで成功者になれます。この影の部分に無意識であれば、翻弄されて人生はままならないでしょう。

　当然、人の無意識の中にある魔物的な要素にも理解を示すことになります。オリオンの左の肩ですが、左とは無意識とか超意識に関係しやすいのです。

CAPELLA　カペラ	双子座21度52分　黄緯N22度52分　グループ3

　育成に関係します。ただし拘束することを好みません。自由と独立性を求めるが好戦的ではないということです。

　速度と飛行に関係するので、結果的に移動を好むことになり、ここがアンドロメダのアルフェラッツに少し似てきます。ギリシャのアルテミスに関連づけられています。

PHACT　ファクト	双子座22度11分　黄緯S57度23分　グループ6

　アルゴーの船の舳先(へさき)を表すので、波を割って進むことになります。冒険や探求、未知の場所を探索します。

　当然、リスクは伴いますが、それを気にしません。行動としての冒険家ですが、知識の面で探求するという姿勢の場合も多いでしょう。固まったものを切り分けるという意味もあると思われます。

EL NATH　エル・ナト	双子座22度35分　黄緯N5度23分　グループ4

　牛の角を表しているので、攻撃力や破壊力、そして建設的な意味では、生命を与えるという作用を持ちます。何かを終わらせるということにも関係するでしょう。

　攻撃をスタートする、または攻撃を終了するという両面に関わります。間接的や婉曲な意志伝達を好まず、直接面と向き合うとか単刀直入を好みます。

ALNILAM　アルニラム	双子座23度28分　黄緯S24度30分　グループ5

　オリオンのベルトのバックルです。そもそもベルトの役割が、まとめる、締めるとか、ばらばらになるものを結束させることなので、既に存在するものを特定の目的に従ってまとめていくという意味になります。

　地味だが確実に仕上げる力とか、型崩れしないで仕事をするなどです。信頼性の高いものでもあります。

　架け橋やつなぐという意味では、人々へつなぐという作用もあります。

POLARIS　ポラリス	双子座28度35分　黄緯N66度6分　グループ2

　北極星として働く星であり、先駆者としての作用があります。常に支配的な地点にあります。ただし時代が変わると、その役割からは降ります。海や砂漠の中

で道を示すということは、どういう分野であれ一つの基準になるということを表しています。

独立的キャラクターのため依存性が少ないでしょう。かえって、取り巻きが周囲に出てきやすいのです。

BETELGEUSE　ベテルギウス	双子座28度45分　黄緯Ｓ16度2分　　グループ5

輝かしい成功をもたらすもので、代価を求めませんし、取引もしません。オリオンの右肩の右は意識的な部分で、裏のないものです。そのため、裏方的な存在にはなりにくいでしょう。かえってスター的な存在になりやすいといえます。

ベラトリックスの成功が地味でゆっくりしたものであるのに比較して、ベテルギウスは一気に躍進していきます。

土星の近日点	双子座29度38分

MURZIMS　ムルジム	蟹座7度12分　　　黄緯Ｓ41度15分　グループ5

うるさく吼える犬を象徴としていて、何か伝えたいことがある、言いたいことがあるというものです。アナウンサーとしての星であり、話し続けるがうるさいのです。常に解説し続けるのかもしれません。わかりにくいものをわかるように解いていく力です。

ALHENA　アルヘナ	蟹座9度6分　　　黄緯Ｓ6度45分　　グループ4

神が地上に接触する足の部分と考えられていました。地上と宇宙的な原理はずれがあるために、地上に接触した時に傷を受けます。不死と神聖さを持つ力が地上で運動とか何か思想を推進することで、損傷は避けられないのですが、しかしこれは天にあるものと地にあるものを結びつけることに貢献します。

当然、失うものはたくさんありますが、それ以上に手に入れるものは貴重です。

木星ノースノード	蟹座10度29分

地球の近日点	蟹座12度56分

| SIRIUS　シリウス | 蟹座14度5分　　黄緯S39度36分　グループ5 |

シリウスはエジプトではイシスを意味します。個人的な努力や行為が集団に貢献し、つまり個人的なキャラクターが普遍的な意義を与えられて、長く名が残り伝説的な存在になるというようなものです。

　動物を可愛がる性質はシリウスにおおいに関係しています。半人半獣はシリウスの多くのキャラクターに結びつきます。日本では七面観音などに結びつきます。

　爆発し拡大していく力を表します。

| CANOPUS　カノープス | 蟹座14度59分　　黄緯S75度49分　グループ7 |

エジプトでは死後の世界の旅を案内する船として知られていました。死後の案内という点では、表向きの領域ではさほど役に立たないともいえるかもしれません。運ぶ船の速度は、死後の世界ということになり、瞬間的に移動すると考えてもよいでしょう。空間的に移動するのではありません。

　古い価値を壊して、今までは無意識にあったものに案内するという役割です。

| CASTOR　カストール | 蟹座20度15分　　黄緯N10度6分　グループ4 |

双子座のカストールとポルックスのうち、明るい表の側です。知識の探求に関係し、基本的には物書きとか学者などに縁の深い星といわれています。法律や学術、出版関係などです。

　当然、冴えた知的能力が発達しやすいでしょう。ストーリーテリングとしての役割です。カストールとポルックスはセットなので、カストールが表にある時、ポルックスは裏に回って動きます。

| 冥王星ノースノード | 蟹座20度17分 |

| POLLUX　ポルックス | 蟹座23度13分　　黄緯N6度41分　　グループ4 |

カストールとポルックスの兄弟のうち、暗い側面です。ストーリーテラーとしての能力という点では同じなので、物書きなどに多いでしょう。

　苦痛な面や暗い面から学習し、また題材を得たりすることが多く、物事の裏の面に興味が向かいます。何でもひねくれて読む人もいます。

土星ノースノード	蟹座23度38分

PROCYON　プロキオン	蟹座25度47分　　黄緯S16度1度　　グループ5

　素早くメリットを得ようとします。長期的に継続するような仕事は飽きやすいでしょう。素早い収入という点では賭け事などにも関係しやすいかもしれません。素早く手に入れるということは、土台を作るとか、蓄積するということにはあまり関心を抱かないということで、だからまた急に失うことにもなりやすいのです。

金星の近日点	獅子座11度11分

海王星ノースノード	獅子座11度47分

ACUBENS　アキュベンス	獅子座13度39分　黄緯S5度5分　　　グループ4

　蟹座の中にある恒星です。蟹座は古代エジプトではスカラベに関係すると考えられていました。スカラベを糞転がしと勘違いしたのはファーブルで、実際には、太陽神の死と再生に関係する神聖な虫であると考えられていました。スカラベは常に雄しかおらず、単性生殖をすると考えられていたのです。

　新生あるいは死。いずれにしても、生命の門番ないし助産師として働くと説明されており、人生のサイクル全体を司る星なのです。

DUBHE　ドゥーベ	獅子座15度12分　黄緯N49度41分　グループ2

　大熊座は熊をシンボルにしており、内側に引きこもる、冬眠するなどを表します。育てるというような資質です。女性的な性質を持ち、積極的な行動を好まず、問題もゆっくり静かに解決していきます。

　日々の日常的な暮らしを維持する忍耐強さや長期的に取り組む力などです。閉じこもる傾向があります。

ALPHARD　アルファード	獅子座27度17分　黄緯S22度23分　グループ5

　創造的なエネルギーが、まだ文化的・意識的にしつけられていない状態です。

方向を失うと暴力とか恐怖とかを引き起こすことがあるのですが、特定の目的に集中することで、その強い生命力は意義のある成果を生み出す原動力になるはずです。この力は何もしないでいると暴走するので、常に集中的な仕事などに振り向けると制御されることでしょう。

REGULUS　レグルス	獅子座29度50分　黄N0度28分　　グループ4

　強い成功を表します。特に、商業的な面で出ます。ただ根に持つ性質があり、しばしば長い間、されたことを忘れないでいることが多いでしょう。報復などをした場合、この幸運は失われやすく、水に流すという寛容さを発揮すると、この星の力強さは長く維持されます。

　プライドが高いので、地位を得るまでは不相応に傲慢な性格だと思われやすいでしょう。比較的攻撃的な性質を持っています。

火星の遠日点	乙女座6度25分

THUBAN　トゥバン	乙女座7度28分　黄緯N66度21分　グループ2

　竜座のこの恒星は、古い時代の竜を象徴としていて、王の持ち物を守る役割を果たしています。物質的な執着心を意味することは少なく、むしろ精神的な価値を守ろうとします。

　水星と結びついた時、それは知恵の保存に関係するでしょう。

　全体に守るということは、セキュリティにも関わるはずです。

　トゥバンはかつて北極星でした。古い時代の北極星は、現代においては古い価値をいつまでも固執するということでもあります。

ZOSMA　ゾスマ	乙女座11度19分　黄緯N14度20分　グループ4

　ヘラクレスによって失われたライオンの背中を意味します。犠牲になったものや失われたものを保護しようとします。特に社会的な面では福祉の仕事に関係しやすいです。

　ですが同時に、自分も何らかの犠牲をこうむることもあります。目立たず、人にはわからない面で大きな労力を使い、善意に満ちています。社会的な弱者に対する関心と共感があります。

天王星の近日点	乙女座20度33分

DENEBOLA　デネボラ	乙女座21度37分　黄緯N12度16分　グループ4

　アウトサイダーとして、世間のメインストリームから外れたところからものを見ます。常識的な見解を疑っているのです。そのため、群れに混じることを嫌います。攻撃的になれば反社会的になり、おとなしい場合には、そっと孤立して、観察はするけれど干渉しない人になります。ときどき大きく歴史を変えてしまう人がいます。

　誰もが同じ考え方にならなくてはならないという姿勢に対立します。

ALKES　アルケス	乙女座23度41分　黄緯S22度43分　グループ5

　ヒドラの背中のカップを象徴します。霊的なものやときには予言的な意味を持つものを持ち運びます。哲学的または芸術的な意義を持つものを継承します。正当な後継者として働くわけです。

　自分で何か開発するというよりは、神聖な意義を持つものを受け取り、そしてそれを守り、運んでいくことを表しています。

DIADEM　ディアデム	天秤座8度57分　黄緯N22度59分　グループ3

　犠牲になった人々を助ける、静かに働く、貢献するということを表します。名声を求めないという説明がされていますが、もちろん犠牲になった人々を助けるということは、自分もその人々と同じと見ているので、名声を求めないというのは当たり前にも見えます。人に見えないところで寄付するということあるでしょう。

VINDEMIATRIX　ビンデミアトリックス	天秤座9度56分　黄緯N16度12分　グループ3

　ブドウを集めて選別するところから、成果を集めることに関係しています。コレクションをする人や集める人でもあります。ということは、総合的にまとめて編集・整理するという意味もあり、例えば辞書を作るなどという行為もこの星に関係すると思われます。

　もちろんものを集めるというだけでなく、人を集める場合もあるでしょう。そこからすると、会や組織を作るということもあると思われます。

木星の遠日点	天秤座15度32分

SPICA　スピカ	天秤座23度50分　黄緯S2度3分　　グループ4

　神の持った麦の束という意味で、それは豊かさや生産性、輝きのある成果を意味しています。農業は文化という意味も含んでいて、文化的なものを豊かに作り出すわけです。

　この星が関わる惑星は輝きを持ちます。専門家にもなりますし、専門家でない場合でも教養の高さと才能を表すことになるでしょう。

　魅力のある人格や明るさ、洗練ということもあります。

ARCTURUS　アルクトゥルス	天秤座24度14分　黄緯N30度44分　グループ3

　学習し、教え、新しい道へと導くという作用です。自力では何もできない人に対してその誘導者となり、踏み入れたことのない領域へと案内していきます。移動や推移に伴う痛みを緩和するということもあり、警戒心を解くこともあるでしょう。最も非物質的な魂を意味します。

海王星の遠日点	蠍座7度6分

ACRUX　アクルックス	蠍座11度52分　　　黄緯S52度52分　　グループ6

　Crux は十字架を象徴する星座で、アクルックスはその中にある恒星です。十字架は縦軸と横軸という対立した意味が結合することを示しています。そもそも十字架の中に潜む4という数字は、対立したものを葛藤の末に結びつけることであり、それは安定感を作り出します。

　精神と物質の結合と考えることもあるでしょうし、十字架や4の数字の意味から地上的にシステムを構築するというような事柄にも関係するでしょう。人が銀河に向かう時の出発点、ヤコブの梯子の床を作ります。

ALPHECCA　アルフェッカ	蠍座12度17分　　　黄緯N44度19分　グループ3

　女性的な受動性を表し、静かで決して自分からは何もしません。社会的な立場や所属する社会が向上しより良いものに移動する、それは本人の努力によるもの

ではないことが多いのです。そのため、何らかの意味でその代償を払う必要があります。その変化の因果関係はどこからもたらされているのかを検討するとよいのではないでしょうか。

冥王星の近日点	蠍座14度3分

ZUBEN ELGENUBI ズベン・エルゲヌビ	蠍座15度5分	黄緯N0度20分	グループ4

ズベン・エシャマリと兄弟星です。社会の不正を正し、社会改革をしようとする星です。個人的な利益を求めることが社会の仕組みを歪ませると考え、私欲を捨てようとします。

政治や法律に関わりやすく、組織やグループ、地域社会、あるいはもっと大きな社会に対して間違いを正し、正しく運営することに強い意欲を見せます。個人のエゴを満たす誘惑に打ち勝とうとする意志があります。

水星のサウスノード	蠍座18度20分

ZUBEN ESHAMALI ズベン・エシャマリ	蠍座19度22分	黄緯N8度30分	グループ4

ズベン・エルゲヌビと兄弟的な関係にあります。ズベン・エルゲヌビに比較すると、無私の要素は減少し、社会正義を貫きたいという意志は共通していますが、社会の中で個人の権利や利益を守るという面も重視しています。ということは、例えば弁護士などの仕事には適していることになるでしょう。

特定の人をえこひいきする癖がある場合もあるかもしれません。公私のメリットを天秤にかけ、その時によって姿勢が変わることもあるからです。

そもそも社会は個人の集まりであり、全体と個人の関わりのバランスは型にはめずに常に新しく考えなくてはなりません。

火星のサウスノード	蠍座19度33分

AGENA　アゲナ	蠍座23度47分　　黄緯S44度8分　　グループ5

　ケンタウルスの足を表すアゲナとトリマン。傷を負うこと、それを癒すことというセットで、アゲナはどちらかというと傷ついた側を意味しています。ケンタウルスはより上位の世界に向かう時の階段、ヤコブの梯子の一つですが、そもそもケンタウルスの傷とは、上位の世界とのつながりを断ち切られたという意味でもあります。

　日常の生活を維持すること、大衆の要求に応えること、平凡さを選ぶことなどにも関係します。「アジェナ」とも読みます。

TOLIMAN　トリマン	蠍座29度28分　　黄緯S42度36分　グループ5

　トリマンとアゲナはケンタウルス座のセットの星です。ケンタウルスの右足がトリマンとなります。つまり表の部分で、教育に関係しています。傷ついたものやあるいは間違ったものを修正するという働きなので、教育や啓蒙、正しい知識を与えます。

　ケンタウルスは間違った考えにより傷を受けたことを意味するので、この軌道修正をしようとするのです。医者やヒーラーなどに関係することでしょう。

ANTARES　アンタレス	射手座9度45分　　黄緯S4度34分　　グループ4

　ペルシャで死の神といわれていたアンタレスは、死と再生の体験を通じて浄化された魂に、大きな成功をもたらすと考えられました。死と再生という点では、判断に極端なものがあり、つまり全かゼロかというもので、中庸の妥協というものがありません。

天王星サウスノード	射手座13度59分

RAS ALGETHI　ラス・アルゲティ	射手座16度8分　　黄緯N37度17分　　グループ3

　自然なものに対する愛着を表します。人工的に加工しないで、ナチュラルな状態の中で生きようとします。神に対する崇拝が、現代では自然崇拝へと置き換えられます。

　当然、これは健康やバランスなどを重視することになります。しかし自然という

のは過去には人工的で、繰り返された結果、それが自然に見えるだけなので、その意味では自然志向とは保守志向にすぎないのかもしれません。

金星サウスノード	射手座16度40分

水星の遠日点	射手座17度26分

RAS ALHAGUE　ラス・アルハゲ	射手座22度26分　黄緯N35度50分　グループ3

　ヒーラーあるいは教師の星です。そのような職業でなくても、生まれつきその資質を持っていると考えてよいでしょう。これは必ずしも個人に対するものと考えずに、それが広い範囲に及ぶのならば、社会に対する治療や修正などの働きにもなります。

　ダメージを受けたものを修正するということに関心が強いので、ものに向かうのならば修理屋さんにもなるでしょう。

ACULEUS　アキュレウス	射手座25度44分　黄緯S8度53分　　グループ4

　蠍座の中にあるアキュレウスとアキュメンはツインの関係にあります。サソリの毒に関係しますから、毒のあるもの、つまりは批判などに対して忍耐力を発揮し、打たれ強い人格が作られていきます。精神的な意味でも、ときには実際的な意味でも免疫力の強い性質となります。

ACUMEN　アキュメン	射手座28度43分　黄緯S11度23分　　グループ4

　サソリの尾としてアキュレウスとアキュメンはツインですが、アキュメンはより否定的で影になる領域を表していて、ゆっくりと確実に蝕む毒を示しています。恒星の性質は、通常の善悪を判定する道徳の枠内に入りません。つまり自ら光る恒星は、それ自身の特質が相対的な価値判断の基準に沿わないのです。異物が打ち勝ち、もともとあるものが滅ぼされていくというようなものといえます。

　アキュレウスの場合には、もともとあるものの方がまだ優位にある、あるいは鍛えられるということです。

土星の遠日点	射手座29度38分

FACIES　ファシーズ	山羊座8度18分　黄緯S0度44分　グループ4

　弓の射手を表し、目的を正確に突き抜けます。それは軍人的な性質かもしれず、ターゲットを決めると、あらゆる妨害を排除して進みます。恐ろしい独裁者、あるいは優れたリーダーのどちらもありうるのです。

　ときに、このファシーズの暴力的な力の犠牲者になることもあります。ただこの力を取り込むには苦労します。なかなか実践している人がいません。

木星サウスノード	山羊座10度29分

地球の遠日点	山羊座12度56分

VEGA　ベガ	山羊座15度18分　黄緯N61度44分　グループ2

　ベガはオルフェウスの竪琴を表します。その音楽はばらばらになった言葉を綴り、統合的な意義を作り出します。音楽的・芸術的な才能を意味しており、人や動物を魅惑し、夢の中に引き込みます。

　否定的な意味としては、騙すということもあります。あるいは騙される。つまり魅せる／魅せられるという両面があるのです。神秘的な力を意味することも多いでしょう。

RUKBAT　ルクバト	山羊座16度38分　黄緯S18度23分　グループ5

　舵を取る、あるいは安定の支えとなります。不自然な無理な状況の中でもそれ自身の意志や力によって安定した地盤を作り出します。

　しかしこの安定力は悪く働くと、状況に対応できない頑固さとなることもあります。一度決めると、かなり無理な状態の中でも継続する力を持っているので、多くの人が驚くことでしょう。

冥王星サウスノード	山羊座20度17分

土星サウスノード	山羊座23度38分

ALTAIR　アルテア	水瓶座1度46分　黄緯N29度18分　グループ3

　軍隊的な性質と大胆さを表します。この大胆さは神聖な意図を持ち運ぶということが隠されています。

　冒険心と追求するしつこさがあり、何もしないよりかは、失敗しても行動することを選びます。しかし多くの人を助けるという意志があるため、個人的なことに夢中になるという性質ではありません。

金星の遠日点	水瓶座11度11分

海王星サウスノード	水瓶座11度47分

SUALOCIN　スアロキン	水瓶座17度22分　黄緯N33度1分　　グループ3

　知的な面での遊び好き、つまりさまざまな仮説を作り出して楽しむわけです。専門的な面で熟達者になります。能力においては信頼性が高いでしょう。生まれつきの才能ともいえる面があり、それは他の人にはまねできないレベルです。

　何にでも好奇心を抱き、結果的に博識になります。人の無意識を探る才能はカウンセラーなどにも才腕を発揮するでしょう。意識の中をあちこちうろつき、微細なことに気がつきます。

SADALSUUD　サダルスード	水瓶座23度23分　黄緯N8度37分　　グループ4

　水瓶座のツインの中で、サダルスードは最も幸運といわれています。左肩を意味するので、より意識的な要素が後退し、無意識の、あまり手を加えないところで幸運が舞い込みやすいことでしょう。自然な結びつきを作り出すのが巧みで、ネットワーク的な広がりによってチャンスを得ます。

　無意識の幸運というのは、働きによってというよりかは、ある種の霊的な絆とか、縁によってもたらされる傾向が強いということです。

DENEB ALGEDI　デネヴ・アルゲディ	水瓶座23度32分　黄緯S2度36分　　グループ4

　法律に関係し、正しい判断とは何かを追求します。また社会の秩序の構築に意欲を注ぐことでしょう。結果的に安定性を求め、権威主義になり、保守的になる傾向はあります。人を助けることに対する意欲は強く、政治家になる人の動機にもなります。

　しかし、必ずしも物質的なものではなく、精神的な面での道徳や法則を探求する人もいます。

SADALMELEK　サダルメレク	魚座3度21分　　　　黄緯N10度40分　グループ4

　幸運としての水の瓶を運びます。良いチャンスがもたらされることでしょう。水の瓶が運ばれるのは恵みの到来を意味しますが、ときにはこれは知識とかアイデア、思いつき、夢などを意味することもあります。

　他者依存は比較的少なく、自ら作り出すものによって幸運を得るのです。これはアクエリアスの右肩だからだといえます。

FOMALHAUT　フォーマルハウト	魚座3度51分　　　　黄緯S21度8分　　グループ5

　現世的なものを否定するとその応報を受けるということを表しています。芸術的、霊的、詩的な能力があり、より高度な世界からのビジョンに支えられて、指導的な存在になる人もいるでしょう。

　地上的な活動に対しての嫌悪感が残りますが、そこで戦うという決意をすれば、能力は発揮されます。

DENEB ADIGE　デネヴ（デネヴ・アデジ）	魚座5度19分　　　　黄緯N59度55分　グループ2

　「シャーマンの星」と呼ばれていて、スピリチュアル・霊的なものを追求する力となります。育てる力と攻撃性を兼ね備えていて、侵略を受けた場合には攻撃性を発揮します。

　流れをせき止めてそこに巣を作り、世界卵を育てます。思想的な意味では、独自のものを育み、それを大きく成長させようとするでしょう。

火星の近日点	魚座6度25分

ACHERNAR　アケルナル	魚座15度18分　　黄緯S 59度23分　グループ6

　エリダヌス座のアケルナルは災害を表し、緊急な対処力とか立て直しの力を要求します。荒れ狂った状態に対応する力が鍛えられることでしょう。もちろん、この恒星の影響を受けている人は、災害に会う不幸な人という意味ではなく、そのような状況を好み、それに対して対応する力を身につけることを求めているわけです。

ANKAA　アンカー	魚座15度29分　　黄緯S 40度38分　グループ5

　変容とか超越を促す力で、目前の問題からもっと本質的なことへと視点を転じることを表します。生死に関わるようなより大きな問題へと関心の矛先を変えていきます。例えば、新しい人生に向かうために習慣的なものを壊していくことや、これまでの通念や常識を書き換えてしまうことなどです。

天王星の遠日点	魚座20度33分

MARKAB　マルカブ	魚座23度29分　　黄緯N 19度24分　グループ3

　揺れる馬の上での鞍という意味で、変動する中での安定を維持する力を表します。プレッシャーがある中で維持することができます。指導的な能力を発揮することもあり、危機管理に優れています。しかし頑固で融通が利かない面もあります。

　無理に見える場合でも、上手くこなすことができる可能性が高いですし、実際的に成し遂げる力があります。

SCHEAT　シェアト	魚座29度22分　　黄緯N 31度9分　　グループ3

　ペガサスの四角形を表しています。地上の四角形というと、アリストテレス的に四元素ですが、天の四角形は、思考の追求力のようなものかもしれません。

　ブレイディによると直感は円を象徴し、意識的な思考は四角形を示すとされています。目に見える結果など、地上的な価値観に頼らない状態での四角形的な安定感、また対立するものを統合する知識の明晰さなどです。独立的な人格ということもあります。そのため、納得できないものにははっきり「納得できない」ということでしょう。

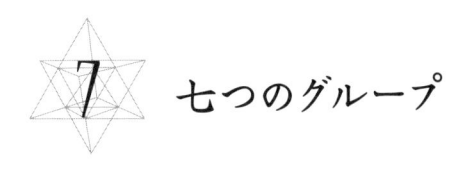

七つのグループ

上の三つと下の三つは鏡像
4番目で二つが結合される

　黄緯を30度ずつ七つのエリア（グループ）に分けて考えてみることにします。この区分けの度数の根拠については暫定的なもので、細かくはまた後で修正する可能性はあるかもしれません。

　後に説明する聖書に登場する光の戦車 Merkabah マカバは、男性的な正四面体と、女性的な正四面体の組み合わせで作られています。マカバはさまざまな幾何図形に応用して考えることができます。マカバを平面的に見ると六角形であり、単純なチャクラのような役割として考えると、上の三つのチャクラを合わせた三角形と下の三つのチャクラを合わせた三角形は鏡構造になっています。そして真ん中の4番目がこの二つの三角形を同調させるのです。

　表を見るとわかるように下から五つがそれぞれ土・水・火・風・空という元素になります。また、上からの三つは創造に関係する可能性を探索する領域で、その結果はアカーシャ・第五元素・空に伝えられます。ですが、この段階ではまだどこの具体的な場にも結びつけられてはいません。グループ4の場所で、それは具体的な場所と結合します。

　上からの三つと下からの三つは鏡のように反射し合います。これは一つのコスモスの内部が二極化された後、上の点と下の点が作られ、それが鏡のように反対側から接近しているというような図を思い浮かべてみるとよいのではないでしょうか。そして4番目でこの二つは結合するのです。というよりは、連動するようになるわけです。呼ぶもの／呼ばれるものが同

グループ 1	黄緯 N 75度 〜 N 90度	**サハスララチャクラ** 意志
グループ 2	黄緯 N 45度 〜 N 75度	**アジナチャクラ** 夢見・可能性を探索
グループ 3	黄緯 N 15度 〜 N 45度	**ヴィシュダチャクラ** 創造／空の元素・第五元素／アカーシャのタットワに関係
グループ 4	黄緯 S 15度 〜 N 15度	**アナハタチャクラ** 具体的な場に結びつける／広がりと同調／種々のものをまとめる中心点／風の元素
グループ 5	黄緯 S 15度 〜 S 45度	**マニプラチャクラ** ローカルな場においての活発な活動・能動性／参加すること／外界に手を出すこと／火の元素
グループ 6	黄緯 S 45度 〜 S 75度	**スワジスタナチャクラ** 関係性／ローカルな場においての結びつき／関連／水の元素
グループ 7	黄緯 S 75度 〜 S 90度	**ムラダーラチャクラ** 物質化／土の元素

期を取ります。二極化されたからこそ、このように三角形の活動は、そのまま六角形になってしまうのです。

　マカバはどこの宇宙にも旅行できる乗り物のようなものです。それは戦車といわれています。この場合、どこかに具体的に飛んでいくと考えるよりも、どこにも同調できると考えるとよいのではないでしょうか。移動するのではなく、その行きたい場所に同調するわけです。それは感覚が同調すると考えてもよいでしょう。

　上の三つが呼び、下の三つが引き寄せられます。下の三つはご当地の素材でできていると考えてもよいでしょう。下の三つが引き寄せられるように見えて、実際には上の三つがそこに赴くという具合です。互いに同調を繰り返しながら、目的の場所に共鳴します。

太陽系の惑星の段階では
恒星間航行マカバが作られることはない

　惑星の七つで作られた結晶を、「惑星マカバ」ないし「太陽系内航行マカバ」と名づけてみます。その後、恒星間航行のマカバは、この七つの惑星に重ねられた恒星にシフトすることで、つまり惑星群の型を借りて形成された結果、作られることになります。

　私が体外離脱して、その頃はまだマカバとは認識しないままマカバに乗っていた時に向かったのは、帯のように広がった領域で、星としての輪郭がはっきりしておらず、球体でもありませでした。ここでは恒星間航行マカバを使ったことになります。

　Ｊ．Ｊ．ハータックは『エノクの鍵』（紫上はとる訳、ナチュラルスピリット）で、マカバに乗ってオリオン座のサイフに行ったと書いていますが、これも恒星間航行のマカバです。太陽系の中の惑星のどれかを影にしている段階では、この恒星間航行マカバが作られることはないので、体外

離脱でも、太陽系から外に出ることはありません。

　例えば、土星が悪い星とか、冥王星は凶意を表すなどという考え方は、この惑星結晶を作ることを強硬に拒んでいることです。惑星と惑星の落差に生きていると、惑星を結ぶ領域を移動しません。ここでは、惑星の相対的な関係で形成される明暗のドラマをまだまだ長い間これからも楽しめることを示しています。まだ楽しめる人はそこから出たくはないと思います。映画を見ている最中の人を途中から連れ出すわけにはいかないのです。

　食餌解脱派の宗教団体の教典では、７回生まれ変わった人間は殺してもよいと書いてあり、７回生まれ変わった人は、実際に殺されることを拒否しないのだそうです。仏教では六界があり、これらを全部終了すると解脱しなくてはなりません。西欧的な風土の中では、このように惑星レベルを統合化した人は、生命の危険が訪れるということをいくつかの書物が説明しています。それは自然なかたちで、地球がその人物を嘔吐しようとしているのだと思います。

　昔、夢の中でグルジエフが私に説明したところでは、エニアグラムの頂点の９、すなわち外宇宙に開かれた場所に到達すると、環境がその人を一気に追い出すのだといいました。光が弾けるように外部に広がる映像を見ましたが、具体的に何らかの事件が起きてその人は追い出される可能性が高いのかもしれません。

　歯車として組み込まれた人は、外に出て行くことができません。今度は統合化した人は、とどまることができにくいというのは、法則的な圧力関係によるものだと思われます。そしてこの単純な構造を何らかのかたちで緩和する工夫や組織、システムが作られてきたわけです。

　次項からはこの七つのグループの特徴についてリーディングケースを挙げながら説明していきます。ただし、グループ１はブレイディの恒星がないので説明は割愛します。グループ１はケテル、あるいはサハスララチャクラに該当する場所ととらえてください。

　グループ2は、チャクラであればアジナチャクラに対応しています。それはコスモスを作る際に可能性を夢見るエリアで、生命の樹ではビナーとコクマーという陰陽に分かれている部分です。グループ1のサハスララチャクラないしケテルの頂点からやってきた魔術師はビナーの「家」に入り、その宇宙でのさまざまな活動をスタートさせます。ビナーとは母親の子宮のようなもので、一つのコスモスを家・洞窟・子宮・釣鐘のような形のドームとイメージしてみるとよいでしょう。この中に外宇宙から来たマレビトの魔術師が入り込んでくるのです。

　コクマーとビナーは陽と陰ですが、陰のビナーは内側に収縮しようとする球体です。これは女性原理であり、それは内側に収縮しようとする本性を持っています。陽のコクマーは外に拡大・爆発する男性原理です。これがビナーという陰の器の中に入り込むと、内部から膨らませるような作用になります。陰陽は結びつくと、収縮と拡大の均衡が取れて、一つのコスモスが安定して形成されます。しかし陰陽のバランスが崩れてどちらかが優位になると、このコスモスは維持が困難になります。

　陽が強いと外に破裂し、陰が強いと収縮して硬直化し停滞します。生命の樹のパスはそれぞれタロットカードが対応していますが、左右の陰陽の柱が関わるパスに対応するタロットカードは「Ⅲ 女帝」と「Ⅺ 力」、「ⅩⅥ 塔」です。女帝は妊娠した姿で、腹が内側から膨らています。陽の力が陰の中に入って、生産・創造が起こるのです。「ⅩⅥ 塔」では、陽の力が外から陰の塔に打ちつけられ、塔は壊れていきます。陰陽の直接の関わりのパスはバランスがとても難しく、いつも形が不安定に揺れ動いています。

　このケテル・サハスララチャクラからビナー・アジナチャクラに降りてきた創造意志としての「Ⅰ 魔術師」の行為は、地球において、時代ごと

のさまざまな文明を作り出します。プラネタリウムのグループ2であるアジナチャクラは、地球においてのケテルであるグループ1とみなされます。一つ段差の落ちた等級の宇宙であると考えればよいのです。

　地球の黄道傾斜角は、西暦2000年の段階ではおよそ23度26分で、1万2000年後には、最小角度である22度にまで変化すると考えられています。

　プラネタリウムでのグループ2に属する恒星の中で、北緯66度近辺にあるものは北極星になるということです。

　グループ2に属するブレイディ恒星を羅列してみます。

アルデラミン（N68度）	この恒星の属するケフェウスは、紀元前2万年頃には北極星でした。
ポラリス（N66度）	これは現在の北極星です。
ドゥーベ（N49度）	ポラリスを取り囲む大熊座の腰から尻尾に位置する北斗七星の中のアルファ星で、この北斗七星は、北極星を守る取り巻きと考えられています。北極星に例えられた秦河勝やデュオニュソスには、それぞれ能の集団、マイナス教団などが取り囲んでいました、これが北斗七星に当たり、檀君神話の中の檀君の母、熊女は大熊座を象徴しています。
トゥバン（N66度）	紀元前2790年頃、エジプトのクフ王の時代には北極星でした。北極星の時には王でしたが、今はむしろその時代の価値を守り抜く取り巻きになります。
ベガ（N61度）	1万2000年前には北極星でした。
デネヴ・アデジ（N59度）	西暦1万200年には北極星になります。

プラトンは、魂の1年としての歳差の2万6000年を想定し、月はその12分の1の2200年。そして1日を72年と考えました。

人の一生とはこの1日分です。このプラトン月は地球においての文明サイクルでもありますが、それらはその時代の北極星が、タロットカードの魔術師が入ったビナーの家と想像してみるとよいでしょう。今は私達はポラリスの家に住んでいるわけです。

プラネタリウムにおいての夢見の場所、アジナチャクラやビナーの部分が、地球においての頂点的なサハスララチャクラまたはケテルになるのです。

特定の種族は、歳差活動の中で北極星が示すところからやってきて、地球の頂点に入り込みました。そして2万6000年が経過すると再び入口が開くので、その時に出て行くといわれています。

これは人間の人生と構造が似ています。肉体ができた時、魂は頭頂から入り込み、胸の真ん中に住み着きます。そして死期が来ると脊髄を上昇して、頭頂から外に出て行くのです。この時に型共鳴が起きないと出入りできないので、入った時と出て行く時は、同じ北極星である必要があります。

地球の文明においては、この個人の生まれと死の巨大版が演じられていることになるわけです。

リサ・ロイヤルの宇宙グループ

チャネラーのリサ・ロイヤルは、宇宙文明が琴座のベガから始まったといいます。その後、ゼータ・レティクル、オリオンとかエイペックス、プレアデス、シリウスなどを移動しながら、地球に及んだ流れは一つの恒星マカバを意味していると思われます。つまり、そういうグループ（クラスター）であり、他にもたくさんのクラスターグループが存在しているのです。そして恒星は異なるグループで共有されるものもあります。

琴座のベガから始まったものというのは、地球においてはベガが北極星

だった紀元前1万1000年頃に、地球に入植したグループではないかと推理してみてもよいでしょう。

　それらのグループが地球から出て行く時期は1万3000年後です。その時、ベガと型共鳴を起こすからです。物理的にベガに向かって飛行船が飛んでいくのではなく、同じ型は中身がそのまま移動するという理屈で考えてみてください。物理的・物質的に飛行船が飛んで移動するという理屈は、成立し得ないのではないかと私は思います。

　ものがここからあそこに移動するというようなスタイルは、トリトコスモスの中でのみ成立しうる現象であり、このトリトコスモスの無の境界の向こうにあるより大きなコスモスでは全く違う法則が働いており、リサ・ロイヤル本人が指摘しているように、これは元型としてやってくる存在です。

　リサ・ロイヤルの宇宙史は特定のクラスターでのみ成立する話で、他のグループには通じません。ですが、それは問題ではありません。なぜなら、同じようなグループの人しか参加しないからです。ときどき間違えて参加した人がいたとしても、印象に残らないのでいずれは忘れてしまうことでしょう。

　ここで私がいいたいことは、プラネタリウムでのグループ2は、人体でいえば額の部分、夢見のエリアで、ここにいくつかの「家」があり、地球は2万6000年ごとに家を決め、そこをスタート点にして2200年ごとの文明の移り変わりを12回体験するわけです。ただし、神智学やシュタイナーの人智学では、これは7回で終了すると説明しています。

　個人のプラネタリウムで、特定の惑星がこのグループ2の中のどれかの恒星に重なった場合、その人の夢見の個性や傾向を作り出します。そうした時に、その星がある時代には北極星だった場合があり（あるいはその取り巻きであり）、その時代の考え方や雰囲気を持ち込んでいると考えてみるとよいのではないでしょうか。

　これは実際の歴史書には残っていない時代の場合もあります。ケフェウ

スの時代には地上の文明はどうだったかなどというのはわかりません。トゥバンならばギザの大ピラミッドの最大のクフ王のピラミッドの時代なので、まだ推理しやすいかもしれません。

　ただ、資料とか書物は後代に大きく変化することもあり、物質的残存物から実際のことを正しく推理できるとは考えられないケースもあるのです。そもそもが、このグループ2は夢見の場所なので、夢見・ヘミシンク・瞑想などでサーチするのが適しているといえます。

　個人的なことでいえば、私の水星はトゥバンに近いために、知性の構造がこのクフ王の時代に近いところに共鳴しています。具体的にはアレキサンドリアの図書館にこだわり、考え方がその時代の発想になりやすいということです。この時代の知性の使い方は今日とは微妙に違います。使い方そのものが違うということを多くの人は想像しにくいでしょう。たいていの場合、ほとんどすべては現代と同じという前提で考えてしまう傾向があるからです。ですが、予想以上に差異はあるのです。

　太陽系の水星・金星・地球・火星・木星・土星・天王星・海王星・冥王星という9個の惑星は、七つの法則に対しては二つ多いように見えますが、これはエニアグラムの円の中に数字が9個あり、このうち三つがインターバルで、それは七つの音をスムーズに機能させるために活用され、なおインターバルの三つのうち、一つは七つの音の一つと共有されているということなどと関連して、9個は実質七つの音を構成すると考えるとよいのです。

　この九つすべて、あるいは七つまでに恒星が重なり、あるいは5度以内程度の近くにある恒星を引き寄せ、惑星の型の上に恒星を重ねてこの恒星と共鳴させることで、恒星の影響は大和姫がアマテラスを地上に降ろしてきたように、恒星の力も地上に降りてくるとともに、反対に引き上げる力も働くわけです。

　この七つから九つまでの惑星に重なる恒星の連鎖を「恒星結晶」として考えてみましょう。それはリサ・ロイヤルのいう宇宙種族の連鎖と似たも

のです。この結晶を作ると、そこから情報や印象が流れ込んできます。またこの連結をスムーズになるように援護するために、特定の恒星からは離れたグループの関与も出てくるのです。

アガサ・クリスティのケース

ブレイディは "Star and Planet Combinations" でアガサ・クリスティの実例を活用していましたので、私もここで取り上げてみたいと思います。

ブレイディは、クリスティの物書きとしての水星を取り上げ、惑星のアスペクトではクリスティの特質はあまり出てこないということをいいたいために取り上げました。そしてクリスティの水星のパランについて詳しく説明しています。ブレイディは、クリスティの水星は2ハウスにあり、タイトなアスペクトはないと書いていますが、実際にはほとんど3ハウスに近いでしょう。執筆はやはり3ハウスだといえます。それにタイトなアスペクトがない方が物書きとしては多産なことも多いのです。水星はアスペクトがない時に、一番活発化する傾向があるからです。

惑星と惑星のアスペクトが示す内容と、恒星が惑星と関わったパランは別のレベルのことを説明するので、同列で比較はできません。惑星と恒星は一つ次元が違いますから、違う側面を説明しているのです。

つけ加えるならば、ジオセントリックのチャートもヘリオセントリックのホロスコープも、違う視点なので、どちらがよいのかなどという議論はできません。

ヘリオセントリックのホロスコープでは、クリスティの図は比較的シンプルで、水星は金星、火星、木星と共に水瓶座にあります。

クリスティの図にハウスを入れてみます。乙女座の22度15分に地球があるので、これを1ハウスのスタート点として、ここから30度ずつハウスを考えていきます。

11ハウスに入る水瓶座の四つの惑星は以下の通りです。

金 星	4度 29分	火 星	10度 56分
水 星	6度 58分	木 星	11度 18分

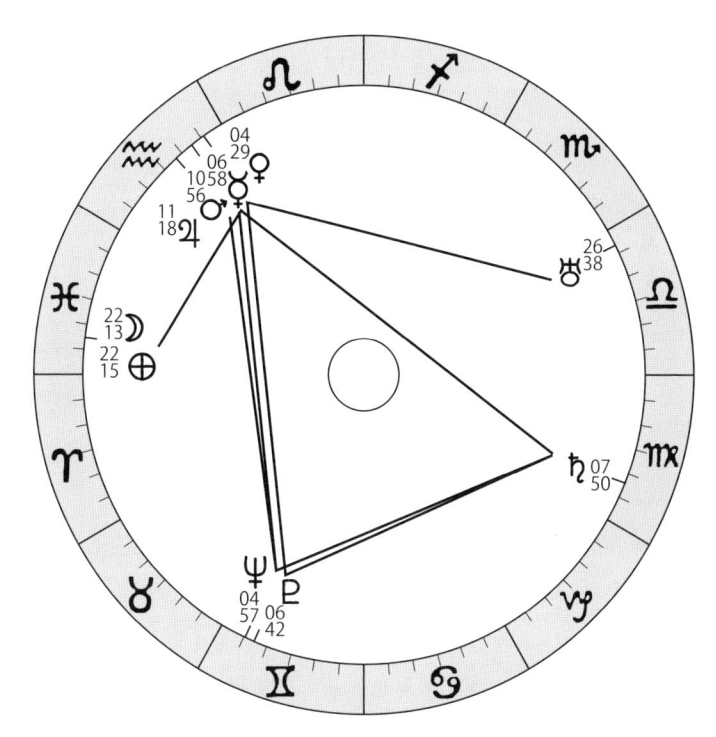

アガサ・クリスティのヘリオセントリック

　表現者としての水星と金星のセットがあり、さらに刺激的な企画をたくさん繰り出す火星と木星のセットあります。強い集中力の水星と火星、華やかな金星と火星。これだけでも強烈なアスペクトですが、さらに3ハウスの冥王星と海王星とトラインの関係があるわけです。実際に作家として書き物をするというハウスはこの3ハウスです。

働きものとしての天体配置は6ハウスの土星になります。数え度数の8度では、自分で自発的に働くこと、自分一人で劇的に盛り上がることができることを示しています。

　もちろん、ここではジオセントリック占星術の従来の読み方のように、「6ハウス土星は働きもので、多少熱があるくらいでも会社に来る」などと読んではいけません。太陽の自己分割という、創造の光線の下降がヘリオセントリックなので、会社のお勤めのように外部から要求された仕事に対してマメとはいえないかもしれません。

　ジオセントリックでは自分の個性や本性とは無関係の、外部にあるところからの要求に応えるということもあります。感覚的・物質的に存在するものからの要求という点で、隣町にある会社で就職し、そこで働くというようなことです。

　ですが、ヘリオセントリックはどの惑星もすべて大きな自己の分割したものであり、つまり自分の本性・個性から生み出されるもの以外は受けつけないというか、想定されてはいないのです。そのため6ハウスの土星も自分には縁のない仕事はしません。

　土星の意味として、自分の本質的な本性の発揮に沿った仕事という面では継続力と安定性があるということになります。乙女座の細かさもそういうところでしか発揮しないでしょう。

　ヘリオセントリックにハウスを入れると、ジオセントリックの流儀を持ち込み、勘違いした読み方をするケースは増えると思うので注意が必要になります。

　ヘリオセントリックの考え方なので、ここでさらに点検すべきことは、海王星のサウスノードが水瓶座の11度47分にあることです（ただし、これは2000年の位置なので、クリスティの時代にはもう少し前になります。1度などというくらい大きくは前倒しにはなりません）。火星と木星に、海王星のサウスノードが重なることは、そもそも火星と木星が流行を示すア

スペクトであるだけでなく、果てしないイメージの広がり感を作り出すのです。当然それは水星と金星という執筆活動に持ち込まれます。

　さらに水瓶座の11度11分には、金星の遠日点があります。現実に、金星は水瓶座の4度29分にあるので、遠日点に近いといえます。遠日点は太陽から遠ざかるので惑星の主張が強まります。つまり、もともとのエルダーセルフとしての太陽から孤立しているので、太陽が分割された七つの音の一つの金星という小さな自己の主張、金星だけが持つ個性を強く押し出すことになります。いわば太陽に反抗する金星といえばよいのかもしれませんし、近日点は家に戻り、遠日点は親元の場所から逃走すると考えればよいのです。この際立った美意識の主張は、もちろんそのまま水星に持ち込まれます。

　この水星・金星・火星・木星あたりが、強烈なエネルギーのるつぼのような場所になっていることはいうまでもありません。それを消化するためには、休みなく生産しなくてはならないのです。強烈ですが同時に水瓶座に四つもあると変わりすぎている面もあります。

　クリスティは子供時代に、母親が通常の学校教育を否定していたので正規の教育をなかなか受けられませんでした。この育成過程はかなり特殊だといえます。

　この水瓶座の惑星グループに対して、少しばかり距離は遠ざかりますが、水瓶座の17度22分に、スアロキンがあります。これは心理分析とか人間の心の中をサーチするような能力、そして何といっても探偵のような知性です。また軽やかな知性の遊びをしていきます。水星にはかなり遠く、木星には少し遠いかもしれませんが、影響がないとはいいきれません。それはクリスティの好みでいくらでも引き寄せられるからです。

　そもそもあらゆる影響はすべての人を貫通しています。特定の作用は、その個人の注意力が貫通させたままにしないで、自分のところに捕まえておくということなのです。そのため、このくらい離れている場合、それに

強い関心を抱くことで引き寄せることができます。恒星の場合、受動的に放置していて影響が入ってくるということはありません。

　スアロキンは遠すぎるという場合、水瓶座1度46分にはアルテアがあります。金星は太陽から遠く金星の主張が強い上に、アルテアに刺激されて、失敗を恐れずに行動します。ミス・マープルは、スアロキンとアルテアのどちらが強いのでしょうか。

　その人の地球生活において端的な特徴を表すのは、地球ポイントに重なる恒星です。魚座の22度15分はクリスティの地球ポイントですが、魚座の23度29分には、マルカブがあります。神聖な馬をシンボルにしたこの恒星は、堅さと信頼性を特徴とするとブレイディは書いています。危機管理能力が高く、決めたことは変更しない頑固さを持っているのです。

　地球ポイントに重なった恒星は、その個人が地球に生まれてきた目的そのものに関係するために、これはどういう能力を持っているかというよりも、生きるコンセプトそのものを意味しています。時折地球ポイントに恒星がタイトに重なる人がいますが、それはその人そのもののシンボルだとみなしてみるとよいのではないでしょうか。

　マルカブの黄緯は北緯19度24分です。黄緯ではグループ3の喉のチャクラに当たるヴィシュダチャクラに該当しています。生命の樹の対応では、このヴィシュダチャクラは陰陽に分割され、ゲブラーとケセドに割り当てられます。生命の樹では、このあたりは集団社会そのものと考えてもよい場所で、ここで指導力や統率力、一度決めたら決して変更しないというメルカブの力が発揮されることになります。ケセドは協力や協調という点になります。ゲブラーは陰の側面ですが、集団社会の中での個人の野心や行動に関係します。物書きとしての能力に関わるものではないのかもしれません。

　物書きとしての水星の話に戻ると、水星のサウスノードは蠍座18度20分です。ノースノードは牡牛座18度20分です。ノースノードは、下降を

始めるポイントで、基本的な保守的な方向性です。ということは、ここから90度進んだ位置、これはサウスノードとノースノードの中間点でもあるのですが、水瓶座の18度20分に、どん底があることになります。

　これはクリスティが生まれた9月15日の3日後、9月18日あたりに最下降領域に至ります。そのため、クリスティが生まれた頃の水星も、その直前くらいに底に近いところにあるわけです。もっとも水星そのものというよりは、地球と太陽の関係の平面からすると、水星が池の底にいるように見えるということです。このどん底にある水星は物質面・保守的なもの、過去などに関心を抱きます。ノースノードから底に至るまで、急激に、関心は保守的な方向へと向かうのです。それは実用的水星と考えてもよいかもしれません。

　ある雑誌で、私はこのヘリオセントリックの黄緯のみを取り上げた黄緯占星術という変わった特集を書いたことがあります。そのきっかけは、私の水星は黄緯においては限界的に高い位置にあり、その頃、私が関わっていた携帯占いサイトの社長が、同じ度数で限界的に低い位置に水星を持っていたのです。この絶対度数が同じというところで共鳴していて、たいして説明をしなくても、以心伝心するという不思議な関わりだったのです。

　私はあまり実用的なことを考えない、というよりも考えたくはありません。その私のアイデアを、その社長はすべて番組に変えてしまったのです。私の抽象的なアイデアを全部収益にしてしまうのです。企画会議はありません。私が何かいうとすぐに部下に携帯電話で指示をして、数分しないうちにもうプロジェクトがスタートしてしまうのです。こうした面白さを見ていたので、黄緯占星術というものを考えたのです。

　クリスティも、アイデアや知性活動を実用的に全部お金にしてしまうといえるのかもしれません。クリスティは家を買うのが趣味だったといわれていますが、それはとてもお金のかかる趣味に違いありません。それに金星の主張は強すぎるのです。

クリスティがデビューしたのは1920年の『スタイルズ荘の怪事件』で、それまで数々の出版社で不採用でした。この時期に、ヘリオセントリックのトランシット海王星は獅子座の10度近辺に移動しており、同時に木星も獅子座に入っていました。これは出生図の金星・水星・火星・木星のグループに対して180度となります。180度は卵を割って外に飛び出すというアスペクトで、何か外に働きかけたり、あるいは外に公表したりするには不可欠なアスペクトであり、180度とは静止した円が割れて「前に進む」という意味そのものです。

　本人がそのアスペクトを持たない場合には、トランシット、また相性などでこの180度を作らないことには、その人は外への働きかけは何もしないことが多いのです。しかし一度回路ができてしまえば、それは継続されることも多く、編集者との関わりは重要です。作家で180度を持たない人はたくさんいますが、180度のアスペクトを作る編集者が一人いるだけで、十年以上作品を発表し続けている人もいます。

　ヘリオセントリックの場合、太陽から惑星へということで、卵は割れているのですが、地球環境の中であらためて何か働きかけをする際には、惑星同士の180度が必要となります。180度のアスペクトが必要というのは、ジオセントリックにおいても同じことです。

　作品が社会に出たのは、この木星と海王星の180度の勢いに関係しやすいと思われます。一方で、120度のアスペクトはこのように外に飛び出るという作用はないに等しいのです。海王星が海王星自身のノースノード（獅子座11度47分）に接近した時期、獅子座という表現の場に先進的に拡大したことになります。長編が66作、中短編が156作、他に戯曲もあるというのは大変な多産だといえますが、これはこの水星のグループのエネルギーの過剰な強さと考えてもよいのではないでしょうか。作品作りというのは水星と金星の合に多いのですが、金星の過剰な主張が、ますます意欲を掻き立てたといえます。

ブルース・チャトウィンのケース

　三次元ホロスコープにさらにハウスを組み込むというのは、比較的大雑把な見方かもしれません。というのも、生まれ時間はそんなに必要でもありませんし、恒星や惑星のアスペクトのオーヴを比較的ルーズにした場合、似たような生年月日の人はみな同じ図になります。しかしヘリオセントリックのホロスコープは、そもそもが個人ということの個別性をそれほど重視はしないのです。ここにいる私は世界で私一人だけ、という思想ではありません。

　そもそも、ここにいる私はこの私だけ、というふうに極端に個人にフォーカスした考え方は、やはり個人を感覚的なものに閉じ込めてしまいます。世界中に、どこかに自分と同じ鋳型の存在がいると考えてもどこにも不自然な話ではありません。

　ディーン・ルディアはこの点からジオセントリックをパーソナリティの占星術、ヘリオセントリックをインディヴィジュアリティの占星術と考え、エゴに閉じこもらないヘリオセントリックを重視しました。

　オーストラリアのアボリジニの思想、ソングラインなどについて書いているブルース・チャトウィンはシェフィールドで生まれたイギリスの作家です。オークション会社であるサザビーズに勤めていましたが、美術品などを毎日身近に見ているうちに視覚障害を患いました。毎日何時間も鑑定対象を至近距離で見すぎているからと診断されたチャトウィンは、突然会社を辞めてパタゴニアに旅に出ることにしたのです。ある日会社に「パタゴニアに行きます」というファクスを送って姿を消しました。

　そして世界中を旅する生活の中で彼は作家になりました。彼のジオセントリックのホロスコープでは牡牛座に天体が集中しています。美術品や考古学の対象となる遺跡などに関心を抱くのは牡牛座です。彼は大学で考古学を学んでいました。

牛牛座に土星・水星・天王星・太陽があります。私の考えでは、アボリジニのように土地のソングラインという考え方は牡牛座に関係し、それが移動の３ハウスや９ハウスにあることを想像します。大地の底から元型的なイメージを引き出すのです。

　牡牛座の21度に「開かれた書物の一文」というサビアンシンボルがありますが、書物は土地と考えてもよいでしょう。この書物の中の一文は土地に走るソングラインです。そこには元型が刻印されています。

　もし、チャトウィンの牡牛座集合を３ハウスや９ハウスに配置すれば、いかにもそれふうになると考えてもみましたが、実際には、海外のサイトでのチャトウィンのホロスコープを検索してみると、この太陽に続く牡牛座のグループは７ハウスに配置され、土星や水星は６ハウスにあります。

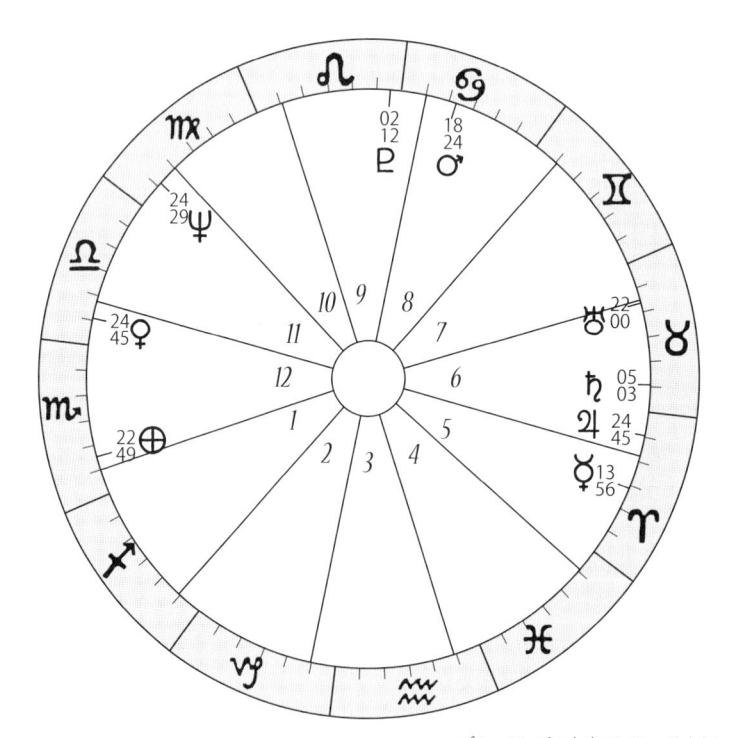

ブルース・チャトウィンのヘリオセントリック

美術関係で専門家として働くということです。また旅を示す9ハウスには、獅子座の月と冥王星が配置されています。

　ジオセントリックのホロスコープで、チャトウィンの図をオーストラリアのアリス・スプリングスにリロケーションすると、獅子座1度の内側から湧き上がる力の爆発の度数の冥王星は4ハウスに入ります。9ハウスで旅の衝動が出てオーストラリアに行くと、そこに深層の故郷を感じるということになるわけです。

　ヘリオセントリックにおいては、地球ポイントは蠍座の22度49分で、これが1ハウスのスタート点となります。

1ハウス　蠍座22度49分から

　この地球ポイントの至近距離には、アゲナ蠍座23度47分があります。グループ5です。アゲナとトリマンは、教育とか正しい知識を与えることに関わります。これはケンタウルスの足を表していて、傷を負った部分を示しています。不当な評価を受けているアボリジニに対する共感は、このアゲナに関係していると思われます。兄弟星のトリマンと共に教育や知識に関係する犠牲を意味しています。アボリジニでは、このアゲナとトリマンは動物に槍を投げる二人の兄弟を意味するということですが、恋愛関係ではトラブルが起きやすいのです。チャトウィンは同性愛者であり、エイズで死にました。サザビーズで働きすぎて視覚障害になって、それを治療するために遠距離を見る旅に出たというのもアゲナらしいといえます。またここは火星のサウスノード、蠍座19度33分にも近いといえます。

　地球ポイントにアスペクトを持つ惑星は60度の海王星と120度の火星、180度の天王星です。地球ポイントへのアスペクトは、個人が地球で活動する時に、直接それを援護する惑星を示しています。

　ジオセントリックでは太陽と天王星が合の場合、ヘリオセントリックでは180度になり、地球ポイントの側に火星のサウスノード、天王星の側に

火星のノースノードが振り分けられます。

　つけ加えると、獅子座の22度49分に火星の軌道の最も高い場所があり、水瓶座の22度49分に、火星の軌道の最も低い場所があります。火星の行動力と高揚感というものは、獅子座において一番実験的になり、水瓶座において一番保守的で実際的になっていくということになります。

　火星のノードとは、地球と太陽の関係のプレートに、火星のプレートが干渉してくる場所を示しており、それは火星という「いま・ここ」のピンポイントではなく、普遍的な火星そのものの作用を示す火星のプレートに地球プレートが割り込み、また火星プレートが地球プレートに割り込む場所を表しています。

　チャトウィンは彼自身の地球ポイントと対人関係の天王星ポイントが、火星のノードにそのまま重なっているので、彼と人間との関わり方が、多くの人に火星という刺激・興奮を伴って伝染・拡大していくことを意味しています。それに関わる相手は火星のサウスノード、さらに天王星が入り混じるので、実験的であり、孤立的・個性的・偏屈・非迎合的などを示す。他の誰からもこんな話は聞けないというような相手と関わるのです。7ハウスは赴く環境でもあるので、そうした環境にチャトウィンが飛び込んで行き、そして火星のノードの渦に飲み込まれていくわけです。

5ハウス　魚座22度49分から
水星　　　　　牡羊座13度56分
アルフェラッツ　牡羊座14度18分　グループ3

　火・活動サインとして、とても積極的で単独行動をする牡羊座の水星は、遊びとか趣味を表す5ハウスにあり、移動・冒険・旅の好きなアルフェラッツと結びついています。旅の作家としてのチャトウィンの特性はここにあると思われます。

6ハウス　牡羊座22度49分から

木星	牡羊座24度45分
土星	牡牛座5度3分
ハマル	牡牛座7度40分　グループ4
シェダル	牡牛座7度47分　グループ2

　仕事能力を示す6ハウスに発展の木星と継続力の土星があります。土星には独立性のハマルがあります。黄経においてハマルと至近距離にあるシェダルは、一見、ハマルと矛盾した性質を持っているように見えますが、これはホロスコープの持ち主が選択するものであり、また結びつけるものでもあります。またシェダルの表に出ない行動の特質は、ハマルの独立性や非協調性と連動しているようにも見えます。

7ハウス　牡牛座22度49分から

天王星	牡牛座22度00分 (少し前ですがだいたい7ハウスの位置とします)
カプルス	牡牛座24度12分　グループ3

　対人関係とか協力を表す7ハウスはカプルスと結びついた天王星があります。男性的で積極的、あるいは大胆すぎるカプルスと孤立的な天王星の性質が結びつくと、孤立的で攻撃的なタイプの人と関わりやすくなります。火星のノースノードも近いです。

9ハウス　蟹座22度49分から

火星	蟹座18度24分 (少し前ですがだいたい9ハウスの位置とします)
カストール	蟹座20度15分　グループ4

　物書きとして典型的なカストールは火星と結びついています。そして出版や執筆の9ハウスで働きます。

| 冥王星のノースノード | 蟹座20度17分 |
| 冥王星 | 獅子座2度12分 |

10 ハウス	獅子座22度49分から
11 ハウス	乙女座22度49分から
海王星	乙女座24度29分	
アルケス	乙女座23度41分	グループ5

アルケスは特別な恩寵を継承する人ですが、海王星が結びつくと霊的な意味での継承ということになります。それは11ハウスの未来的な活動に貢献します。友人やグループなどから恩寵を受け取り、それを持ち運ぶということなります。

12 ハウス	天秤座22度49分から
金星	天秤座24度45分	
スピカ	天秤座23度50分	グループ4
アルクトゥルス	天秤座24度14分	グループ3

スピカの美意識は金星と連動しています。スピカとアルクトゥルスは常に連動し、新しい道への案内者となります。スピカは英語のスパイクと同じ言葉です。麦の穂の尖った部分を表しているからです。また、スピカは生産性が高いということも表しますが、これも作物をたくさん作るという意味もあるからです。

まとめとしては、作家というと水星・3ハウス・9ハウスです。また創作では5ハウスです。芸術的な面では金星で物書きはカストールなどです。また作り出す力は、スピカなどを示しているので、こうしたいくつかの条件を満たす例としてチャトウィンはわかりやすいサンプルかもしれません。

グループ3は、チャクラでは喉のヴィシュダチャクラに対応します。生命の樹ではゲブラーとケセドに陰陽化されていきます。ケセドはギリシャの神々のような元型空間でもあり、また社会集団そのものを表してもいます。この中で、個人の野心や活動はゲブラーであり、個と集団という関係が、ゲブラーとケセドの間に成り立ちます。

私が絵の分析で使う九つのマトリクスでは、この領域は社会的な活動に一番密接な関係があり、例えば会社の社長とか社会的な交流、チャンスの多い人はケセドにたくさんの絵を描き込む傾向があります。

融和のケセドと孤立や突出した個人の行為のゲブラーは、緩和と緊張という関係になり、または善と悪という対比にも使われやすいのです。善と悪というのは、純粋に形而上学的な理念としては考えにくいでしょう。常にこの二つは相対的な関係にあり、時代によって変化していきます。

ゲブラーとケセドという陰陽の関わりのパスは、タロットカードでは「XI 力」のカードに照応しており、絵柄の中にあるライオンはゲブラーの側、その口を押さえている女性はケセドの側に対応します。陰陽の関係というのは常に相対的で、どちらも固定はできません。バランス点は中央の柱なので、この陰陽という左右の柱同士の関係は休みなく流動していきます。

ここに置かれた恒星はアルフェラッツです。自由を求めて、拘束を断ち切ります。これはゲブラーという個人性が、ケセドという全体性から分離して動くことに関係しているのではないでしょうか。

ミラクは自分で何か作り出すことはありませんが、受容したものを育て、発展させる力があります。それはケセドに対して素直に従うゲブラーといえます。カプルスはアルゴルの強烈な支配力を断ち切る刀のようなもので、アルフェラッツよりも攻撃的なのですが、やはり分断するという意味があ

ります。

　ゲブラーと（グループ4に存在する）ティファレトのパスは、「Ⅷ正義」のカードに対応しますが、このカードの剣を連想させます。

　カプルスが断ち切ることになるアルゴルは、古い時代には、邪悪なものだとされていました。キリスト教の男性中心主義の世界観が持つ特有の偏見の下では、アルゴルは悪いものとみなされますが、実際はそうではありません。

　ホラリー占星術でアルゴルは最凶といいますが、封建主義的な世界観の中では常にアルゴルは嫌われています。そういう時代性の反映なので、真に受けなくてもよいと思われます。

　ケセドとゲブラーは善悪の関係ですが、互いを鏡にして決まるものであり、カプルスとアルゴルの関係は、互いにどちらにも振ることができます。つまりアルゴルをケセドにしてみたり、カプルスをゲブラーにしてみたり、ということです。

　「Ⅺ力」のカードのライオンと女性は、安易なイメージとしては獣性と理性というふうに見ることができるかというと、女性を描いている以上は、それを理性とは判断できません。クロウリーは、このライオンが女性を支配するべきであると主張しました。なぜなら、ライオンは神聖なものを持ち込む神の獣だからです。

　悪しき寛容主義や集団主義もケセドであり、それはゲブラーによって修正されますが、ゲブラーはそもそも孤立する悪とみなすこともあります。

　ミルファクは、自己の力を過信する冒険主義という意味では単純にゲブラー的といえます。

　カペラは速度と飛行、そして女性的なもの、育成力にも関係します。やはりゲブラーです。

　ディアデムは集団に貢献し、福祉的な行動をします。これはケセドに近いでしょう。

ビンデミアトリックスは集団を集めるケセドです。

　アルクトゥルスは、導きの星でゲブラーをケセドの中に吸収させたり、その広い空間を案内したりします。

　アルフェッカは、ケセドという集団意識から恩恵を受けた個人を表し、それは集団意識を受け入れたからこその恩恵といえます。

　ラス・アルゲティは、いかにもケセド的で、自然なるものの豊かさを満喫します。

　ラス・アルハゲは、教師として多くの人に働きかけます。

　アルテアは、無私の心で多くの人を助けたいという想いを表します。

　スアロキンは、個人としての卓越した能力を示し、これも広大なケセドの空間の中を泳いで探索することになります。

　マルカブは、状況の変化を見据えて、この中で安定性を確保していきます。

　シェアは、理念的な正義を表しています。

　基本的にグループ3は喉のチャクラにも関係するので、理性・判断・正義・決定・集団においての統率などに関わることになると考えるとよいでしょう。

　グループ4はチャクラでは胸のアナハタチャクラであり、生命の樹では
ティファレトに当たります。ティファレトにはマルクトを除くすべてのセ
フィロトが集合します。地球と太陽で作られる仮想上の平面は北緯0度で
このグループ4の真ん中を示しています。

　上と下の三角形ないし三つの領域を結合し、さらに、恒星と惑星を混ぜ
るということもこのグループで最も活発になされるので、ここは対立した
ものを結びつけるという意義のある領域といえます。昔の占星術では、恒
星は黄道の近くのものだけを使うという考え方だったので、もっぱらこの
領域の恒星が重視されました

　ここでは能力などが重要になっておらず、むしろ心のあり方などに関係
が深いのです。「自分の胸に聞いてみろ」という言葉があるように、真意や
心などを示します。太陽系・地球・人が同調した場所でもあり、同調力と
いうことも大切です。

　アル・リシャは、まさに対立したものを結びつける結び目で、このグルー
プ4の作用そのものに見えます。上と下を結合し、単純な頭の人からする
と、かなり矛盾した行動にも見えるかもしれません。

　ハマルは、大胆に踏み込む力です。グループ4を二つに分けるとしたら、
0度を中間点にして北緯側を15度、南緯側を15度に割り振ることになり
ますが、ハマルは北緯9度なので、より精神的領域になります。グループ
4の作用には分離という作用が少ないでしょう。大胆に飛び込むのも拘束
を立ち切るのでなく、むしろ参加する、融合する、入り込むという働きと
なります。

　メンカルは、集団意識と関わります。集団意識というと生命の樹ではケ
セドですが、メンカルは個人が集団意識に飲み込まれたり、または発信し

たりするので、それはティファレトという個人の中心点とケセドのパスである「IX 隠者」のカードに似た作用でもあると思います。

アルシオンは、内的な知識です。アナハタチャクラあるいはティファレトを通じて手に入れる知識と理解は、頭で手に入れたものよりも高度だといわれています。初期的にはサハスララチャクラやアジナチャクラなどでビジョンを手に入れますが、発達してくるとアナハタチャクラに移動します。正確には、アナハタチャクラの中にあるもう一つの小さなアナハタチャクラです。それは神秘的な能力へと変わっていきます。

アルデバランは、倫理的な正しさとして心のあり方を重視します。

エル・ナトは、細かいことを無視して、本心で語り合いたいという意志です。

アルヘナは、天にあるものと地にあるものを結びつけ、その結果として、互いに多少の妥協と犠牲が生じます。

カストールとポルックスは、語りの星です。説得力があり、ストーリーテラーとして古来より定番的な星です。蟹座の最も強い場所にあるということも関係して、心を打つような表現を重視します。ですから、知的なことを重視しすぎているわけではありません。

アキュベンスは、太陽神の死と再生に関係しますが、ティファレトは、太陽神が地球というものの中に死に小さな太陽として蘇るという作用も関係します。ターゲットの中に入りその中で再生するということを、このアキュベンスの意義と考えるとよいのではないでしょうか。

レグルスは、黄緯が北緯0度で太陽と地球の仮想平面に限りなく近く、つまり惑星と黄緯で共鳴しやすく地球内活動に最もダイレクトに入り込んできます。強いプレゼンスを持つ星になり、その分、働きかけの力がリアルになります。

このレグルスに比較すれば、ゾスマは同じライオンでも傷ついた背中を表し、同情して人を助け、福祉的な働きをします。

デネボラは、ちょっと高見の見物的な位置でもあり、真意ということを

重視します。そのため虚飾のものに批判的となります。

　スピカは、洗練されていて、あらゆるセフィロトを集めて総合したような豊かさとバランスがあります。

　ズベン・エルゲヌビとズベン・エシャマリは、良心があり、公私の関わりの歪みを正し、人の生き方のリファレンスになろうとします。

　アンタレスは、日本でいえば猿田彦で、天の八街（やちまた）を整理します。これは八つのセフィロトの交通整理・交通案内に関係します。宇宙のセントラルステーションのようなものです。

　アキュレウスとアキュメンは、心の傷に関わり、忍耐力と包容力を要求されます。

　ファシーズは、軍人的と説明しましたが、実際にはそれほど極端な出方をしない方が多いのではないでしょうか。今日では山羊座の８度や９度などに関係するので、ローカルな身近な社会とか共同体で仕事を着々と指導的に進める力でもあり、無駄を嫌い、実質的に歩むことを望みます。

　サダルスードとサダルメレクは、感情の純粋さと良心の運び手です。自分だけではなく多くの人に幸運をもたらします。

　デネブ・アルゲティは、政治的な星でもあり、正しい判断にこだわる時に、これはティファレトとゲブラーのパスの「Ⅷ　正義」のカードにも関わりやすいでしょう。

　このパスのティファレトの側に近く、剣に近いのがカプルスの側かもしれません。

1/6スケール領域

　グループ４に関係して、もう一つの項目について説明します。

　12サインを考える時に、私はよくサインの一つ30度を５度ずつ六つのグループにします。これはルディアがサビアンを分類する時に活用してい

たものです。

　サインはいくらでも細分化してグループ化して考えることができます。30度も幅のあるサインは、サイズが大きすぎて、そのままではアメリカ大陸やアフリカ大陸の中に住んでいる人は全部同じ性質というふうに見るのに似ていて、実用的にはこのままでは使いにくいのです。

　この30度幅は、単位としてまとまりがよいので、経度の30度にも適用できるのではないかと考えました。サビアンで使ったように、六つに分解する方法をそのまま黄緯にも当てはめてみるとよいのではないでしょうか。これはプラネタリウムの黄緯の七つのグループ化の小型と考えてもよいかもしれません。

　ただし、黄緯は七つのグループというよりは七つの区切り線と点であり、その間の面は六つです。恒星をグループ化する時に、多少不自然に見えるかもしれませんが、30度の半分の位置、すなわち七つの区切り線・点の真ん中を境界線にして1番目と7番目のグループだけ15度という変則的な区分にしました。

　北緯90度から南緯90度までの180度範囲にある、七つの区分のハーモニック6的縮小版として考えるのならば、6種類の30度区分がそのままミニチュアになると考えた方がよいかもしれません。

　赤道を真ん中にして、北緯側に15度、南緯側に15度割り当てた30度区分を活用するというのは、太陽系の中にある惑星の黄緯の幅に意味を与えるためでもあります。

　冥王星はある時期から準惑星になりましたが、これは冥王星の格下げではありません。むしろ太陽系外縁天体グループの代表とみなすことで、冥王星の本来の役割がよりはっきりしたのではないかと思います。

　エドガー・ケイシーは、冥王星（あるいはセプティムス）は太陽系の外の影響力を太陽系の中に持ち込む扉だと主張しています。この外からの影響を持ち込むには、冥王星が太陽という軸に合わせすぎてはなりませ

ん。なぜなら太陽に従属すると、それは外の影響を持ち込むことはなくなり、むしろ外の影響から守ってもらうために太陽に従っているということになるからです。

太陽を中心にした惑星の意識は日常意識ということです。外からの力を持ち込むとは、日常意識の埒外にあると考えるのです。

冥王星が惑星と定義されていくと、日常意識の中の一つになるので、それは冥王星の役割からするとふさわしくありません。太陽系の惑星の中で冥王星だけが軌道が大きく傾いていて、離心率が異例に高く、黄緯は17度以上あります。これは30度の幅のある惑星黄緯の枠からも少しはみ出しています。ですが、はみ出した部分は定義しません。15度の範囲にあるもののみを考えてください。

冥王星が高低差の激しい黄緯に達した時、この30度の区分の中では、6番目か1番目という端に属します。この端の領域は冥王星のためにあるかのようです。この端の領域は、生命の樹ではケテルやマルクトに近い位置となります。

6番区画	N15度〜N10度	より上位のコスモスへの通路づけ
5番区画	N9.99度〜N5度	最も充実して免疫力も強く、活動的な場所
4番区画	N4.99〜N0度	対立する要素を融合しようと試みる。上と下の結合
3番区画	0度〜S4.99度	実験的・積極的。複合的視点がなく仮のものが多い。あるいは一方的
2番区画	S5度〜S9.99度	感情や情念などの性質を育成する
1番区画	S10度〜S15度	本能的・物質的な要素。より下位のコスモスへの通路

生命の樹ではそもそもケテルという頂点には惑星は対応していません。

生命の樹が使われていた時代には天王星以遠の天体は想定されていません
でした。土星はビナーでコクマーは黄道12宮です。そしてケテルは何も
該当するものはなかったのです。

　カバラ研究家の大沼忠弘は、コクマーに天王星、ケテルに海王星を当て
はめました。海王星は太陽に従属する惑星の最外殻のものであり、太陽に
従属することでより上位のコスモスとの接点にはならなくなります。接点
は上の次元、この次元のどっちともつかない中途半端な姿勢が必要なので
す。そのため、ケテルは冥王星に対応させた方がより正確といえます。

　冥王星は太陽系の外の影響を持ち込み、そして、太陽系内でこの持ち
込まれた食料が消化可能かどうか体内の辞書から照合するのです。この辞
書は海王星と考えます。それは太陽系内の過去や未来、時間内のあらゆる
記憶と照合して、冥王星が持ち込んだものが既知のものと類似していれば、
それを手がかりにして消化するのです。

　海王星が受けつければ消化しますが、海王星が照合不可とするとそれは
吐き出されます。エリスの毒リンゴは、その意味では、今のところ消化さ
れません。それはまだ不和を作り出すだけです。

　端は冥王星のためにあるということに加えて、赤道の0度地点は、それ
ぞれの惑星のノードが関わる場所です。地球と太陽の関係で作られた仮想
平面に、他の惑星のプレートが傾斜しながら混じり合います。0度地点は
黄経の12サインでは私の定義だと15.00度の異物が入り込んでくる場所
となります。そこでは反対のサインが干渉してきて、表向きのサインの特
質に挫折が発生します。そもそも赤道のアナハタチャクラ、ティファレトは、
異質なものを混ぜることに重要な役割があります。生命の樹のティファレ
トとなると、マルクト以外のすべてのセフィロトが集合しています。

　プラネタリウムのグループ4と、30度区分の縮小6グループの中の4番
目は、ともに種々のものを混ぜ合わせて統合化することにテーマがあります。

　この縮小されたエリアは、プラネタリウムの七つのグループを模擬的に

模倣しようとしています。興味があれば、このプラネタリウムのグループ
と惑星の 6 グループの黄緯の比較をしてみるとよいでしょう。それはまさ
に 1/6 スケールのモデルです。ときには惑星と恒星が、直接黄緯が重なる
こともあります。それは極めて影響が強くなり、親近性も高くなります。

　この 1/6 スケールの区分は、惑星の太陽系内での働きにおいて、チャクラ、
生命の樹としての上下の性質を持つことを示しています。それぞれの惑星
はこの緯度の位置によって活動のテンションが変わっていきます。360 度
に意味があるとするサビアンシンボルの理屈に従うと、緯度のレベルにお
いても、1 度ずつ意味を与えることは可能ではないかと考えられます。

　アストロカートグラフィでは、しばしばエネルギーポイント（パランの
場所）は、そのまま北緯を同じにしてずらした場所も有効性があると考え
られています。私はキプロス生まれのダスカロスの夢を、キプロスと同じ
北緯の千葉県の鴨川のホテルで見たことがあります。ここに来なければ
きっと見なかったはずです。まるでローマに行くのは函館に行くのと同じ
というような感じです。あるいは、ミノス文明の蛇と女神の神話は、江の
島の三女神と竜の伝説と入れ替え可能だということにもなるでしょう。

　私は、しばしばサビアンシンボルは象徴的な詩文なので、その真意を間
違える可能性もあるので、まずは骨組みとしての数字から解釈するべきだ
と主張しています。このサインの中の 30 度の数字の意味を、黄緯の 1/6
のエリアに該当させることはそれほど無理な話ではないと思います。

冥王星と海王星の関係

　海王星の軌道が冥王星の外側に出ることがありますが、これには周期性
があります。海王星が外に出たのでなく、むしろ冥王星が内側に入ったと
みるとよいのではないでしょうか。海王星は巨大なイメージ空間、いわば
ドリームランドを作っているような領域です。ですが、ちゃんと惑星とし

て太陽系の中心の太陽の趣旨と秩序に従っています。

　冥王星を除くと、海王星は太陽系のかなり外側を公転していて、海王星ないしはそれに関係した魚座のイメージ通り、水・柔軟サイン、すなわち希薄な水として、霧とか雲とか輪郭がはっきりしない、また夢のような曖昧な意識を象徴します。このふわふわした輪郭のはっきりしないものの中に、冥王星が異常な軌道を描いて拾ってきたものを、海王星の軌道の内側に入った時に、海王星の懐に持ち込むというふうに考えてみましょう。

　シュタイナーは、ビジョンを見る時は、白日夢のようなイメージの連続の中にときおり異物が入り込むといいます。これが実は正しいビジョンなのです。それは真に外からやってきたもので、冥王星が持ち込み、海王星の意味する白日夢の連続の中に外から割り込むということです。そしてこの異物は、しばしば解釈不能になります。いつもの夢やイメージは海王星の持ち物で、それは半ば既知のものです

　冥王星の近日点の近所で、海王星軌道の内側に冥王星が入り込んできたのは、1979年2月7日から1999年2月11日の期間です。その前は1735年7月11日から1749年9月15日までです。

　冥王星が海王星の内側に入り込む期間は、だいたい13年間と20年間のものが交互に訪れるといわれています。この天文学的なサイクルそのものが直接影響を与えるというよりは、海王星という夢意識の中に、冥王星が外側の情報をときどき持ち込むという鋳型が、個人のビジョンの働きの中でも再現されているということが重要なのです。

　そして持ち込まれている時には、いつもだと海王星は内で冥王星は外という関係性が逆転することになります。折口信夫と柳田國男の違いについて説明したところで、折口式は共同体に穴が開くと書きましたが、具体的な共同体の枠は土星が作ります。海王星はもっと遠くにある夢の空間で、冥王星は土星の枠に近づくのではなく、それよりももっと外郭で漂っているドリームランド、夢の空間に割り込むのです。

そして海王星が冥王星の軌道の外、太陽系の外にむき出しになる時、内側で持つ夢が外に飛び出すわけです。反対に、外から持ち込まれたものが内側で消化されようとします。未開人がジェット機を見た時、それは鳥の一種という分類に入るのならば、このジェット機は消化されたました。同時に、それに似た鳥がジェット機に引きずられて外に引き出されたのです。

私達は外部の異質なビジョンを見た時にその解釈に苦しみ、どうにも解釈できない場合には、それを保留にしますが、これは人間の内面を破壊し尽くします。必ずそれは既知のどれかのグループに新たに加えて、「落としどころ」を見つけねばなりません。そうしないと心理空間に穴が開き、それが原因であらゆる心理の働きがばらばらになって、統合化不可能ということになるからです。

そのため、近似値でもよいので座りどころを見つけるわけですが、しかしその結果として、既知のものの中に、反対に未知に飛び出す跳躍力も与えてしまうこともあるのです。鳥の一部がステルスジェットのような力を持つようにです。それは鳥の辞書グループにジェット機を組み込んでしまったゆえなのです。これまで知っていたものに、自分が知らなかった能力が付与されたということです。

自分の内側にあるものが外に飛び出すきっかけは、外にあるものが内側に割り込んでくる、すなわち冥王星の軌道が海王星の内側に入り込んできたことと引き換えに生じます。それはある種の既存のものの割れ目を通して実現します。外部のものが持ち込まれた時、異質な侵入というのは、意識のとぎれまたは断絶を生み出します。解釈しようのないものがそこにある時、私達は不在になるのです。意識は常に投射の対象を必要としています。何かに向けて投射した時、意識は働きます。ということは、未知のものを前にすると、意識はそのまま暗闇の中に潜り込んでしまうということになるのです。

未知のものが未知のままであると、やがてはその人の統合性はばらばら

にされてしまうというのは、生活の中でも、その人が途切れてしまう空白がたくさん出てくるということなのです。

　冥王星と海王星が入れ替わる時期、最近であれば1979年2月と1999年2月は、未知と既知の交換のタイミング、また飛び出すタイミングでした。

　実は、私が体外離脱して、複数の男達が溶けてパイプになり、この中を回転しながらある星に到達したのは、この海王星が外に飛び出す1979年2月で、また1999年2月の少し後に、巨大な黒い生き物が私のところにやってきて、自分が母親だといった体験をしたのです。この時には、海王星が外で拾ったものが内側に入ってきたのです。

　その時に、外界の未知のエネルギーは反対に動いていることが重要かもしれません。海王星が外に飛び出すのは、冥王星が内に入ってくることと引き換えです。外に出て星から戻る時に、その星の住人を連れ帰ったのです。それが、冥王星が内に入り込むことと同義語なのかもしれません。

　正直、こうした体験は一生に一度程度でいいと思いました。つまりは、そのくらい印象が強いのです。

　グループ5はチャクラでいえばマニプラチャクラで、これは火の元素に
対応します。生命の樹ではホドとネツァクの位置です。この七つの階層は、
下に行くほどに物質的になります。私は以前に書いた本で、この二つのセ
フィロトはタマフリとタマシズメに関係があると説明しました。

　ティファレトは、すべてのセフィロトを統合しているグループ4の中枢
ですが、統合的なものは七つに分岐してより下の次元に分霊します。これ
は「XIX 太陽」に描かれている、太陽の円の周りに光輝く矢を複数描く図
式で表現されます。あるいはまた繭をほどいて細い糸を作り、それが外界
のさまざまな事物に付着するというイメージでもよいかもしれません。

　何らかの目的を持って、外界に自分の分身を投射しますが、例えば矢や
渦巻き状に回転しながら伸びていく筒、シルバーコードなど、これはティ
ファレトからホドのパスの「XV 悪魔」のカードを意味しています。自分の
一部が外界に飛び出すのです。太陽の力であるティファレトから外に紐が
飛び出すのですが、その時、この紐の皮膜はイエソドから引き出されます。

　ティファレトは太陽でイエソドは月です。たいてい皮膜というものは、
下の次元のより濃密なエーテル物質で構成され、この筒の中には太陽の分
岐した力が入っているということです。太陽系の構造は、太陽の周囲に月
としての惑星が取り囲み、惑星の周囲に月が取り囲みます。そして、これ
らは回転しながら進むのです。これと全く同じ構造をした紐が作られるの
です。

　反対の動きとして、外に出たものを中に取り込むのはネツァクです。取
り込んだものの中で、より濃密な気としてのエーテル物質はイエソドに蓄
積されます。このネツァクとイエソドの関係のパスは「XVII 星」のカード

となります。「XV 悪魔」のカードは失う傾向にあり、「XVII 星」のカードは自分の中に取り込みます。外界との交流というのが、このネツァクとホドであるということです。

チャクラの場合には、この外界に対する働きかけがマニプラチャクラですが、生命の樹は、この働きの呼吸作用をもう少し詳しく描いたことになります。

インドの教祖オショー・ラジネーシが主催していたアシュラムには世界中の信者が集まっていましたが、この団体では、教祖ではなく弟子達の間でマニプラチャクラというのは嫌われており、否定的に考えられていました。それは我欲とかエゴなどに関係し、愛というテーマからすると少し物質的に濃すぎて、個人を主張しすぎるからです。

ですが、七つのチャクラや生命の樹の中枢は、これ全体で成り立つ法則であり、あれが悪い／これが良いというものではありません。そのため、どれかのチャクラを批判するのは、火星は悪いけど金星は良い、というような発想と変わりません。このような考え方をすると、それら七つをすべて統合化した次の次元の架け橋となるような大きな自己には到達できません。

グループ5は、外界に対する働きかけ、欲求、実現、行動力、火の力などを表しています。個人としての能力があるかないかはこのグループ5で判明しやすいでしょう。

リゲルは、オリオンの足を守り、学者や研究者としては典型的な星です。ホドの中枢は知性に関係し、学習したり研究したりします。

ベラトリックスは、女性としての征服者のイメージを持ち、強い欲望を持っています。それはある種のデーモン的なものといえます。女性のデーモン的なものとしては、グループ3にアルゴルがありますが、アルゴルは実は比較的思想的な傾向が強く、ベラトリックスはもっと具体的で生々しい欲を持っています。そしてアルゴルほどには広範囲に広がりません。

アルニラムはオリオンのバックルです。これを「XV 悪魔」のカードの外界に飛び出す紐のように考えてもよいかもしれません。

　ベテルギウスは、強い押しを持っていて、具体的な成功を最短時間で導き出します。

　ムルジムは、ホドと同じく言葉の能力です。

　シリウスは、しばしば動物と結びつけられます。ムルジムは犬だが、シリウスはそれ以外にさまざまな動物神と関連します。シリウスは変容力でもありますが、混ぜ物のないマニプラチャクラの代表のようにも見えます。

　プロキオンは、うるさく吠える犬という意味を持つ星ですが、細かいことに興味が転々と移動します。

　アルファードは、ときには残忍な星となります。ベラトリックスもアルファードも、裏側に訓化されていない情念を持っており、それをどういう方向に活用するかが重要な課題になるでしょう。特定のことに強い欲求を抱くティファレトとホドのパス、「XV 悪魔」のカードを連想させる意味があると思われます。

　この中で、アルケスは、反対に「XVII 星」のカードに等しいといえます。

　ヒドラの背中のカップは、「XVII 星」のカードの女性が持つ壺のようでもあり、星からもたらされた贈り物を持ち運びます。

　アゲナとトリマンは、この下側に属するグループですが、次第に上方とのつながりを喪失したり、また取り戻したりすることに関わります。このアゲナとトリマンはグループ 5 と 6 の境界線にありますが、どちらかというとグループ 6 に入れた方がよいのではないかと思います。

　ケンタウルスは、物質世界がより上位の世界と断絶した事故を体験しており、それは反対に考えると、架け橋としてのキーワードになりやすいでしょう。

　ルクバトは、実行力においての強い意志の継続を表しますが、受容性のなさを露呈することも多いでしょう。ホドの中枢は、ネツァクと組み合わ

されないと頑固で閉鎖的にもなりやすいからです。

　フォーマルハウトは、ネツァク側に属すると思われます。夢を期待すること、また芸術的な要素です。

　アンカーは、ネツァクやホドが個人的、具体的なことに関心が向きやすいことを軌道修正して、もっと大きな視点を持つことを促します。それはグループ4へ関心が向かうことを促進させます。

　スワディスタナチャクラは水の元素に対応しますが、それはタットワの形としては銀色の三日月として描かれます。これはグループ６と対応できます。生命の樹であれば、スワディスタナチャクラはイエソドであり、それはガンジス川にも例えられています。

　グループ６の恒星にはまずファクトがあります。これはアルゴーの穂先で、波をかき分けて前進する部分を示しています。水の元素をかき分けて前人未踏の分野を探索するのです。

　次にアクルックスですが、これは南十字座のアルファ星で、ケンタウルスのアルファ星より少しだけ南にあります。北回帰線近くから南でしか見られないので固有名詞がなく、アクルックス（Acrux）はアルファ（Alpha）のＡと南十字座のクルックス（Crux）を組み合わせた便宜的名称です。この十字の一番南に位置するアクルックスは、水の元素の中に沈んだ十字架の重しを意味するような印象があります。つまりは、水の中に沈んでいく重みを示しているのです。そしてそれはやがては、グループ７に沈着しようとします。地上の四元素の土の元素に向かうべく、水の中を沈んでいくのです。私はこれを透明な川の底に沈む白骨というイメージで見ていました。腐敗することなく、混ざらず、土へと分離するのです。

　スワディスタナチャクラからムラダーラチャクラへ。生命の樹ではイエソドからマルクトに降りていくパスですが、これはタロットカードでは「XXI世界」のカードとなります。まっすぐに降りていく、しかも四つの力の均衡の中で、というイメージをそのままアクルックスと重ねてもよいかもしれません。

　アクルックスがあまり知られていないのは、北回帰線よりも南でしか見

られないという理由だけであり、実は重要なのです。それに南十字星は、ケンタウルスと共に私達が次元上昇する時の階段でもあります。下に下ろした階段は上に上がる時に初めに足をかける場所だと考えてもよいのです。宮沢賢治の『銀河鉄道の夜』では、神への階段の入り口はサザンクロス（南十字）だと書かれています。

　この沈着歩行に向かうアクルックスとは正反対の、混乱の中で活動するのはアケルナルです。エリダヌス川の南の端にあるこの恒星は、極めて興味深いものです。紀元前3000年には南極星だったアケルナルは、2003年に横に広がったパンケーキのような形をしていることが判明しました。赤道方向直径は太陽の12倍で極方向は7.7倍です。太陽は秒速約1.8kmで自転しているといわれていますが、アケルナルは秒速250kmという異常スピードで自転しているためにこのように歪んでいると考えられています。

　かなり南にあるので、北緯33度より北の地域では、地平線から上がってきません。日本では九州や四国の一部で観測できます。かなり明るい星にも関わらず日本ではマイナーな星です。

　後に説明しますが日本地図のマトリックスでは、ライン4よりも南ではアケルナルを見ることができます。これは日本地図にプラネタリウムを投影した時に、スワディスタナチャクラの下半分とムラダーラチャクラのエリアを現しています。

　アケルナルはアラビア語で「河の果て」という意味ですが、オリオン座の西から始まるエリダヌス川は南端のアケルナルで終わるということです。川の洪水においての危機管理を表しますが、これはスワディスタナチャクラの水の氾濫を管理すると考えられます。スワディスタナチャクラを見ていると、それはたくさんのものが流れる台風で氾濫した川のように見えるのですが、この混乱を制御するアケルナルは、流動した状態においても秩序を保つ性質で、異常に速度の速い自転というのも、高速処理能力というふうに考えてみると面白いかもしれません。

こうしたグループ7や6は、ブレイディの恒星ではそれほど数は多くないのですが、それらが深く結びつく惑星は具体的で物質的な生活にとりわけ関係が深いのです。ただ、日本ではあまり見られない恒星が多いのですが。

マイケル・ジャクソンのケース

マイケル・ジャクソンは、ピーターパンの童話に出てくる子供が歳を取らない国、ネバーランドの名前を取った住居を作りました。こうした童話の世界は、恒星ではフォーマルハウトが一番ふさわしいと思います。

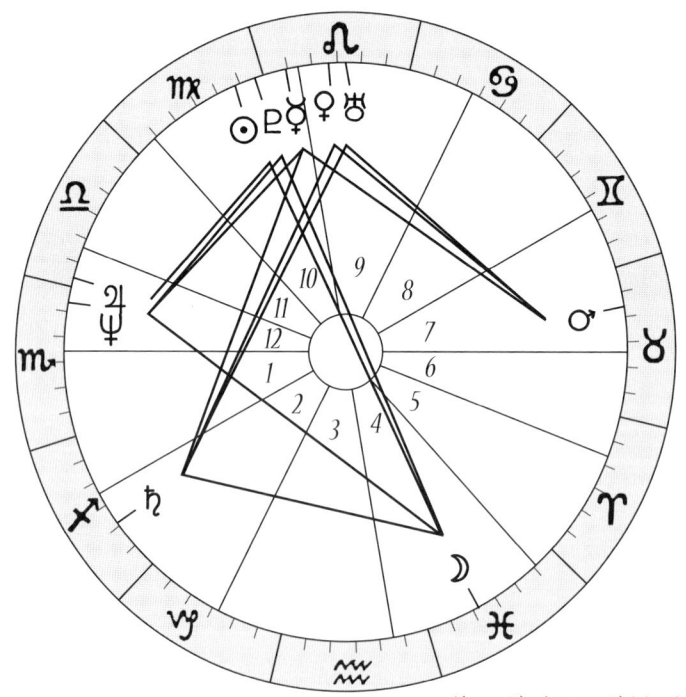

マイケル・ジャクソンのジオセントリック

地上から見たジオセントリックのマイケル・ジャクソンは、スター的な存在で、獅子座にある天王星・金星・水星は大変に目立ちます。楽園的な

ものは、海王星と木星の合で想像できるかもしれません。しかもそれは隠れ家的な12ハウスにあるからです。

　しかしジオセントリックは本人の創造的な精神を考える時にではなく、地上生活においての様相を考える時に有利です。本人が地球にやってきて、実現しようとしたものは、ヘリオセントリックの方が理解しやすいのです。

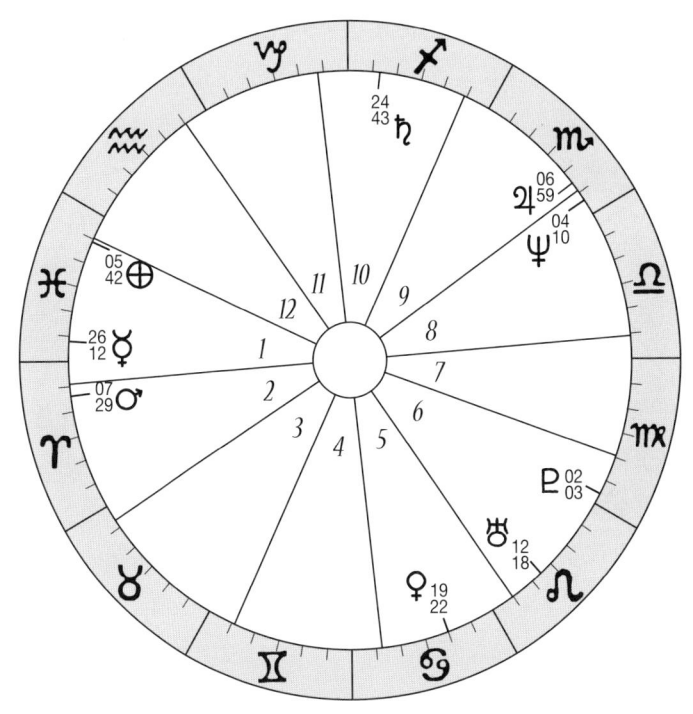

マイケル・ジャクソンのヘリオセントリック

　まずはジオセントリックの図でネバーランドに結びつくイメージのものを考えてみます。4ハウスに月があると、自分が安らげる家でぼうっとしていたいとなります。この魚座の月をいらいらさせるのは、2ハウスの射手座の土星で、つまり活発に仕事をする、しかも土星としてコンスタントに続ける作業は、ぼうっとしている気分をいつも覚ましてしまうことでしょう。

この月は12ハウスの理想郷の夢である木星と海王星のイメージと連動するので、土星の邪魔さえなければ、ずっと浸れそうな感じもします。

　ジオセントリックでは、このように家の夢は魚座の月で表されるので、このネバーランドのイメージは月の年齢域7歳までに作られてきたのではないかと思われます。魚座の支配星の海王星は12ハウスに行くので、それは無限の宇宙に開かれたような印象を持っています。

　ヘリオセントリックでは、このネバーランドのイメージはもっとはっきりと打ち出されます。

　地球に生まれてきた目的は、地球ポイントの魚座5度42分近辺の恒星でも推理できます。フォーマルハウトは魚座の3度51分で、この地球に十分に近いといえます。さらに、囲い込んで池を作りそこで育成力を発揮するデネヴ・アデジは魚座5度19分なので、もっと地球ポイントに近いです。囲い込みとそこに童話的天国を作るというのは、フォーマルハウトとデネヴのセットがあるからこそ、作りやすいということになります。

　その一方で、社会的な立場を示す10ハウスにある射手座の土星には、刺されるアキュレウスがあり、社会的な立場としてさまざまな被害を受けやすいことを示しています。

　ジオセントリックでは、安らぎの場所として月に現れ、ヘリオセントリックでは、そもそも生まれてきた理由とさえいえるくらいにネバーランドは大切だったのです。

　水星と金星は内惑星なので、ジオセントリックとヘリオセントリックでは位置が違ってきます。マイケル・ジャクソンはジャクソンファミリーの一員として、子供の頃からもう既にスターだったのは、ジオセントリックで水星・金星という若年の年齢域の惑星が獅子座で、しかもMCに近いということでわかりやすいでしょうが、ヘリオセントリック的な創造的欲求としては、この金星は情感的な蟹座の19度にあります。

　獅子座は吐き出しますが、蟹座はその吐き出すためのエネルギーを集団

的な意識からチャージする働きとなります。カストールが至近距離にあり
ますが、同時に蟹座20度17分の冥王星のノースノードも近いのです。

　冥王星は太陽系ファミリーから少し離れた太陽系外縁天体群にあること
は既に説明しました。そして太陽系の外からの影響を太陽系の中に持ち込
んでくるのです。この冥王星の軌道が、地球・太陽の平面に飛びこんでく
るのがノードです。しかもノースノードなので、それは未来的なものを志
向しており、金星の感性の中に太陽系外の影響という傾向を持ち込み、そ
れが感性に影響を与えるのはいうまでもありません。金星は冥王星ベルト
に送信し、また冥王星ベルトは、気配を金星に持ち込むのです。

　金星は黄緯北緯1度48分あたりにあり、1/6スケールでは対立したも
のを統合化しようとする4番の区画にあります。セレナーデを歌うゴンド
ラ乗りというサビアンシンボルの度数は、調不調の波もなく、日々真面目
に集団に働きかける情感を歌い上げる行為を続けていきます。

　蟹座の20度前後は蟹座の頂点的な場所で、最も地球的・ローカル的な
ものにもかかわらず、ここに冥王星のノースノードという外に開かれた接
点があるのが実に不思議に見えます。このノードは2000年前に蟹座に入っ
てきたのですが、その前は双子座にあったということになります。おそら
くその時代には不穏な作用をもたらしていたのではないでしょうか。双子
座に冥王星との接点があると、各々ばらばらに主張した人々が環境を食い
荒らすような印象があるからです。

ブルース・モーエンのケース

　アメリカのテレビドラマで「フリンジ」というのがあり、私はそれがと
ても好きでした。ここでは奇妙な現象ばかりを扱うチームがいて、それは
ずっと昔に人気を博したドラマ、「Xファイル」と似た印象がありました。「フ
リンジ」は非主流派とか、辺境的という意味があるそうです。このドラマ

では非主流科学というものが大きく取り上げられていました。

　恒星でこのフリンジに該当するのは乙女座21度37分のデネボラで、メインストリームから外れたことに関心を抱き、アウトサイダーとして生きることを表しています。超常現象とか異常なものに対しても抵抗感はありません。

　今、この項目を書いている日、来日して死後探索のレクチャーをしているブルース・モーエンと五反田で会ったのですが、私がブルースととても話しやすいと感じるのは、他の人が聞くと引きそうな飛躍した話題でも、何の偏見もなくストレートに受け止めてくれるからです。

　そもそもブルースは、信念体系の打破をテーマにしています。すべての人は多かれ少なかれ何らかの信念体系を持ち、ここに縛られて身動きが取れないでいます。それを打ち砕くのがブルースの趣味なのです。ブルースのレクチャーのレベル4ではＥＴと会う方法を教えるそうです。こうした話題を扱うことはいかにもデネボラらしいといえます。ブルースの火星がこのデネボラに近いのです。

　乙女座21度近辺にヘリオセントリックの惑星がある人は、みなこのフリンジ的になるのかというと、そうではありません。恒星は受動的な姿勢のままではなかなか取り込みにくいのです。積極的に関心を抱くことで引き寄せるので、中には全くそういう興味がないまま過ごす人もいるわけです。

　そもそもヘリオセントリックは創造的で、大きな自己から小さい自己へと降りてくる下降する光線を意味するので、生涯、この視点を持てない人はいくらでもいるはずだと思います。適応しかない人生ならば必要はありません。

　ヘリオセントリック占星術の本を書いたセドウィックは、ジオセントリック占星術は中世の抑圧された暗い牢獄のような占星術といいましたが、外に出ようとしないのならば、そこも広く感じるわけです。

　ブルースの火星とデネボラはオーヴは広いのですが、興味があればこのくらいの度数差ならばいくらでも引き寄せられるといえます。

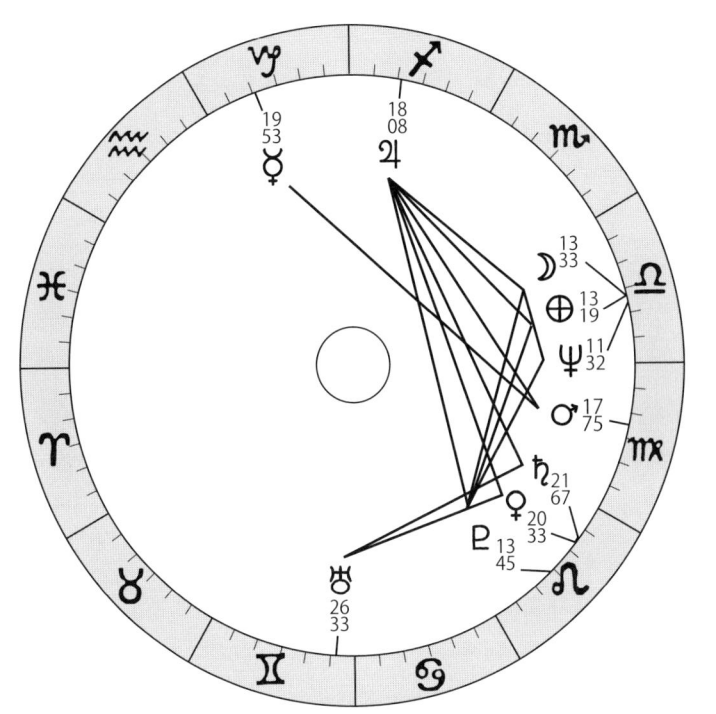

ブルース・モーエンのヘリオセントリック

　死者を救済するというテーマは、天秤座11度32分の海王星が天秤座8度57分のディアデムに近いということも関係あるといえます。非物質の海王星と救済するというディアデムが結合すると、死者の霊的救済という意味になりやすいのです。もっと現世的な惑星ならば、救済は生身の人々に対して発揮されるのだと考えます。

　マイケル・ジャクソンの場合には金星は冥王星のノースノードに近かったのですが、ブルースの場合には、反対側のサウスノードに水星が関わっています。このサウスノードに関わる水星が、フリンジの火星であるデネボラに120度のアスペクトとなるため、冥王星のサウスノードは外宇宙に向かう時の通路に関係あるのではないでしょうか。

山羊座20度と蟹座20度は共に共同体とか、身近なローカルな社会に一番関係したサインの中の最も勢いの強い一帯です。そういう場所に辺境的すぎる冥王星のノードが干渉するというのは奇妙にも見えますが、私はジオセントリック的なサインの意味にこだわりすぎているからなのかもしれません。

　ヘリオセントリックでの惑星を解釈する時に、惑星はみな太陽を分割して、その分霊として働くのだから、惑星の意味は地上的な習慣とか慣習には染まっていません。例えば、金星を女性、火星を男性とみなす考え方がありますが、それはジオセントリック的すぎます。なぜなら、男女の分割は地球に入ってきた時に生じるので、ヘリオセントリック惑星の影響は完全に地上に降りきるまでは男女という分割された役割を担っていないからです。

　そのため惑星だけではなく、サインに関しても、ヘリオセントリック的に考える必要があるのではないかといえます。

　サインの座標そのものは地球と太陽の関係を借りて位置決めするわけですが、しかし意味はヘリオセントリック的にする必要があります。となると、蟹座と山羊座という集団社会性や共同体の意味は、どこかの国や地方などと想像してはいけないのかもしれません。

　太陽系の惑星群レベルで考えれば、この蟹座とか山羊座の集団社会を構成する人々は地球の中だけでなく、さらに太陽系全体に住む人々を想定しなくてはならないといえます。リサ・ロイヤルは宇宙的な他民族が集合したグループを宇宙連合といいましたが、もしそういうものがあるのだとしたら、それはこのヘリオセントリックの蟹座と山羊座に集まるのではないでしょうか。そしてそこに太陽系外とのポートがあるはずです。

　ブルースのように、ＥＴとの会い方を教えるなどと平気でいえるような発想でないと、この蟹座と山羊座は太陽系住人すべてを対象とするなどと想像するまでにちょっと時間が必要かもしれません。

渡辺豊和のケース

　ひねくれた考え方または非主流的思想という点で、私が前々から興味があったのは渡辺豊和です。渡辺氏は、古代に蘇我氏が北海道に拠点を置き、そこから南下したという説を唱えています。ヤマトタケルはアテルイなどの仲間であり、大和に向かって攻めたのだという、歴史の通説を覆すような主張は、非常に面白く感じます。これはフリンジ恒星のデネボラが関わっているに違いないと思ったのですが、実際は海王星がそれに近かったようでした。海王星は想像力を作り出す天体なので、そこにデネボラがあれば、メインストリームではない、他の人が考えないようなことを夢見るということになります。それは牡牛座の16度の天王星とトラインでメンカルが重

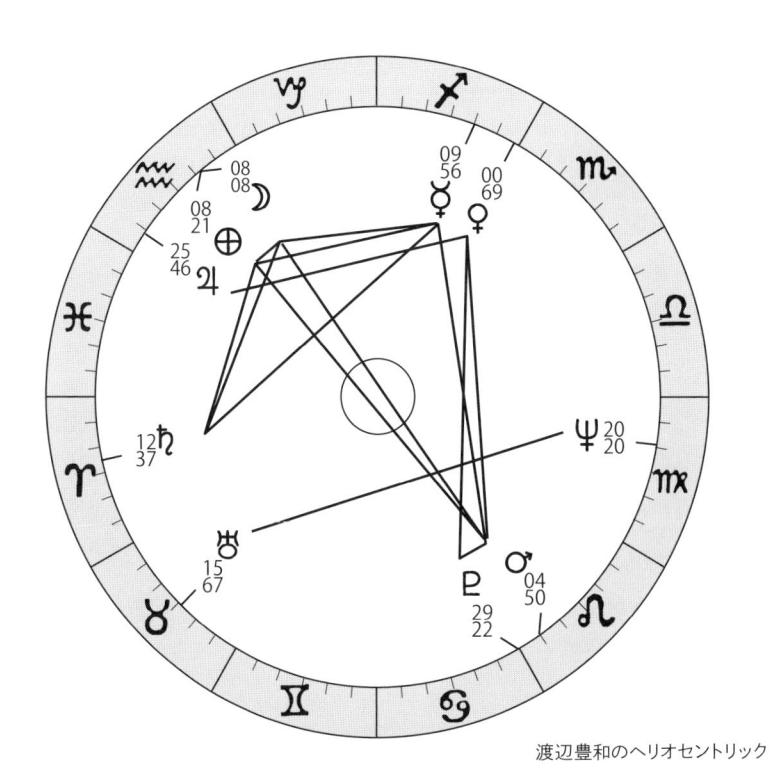

渡辺豊和のヘリオセントリック

なり、水星のノースノードと火星のノースノードとも近く、集団的発信力がとても強いのです。

　海王星で持ち込まれたイメージを、天王星という独自のなおかつ影響力の強い場所で情報発信するということになります。

　フリンジ的なデネボラの恒星意識とは、固定的な信念体系に凝り固まることを嫌い、それらを解放しようとする衝動です。アウトサイダーになるのは、特定のコスモスの中心に近いところに住むと必ずそのローカルな信念体系に染まります。そしてよそのコスモスとの関わりを忘れてしまいます。そのため、彼らは辺境に住むことを好むのです。

　アウトサイダーというと、言葉通りにコリン・ウィルソンの『アウトサイダー』を思い出しますが、コリン・ウィルソンが正規の教育ルートから自ら外れたのも、メインストリームは信念体系に凝り固まっていると感じたからでしょう。

マカバの構築

　クロウリーのいう、すべての男女は星であるという考え方は、それぞれの人間は恒星として単独で光り輝く必要があるということなのですが、同時にそれはマカバを持つことでもあります。

　ドランヴァロ・メルキゼデクは、アトランティスが崩壊する時にマカバを持たなかった人はすべての記憶を失い、コンピューターのＯＳがリセットされるかのように何もかも失ったといいましたが、独自の磁場を持つマカバフィールドがあると、その有機体は単独で維持されることになります。つまり記憶を失うことはありません。これは物理的に、記憶がそのまま維持されるという意味ではないことが多いのです。

　いずれにしても、肉体は地球から借りたもので、それは一定期間が経過すると失われます。その人の実体というリストの中に肉体は入りません。

その人の実体は、その上にあるエーテル体・アストラル体・自我などです。ここで保存される記憶は、具体的というよりはもう少し抽象的であったり、型記憶であったりします。

　マカバがなかったら、そうしたその人を証明する結合力そのものが失われることになり、その個性が復元不可能になるのです。

　今の時代には地球から飛び出して、火星などどこか他の惑星に旅をするということが考えられていますが、このプロジェクトの中で完全に失念されており、なおかつ最も重要なこととは、人類は地球の磁場に依存して生きていて、そこから切り離して生存するだけの能力も権利もないということとです。

　もし宇宙に飛び出すのであれば、マカバを持っていなくてはなりません。それは自我・アストラル体・エーテル体・肉体・肉体組織の中のさまざまな器官を同期する軸を持った磁気フィールドです。マカバには肉体を維持するものは含まれていませんが、肉体はエーテル体の磁力によって引き寄せられた細かい部品の集まりなので、磁石に砂鉄が集まるように作られていて、エーテル体が離れたら、そのまま分解していきます。

「ヨガ」という言葉は結びつけるという意味があり、御者・馬・馬車を結びつけます。人間は複数の層の働きを総合的に結合した上で成り立つ複雑な生き物であり、歯が一つ痛むだけで既に考えることさえできなくなるような生き物なのです。この複雑な有機体を一体全体、どのようにして、一つの場に集合させることができているのでしょうか。

　これは言い方を変えると、マカバを持つということは、チャクラのすべてを持っているということか、あるいは生命の樹の全体を持っているということです。あるいはエニアグラムを持っているともいえます。これらはみなマカバと同じことを指しています。C・G・ユングは六つの元型のことを述べていましたが、これも同じ意味で考えることができるのではないでしょうか。

例えば、何か自分のものにしていない一つの元型を外界に依存している場合には、旅をする時には依存しているものも一緒に来てくれないと成り立ちません。グレートマザーの元型が自分のものでないのなら、それを託している母と共に旅をしなくては自分が維持できないわけです。

　単独で飛び出せば、その有機体は分解してしまいます。今日の科学水準では、宇宙に飛び出した場合、時間の経過とともに、だんだんと人間が分解していくのを避ける方法を誰も知りません。

　一つのものは七つに分岐し、このうちの一つはまた七つに分岐するという構造は、つまり一つのコスモスの七つの部品すべてを揃えると、それ自身が一つのものになり、また、下位の七つのうちのどこにも降りることができるのです。それはこの七つの世界のどこにも行くことができるという意味でもあります。

　マカバというのは、この基本的な法則を統合的に整えたということそのものなのです。ですから旅をするというのは、上に上がって違うところに降りるということです。

　このことを追求し完成させるのには、どの方法でもよいでしょう。生命の樹、ユングの六つの元型、チャクラ、エニアグラム、占星術の7惑星全部、それらはみな同じものなので、任意にどれかの体系で学習し、習得すればよいと思います。いずれの方法も、特定のコスモスの横並びの七つをすべて手に入れることが目的です。そして、この七つに付着したローカルな色を脱色し、それを抽象化し、応用的に働くようにしていくことです。

　先ほどのグレートマザーを獲得していない人は、母親を連れて行かなくてはいけないという話を例にするならば、特定の中枢や部品を外界に依存している人は、この依存している外界のローカルな性質の色に染まるわけです。連れて行く母がおしゃべりで、あちこちで要らないことをしゃべり、帽子をよく忘れ、歯並びが悪く、グルテンアレルギーかもしれない。こうした特有の、個性とはいえない癖（個性にまで昇華されない特性は癖とい

いいます）を帯びていることをローカルな特徴というのですが、グレート
マザーを獲得できない人はこの外界の特有の癖をそのまま持ち運びます。
なぜなら、それは自分の一部ではないので、消化できないまま残留するか
らです。

　元型を借りている場所から引き抜き、自分のものにしていく段階で、そ
れは抽象化され、応用的な柔軟性を持つことになる。つまりは洗練される
ということです。

　マカバを持つことはとても重要です。電車に乗っても、飛行機に乗って
も、あるいは故山手国弘氏のいうように自転車に乗っても微妙に人体の磁
場は歪んでいきます。その都度、記憶や意識の一部が歪み、欠損を起こし
ますが、欠損を起こした時に、欠損を起こした人がそれを認識することは
できないでしょう。

　記憶がなくなった人が、記憶がなくなったことを自分で訴えるというの
は想像しにくいのです。例えば、千の部品で組み立てられた機械があると
して、この部品を一つずつ取り除いて、機械が要求されている機能をぎり
ぎり果たす限界はどこかを確認する実験を想像してみましょう。この場合、
要求されている機能ははっきりしているので確認しやすいでしょう。時計
が時計でなくなるくらいまでネジや部品を取り払い、ちょっと押すだけで
壊れてしまうが、そっとしておけばかろうじて針が動くというぎりぎりの
状態を想像できます。

　しかし人間の場合、人間としてのまっとうな水準というものはどこなの
か。それは時代によって変化しますし、その基準となるものがないのです。
宮部みゆきは作品の中で、登場人物に自分の考えをいわせています。人の
ことを妬んだり、叱られたりするだけで逆恨みして復讐しようとするよう
な人を、今では普通の人といい、自分で生活できる人を立派という、と述
べていますが、これは宮部みゆきは人間の基準が落ちてきたことをいいた
いのだと思います。

シュタイナーは、プラトンやアリストテレスのような知性を持った存在は、今日どこを探しても存在しないといっていますが、それは人間が本来持つべき総合性というものを失っていて、人間の水準そのものが落ちたことを示しています。ですが、落ちてきたことを指摘できる人もいない世界では、さまざまな貴重なものがつぎつぎに失われてもそれを自覚することはないでしょう。

　私達が新幹線や飛行機、電車、バイク、自動車などに乗って、その都度、ネジが一つずつ外れていっても、誰もがそのような体験をしているのだからそれを指摘し、自覚する人はいないのです。

　マカバは、時間の体験の中でさまざまなものを失っても、全体的な働きを取り戻す磁力センターを持つことを表しています。全体を復元するためには、トータルな設計図が必要で、それが生命の樹やチャクラ、エニアグラム、マカバの幾何図形などで表現されているのです。

　構成部品のどれか一つを持つことが大切なのではなく、エッセンスの要素を全部持つことが重要だということです。ＵＦＯというものが存在すれば、それはそれ自身がマカバの磁場を持っているということでもあるでしょう。

　今日の機械は私達自身から分離したものとして考案されています。私達から分離したものが私達自身を維持する働きを持つことはありません。もし機械が存在するとしたら、それは生命と一体化した機械でなくてはならないのではないでしょうか。

　霊界の原理は型共鳴の原理であり、それはジェームズ・フレイザーが、金枝篇で類感呪術として説明したものと似ています。似たものは同じという理屈です。マカバはどこか他の世界に飛ぶ飛行機のように考えられていますが、それは、あらゆる世界に共通した原理で働いており、他の場所に移植しても、そこで元の働きを復元する作用だといえます。

　復元するためには、共通の鋳型としての法則が成り立たなくてはなりま

せん。そして当然マカバには適用次元があります。ミサイルの性能のように、月レベルのマカバ、惑星レベル、太陽系の中を行き来できるもの、恒星間というようにです。このすべてに共通したものがあるのかというと、今のところそれは存在しません。恒星間のものは地上に入り込むことができません。月レベルのマカバは惑星レベルを航行できません。大型ジェットで近所のコンビニに行く人がいないように、兼用はできにくいのです。

マカバとカノープスとの関係

私が体外離脱して、まだその頃はマカバのことは知らず、無意識にマカバに乗った時の体験ですが、この体験の直前には、瞑想中でへそに六角形を描いていました。瞑想中といっても横になっていただけのものでした。何の根拠もなく、急に六角形を作ってみようと思いついたのです。へその上に六角形の図形を思い浮かべました。すると、いきなり身体全体に振動が起こり、いきなり飛び出したのです。このマカバとへその六角形はおおいに関係があります。

ブルースにマカバに乗ったことがあるか尋ねると、ある日ハンモックでうつらうつらしている時に、目の前に正四面体を反対に張り合わせた図形が出てきたのだといいました。ふと、それに乗ってみたらどうかと思いついた瞬間に、いきなり飛び出したのだというのです。ブルースもまだその時にはマカバということを知らなかったようです。

私も自分の体験を説明すると、ブルースは「それは自分の体験と同じだ」といいました。知識がないままにこのマカバに乗る人は結構いるのではないでしょうか。なぜなら、既に説明したようにこれは普遍的な法則そのものだからです。

私達が特定の環境にじっとしていられるのは、自分の中の一部を内臓の一部をはみ出させているように外に投影しているからです。もともとは浮

力のあるものをどこかにつなぎ止めるには、その場所に鎖でつながなくてはいけません。

　マカバの六角形の図形をレオナルド・ダ・ヴィンチの「ウィトゥウィウス的図像」に対応させた絵がありますが、ここでは六角形の中心点は、腰に置かれています。

「ウィトゥウィウス的図像」では、人体が直立している時には、腰を中心にした正方形の中に人物が収まっています。手足を広げている場合には、へそを中心にした円の中に人物が収まります。ウィトゥウィウスは、人体にはあらゆる面で黄金比率が成り立つことを主張していた建築家で、へそは身長全体と黄金比率の関係にあります。私が以前から主張していたことは、歩く時、人はこの正方形の中に入り、走る時に、人はこの円の中に入り、肉体意識でなくエーテル体意識にシフトするということです。

　1時間くらい走ると誰でもいつもの意識ではなく、ランナーズハイのような状態になりますが、これは脳からエンドルフィンが生成されるからだというのはものとして見たところの見解であって、意識の振動の違いということからすれば、走っている時には、歩いている時に手に入らないような集中的な知性の力が働くからです。走るとたくさんのことを思いつき、解決し、いわば霊感のようなものさえ手に入れります。そして走るのを止めて歩くようになると、その記憶が薄れていき、しまいに何を考えていたのかわからなくなります。

　グルジエフ式にいえば、動作・本能センターとしての速度を持つ水素24が働くのです。それは通常生活している時の思考速度である水素48よりもはるかに速いのです。

　惑星グリッドの力やレイラインの力を捕まえるには、歩くのではなく走るとよいと私はいつもいっているのですが、それが無理ならその場で回転するとよいでしょう。

　マカバはその人を総合的に運んでいくという意味では、マカバの中心点

が腰よりも上にあると、身体は分断されると考えます。もちろん、マカバが肉体ごとどこかに運んでいくことは考えられません。肉体は地球の持ち物で、私達はこの素材をレンタルしているにすぎないので、神社の石を外に持ち出してはいけないかのように、肉体を地球から外に持ち出すことは許されません。

　すると、マカバが私達を分断しないで一つのユニットとして運んでいく場合のボトムの部分はエーテル体です。そもそも肉体にはより高次なものは宿っておらず、肉体の上にあるエーテル体ないしは肉体のもう一つの複体と定義づけられるエーテル体の方に、より上位の次元のさまざまな階層が乗るわけです。

　腰の位置は生命の樹ではイエソドであり、それはチャクラでは水の元素を表すスワディスタナチャクラであり、だいたい性器の位置に対応します。同時に、チャクラは人体の足などには対応せず、腰の部分がムラダーラチャクラになります。イエソドはエーテル体の場でもあります。

　マカバは、その人を運ぶ一番低部の振動として、エーテル体を床にして運ぶということですが、グループ6あるいはグループ7に中心点を置くことになる可能性はあります。

　マカバの六角形の中心点、腰の場所、ムラダーラチャクラは、恒星の配置ではグループ7に該当し、そこにあるものは、ブレイディの選んだ恒星としては、カノープス一つしかありません。

　エジプトではオシリスとイシスを運ぶ船です。ギリシャではアルゴー。ヒンドゥではマツヤ。キリスト教ではノアの箱船などにも結びつけられています。つまり、マカバに対応する恒星はカノープスということなのです。世界が崩壊する時、巻き込まれずに移動できた箱船はマカバそのものの表現であると考えてもよいのではないでしょうか。

　この船は日本では三途の川を渡る船であり、この川の河原には賽の河原があります。ギリシャ神話ではアケロンという名前の川であり、渡し守に

はカロンがいます。冥王星の衛星がこのカロンと名づけられています。冥王星は太陽系の外側との扉であり、このカロンが外に運んでいきます。その後、カノープスが太陽系の外の空間を旅すると考えるのです。

　数年前に、タロットカードのパスワーク研究会をして私も参加したことがあります。「0 愚者」のカードは、生命の樹の頂点のケテルから外に出るパスで、そのパスワークをした時に、いきなり虚空に出てしまいました。そして、私は船に乗っていて、その船はある星の方向に向かいました。どこに向かっているのかと聞いたら、いつもの声で「アンタレス」という声が聞こえたのです。

　私の場合、夢の中でも、またヘミシンクとかあるいは非常に低い脳波になった時に、いつも同じ声が答えてくるのです。長い説明はなく、たいてい短い単語だけを言って終わりか、あるいは一文のみを話すことが多いのです。つまり必要なこと以外は決して伝えない愛想の悪いガイドがいるわけです。

　この暗い空間を移動する船に乗った体験は鮮烈でしたが、この船がカノープスといえます。

　西暦2000年1月の段階では、このカノープスは蟹座の14度59分なので、サビアンシンボルでいう飲み過ぎ食べ過ぎの人々という度数に当たります。これは過剰な侵略性を表すもので、それぞれのテリトリーを踏みにじります。

　この度数の前の東北の老人というシンボルを持つ蟹座13.00度から13.99度までの数え14度の度数で、今の蟹座よりも大きなコスモスへの突破口が見つかります。ですが、それはこれまでの蟹座という共同体のコスモスにおいての死に等しいものがあり、あたかも臨死体験をして異次元を見てきたようなものです。

　そして戻ってくると、これまでの古い世界に住んでいる時に身につけた節度やテリトリー感覚、遠慮というものがなくなり、もう怖いものはないとでもいうかのようにどんどん侵略的になっていくのが蟹座15度です。蟹

座は飲み食べを意味するサインでもありますが、その力に壁を打ち破って進む強引さが出てくるのです。

　ジオセントリックでは、これはアメリカの太陽の度数であり、アメリカが世界に対して行う姿勢にはこの度数の特徴が色濃く現れます。時代によって恒星の位置に対応するサインの度数は変わっていきます。しかし今日的には、カノープスの船は、壁があってもみしみしと破って進みます。

　現在、蟹座の真ん中近くにあるカノープスは、1万2000年後には南極星になります。その頃には、現在は山羊座の真ん中にあるベガが北極星になります。

　中国では、カノープスは南極老人星と同一視されており、この老人は道教の神仙として登場するのですが、日本では七福神の福禄寿になりました。中国では平和な時代に出没する老人で、長頭短身の大酒飲みという伝説があります。

　さらにつけ加えると、カノープス・南極老人・福禄寿は、インドではアガスティア（Agastia）と呼ばれます。これは中国の神仙に当たるインドの伝説的なリシ（聖仙）であり、ババジの師匠でもあり、鹿の皮にタミル語で書かれた予言を書き残しました。後に、弟子によってパルミラ椰子の葉（ナディ）に書き写され、この世に生きているすべての人の予言が書かれているといわれています。

　日本人がこれを知ることになったのは、青山圭秀の『アガスティアの葉』（三五館）によってです。この葉は、タミル語圏の南インドのチェンナイ、バンガロール、ワイティスワランコイルなどに「葉っぱの館（ナディ・ハウス）」として保管され、ナディを読む専門家をナディ・リーダーといいます。依頼者がやってくるとその親指の指紋を調べ、それに対応するナディの束を探し、この中から特定の個人に対応するデータを探り当てるのです。正確に探し当てたかどうかをチェックするために、その葉に依頼者の家族の名前や家族構成、結婚歴、職歴などを見ます。一致すれば、詳しい将来

の内容を説明するというのでした。

　私は2013年にチェンナイに行きましたが、ナディ・ハウスには行きませんでした。地球では自分の故郷の場所はタクラマカン砂漠だと思っていましたが、タクラマカン砂漠に旅行するには過酷すぎます。そのため、もう少し行きやすい場所でタクラマカン砂漠と共通している場所はないのかと思っていたら、ある日の夢で地図のある場所を指定されました。例の男の声で、ここが私の土星がICに入る場所だと説明がありました。土星や山羊座は均衡感覚に関係し、その人の立ち位置になるということに興味があった時期なので、そういう夢を見たのでしょう。

　朝起きてから確認すると、夢の中の地図の場所はチェンナイでしたが、土星はMCにありました。つまりちょうど反対です。故郷というよりは、ここで会社を作ればよいのではないかと思いました。

　夢の中の4ハウスの土星は眠る場所なので、墓に関係するはずです。実際にチェンナイにはキリストの双子の兄弟であるといわれるグノーシス派の聖トマスの墓があります。夢で指示していた内容は、どうやらそれに関係していたのではないかと最近は思っています。

　青山氏がチェンナイで親友と思われている人に騙されて投獄されたりしたという話は知っていましたが、アガスティアの葉には関心はありませんでした。

　そもそも現代では、このアガスティアの葉は、いかにもインドらしい詐欺まがいのものに変わっていると考えられていて、そこに神秘性を期待しない方がよいのではないでしょうか。むしろ南極老人やリシとしてのアガスティアそのものが、カノープスと関連していることが興味深いのです。

　カノープスは、七つのチャクラの底にあるもので、それはエーテル体に対応し、死後の船ということは、言い換えると、魂の記録と関連づけてもよいのかもしれません。

　カノープスをマカバと見立てるのは、恒星間航行をするマカバであり、

太陽系の中では、もちろんこのカノープスは使えません。太陽系の中では7惑星すべてに均等に浸透することで、太陽系内航行のマカバが出来上がります。太陽に上がって、そして違う惑星に降りるのです。

腰のエーテル体に対応するのは、占星術では月ですが、地球の周囲を取り巻く月は今のところ一つしかなく、一つのものが七つに分岐するという理屈からすると、月は七つ必要となります。しかし、一つしかありませんから月の作り出すエーテル体は貧弱すぎて、物質と精神のつなぎとしての役割を果たせていないのです。

月のエーテル体を使ったマカバは、月の軌道内しか航行できません。太陽系内航行のマカバとしてのエーテル体は、月が提供するものを活用するわけにはいきません。月が一つしかないために、地球上で生きる人々は日々非常に大きな障害を体験しています。私達の不幸は月が一つしかないこと、惑星のレトログレードがあることなどから引き起こされるのです。

マカバは光の戦車としてのメルカバであり、それに乗って移動するという時に、空間的に移動するというイメージを抱くことが多いと思いますが、これは種々の世界に同調するという意味であると説明しました。共鳴したものや似たものは同じものです。そして似たものが数個あると、その数個の場所に自分が存在しうるわけです。

マカバがあると破損しないでその人が保存されると考えると、例えば地球の周囲を回る月がエネルギー不足とはいえ、その月の力によって保存され、月の軌道の内側、地球の上に、その人が肉体よりも長く保管される場が出来上がります。河原や山の上、あちこちの惑星グリッドの支線の交差の場所にとどまる死者というのは、この月のマカバによって保存された存在であると考えられるのではないでしょうか。

仏教では、死後即座に輪廻に入るので、死後の存在というのは否定されています。死後の輪廻はありますが、死後残る人というのはあり得ないのです。これが仏教の信念体系ですが、仏教伝来以前の日本の世界観では死

後も生き残る考えがありました。

　これもまた夢の話となりますが、折口信夫は、死後、アジアの華僑のいる場所でネットワーク的に生き続けているという夢を見ました。この場合も、地図で場所を示されました。華僑は仏教の考え方をしていません。魂魄という概念は今でも生き残っているので、折口が探求した日本古代の考え方に近いでしょう。

　魂魄の場合、魂は魄の上に乗ります。魄は濃いエーテル体です。魄は肉体の上に乗っています。月の土台の上にその人の全体構造が乗り、その人そのものが損なわれていない状態なのです。

　もし、私達が肉体の上に立ち、肉体がないと自分の知覚意識に欠損が生じる生き方をしているとしたら、これは肉体を失うと分解します。まだマカバの作られていない状態でもあり、それは惑星グリッドの支線の上にとどまる死者とはならないからです。一度その人そのものの記憶がなくなり、解体され、エッセンスが輪廻の中に入り込みますが、個人記憶そのものは存在していません。

　肉体や神経、脳に依存するかたちでその人の存在が維持できる状態から、底部をエーテル体にして、その上に全部が構築されるような存在にシフトすれば、この底部の範囲次第によって住む場所や移動できる場所が、月の軌道内、太陽系内、恒星間というふうに決められるのです。

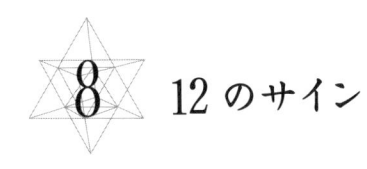

8 12のサイン

ヘリオセントリックとしての12サインは
できるかぎり具体性を排除したもの

　蟹座と山羊座をジオセントリック式に、地球の集団性というふうに考えない方がよいといいましたが、そう考えると、ヘリオセントリックの12サインは、通常の12サインとは微妙に印象が違うのかもしれません。

　もともと本書は、占星術初心者の人が手にしても意味のわからない本だと思いますので、12サインを解説する必要はないと考えていたのですが、しかしヘリオセントリック的な12サインはどのようなものか、ここで説明しておきます。

　ヘリオセントリックの12サインを考える時には、できるかぎり具体性を抜いた方がよいといえます。そもそも私は、12サインを考える時には、四元素、三区分のセットで説明することが多いのです。

♈ 牡羊座

　ジオセントリックにおいては、牡羊座の始まりの春分点は12サインの中のゼロポイントであり、それは外から新しいものを持ち込み、種まきする場所でした。春に種をまき、夏に成長し、秋に刈り取り、冬には保存する。土井善晴の、春は芽のもの、夏は水のもの、秋は実のもの、冬は根のもの、という季節の食べものでは、ここは芽のものとなります。

　牡羊座が戦闘的で雑というのは支配星の火星から来ているのかもしれません。ヘリオセントリックでは支配星はあまり考えません。そもそも牡羊座は、陰陽中和の場所なので、それは男性的でもなく女性的でもなく中和的です。そして芽のものなので、柔らかく、これから伸びていく力に満ちています。小さいが可能性の大きいものが、だんだんと成長していくさまです。

　牡羊座は新しい動きを作り出すにはとても適しているといえます。というよりも、ここに何かの惑星があると、その惑星の持つ意味において新しい動きや種まきがあるとみるべきでしょう。

　ヘリオセントリックのサインでも、サビアンシンボルは使うべきです。12サインはあまりにも大雑把すぎて、私の提唱する度数の意味とか、サビアンシンボルなどを使わないかぎりは、サインの性質を誤解する可能性が増加してしまうからです。

　サインに関してある決まりきったイメージで考えていると、細部で判断に狂いが生じていきます。私が書いたサビアンシンボルに関しての本では、いろいろな目新しいことを提唱していますが、その中でも最も特徴的なものだと自分で思うのは、サインの半分の位置では反対のサインの性質が侵入して、このサインの性質が一度破綻するということです。しかし、これはより向上するためのものであり、形の上では破綻しますが、オクターヴ

は上がります。つまりピュタゴラスのモノコードでは、ちょうど真ん中の位置を押さえると、1オクターヴ上の音が響くということと同じです。

またこの音階作りと同じで、サインの四分割地点、三分割地点、さらに黄金比で割ったものなどをシンボルとの併用で説明します。こうした度数の意味やサビアンシンボルなどは、ヘリオセントリックではより重要にも見えてきます。なぜならば、ヘリオセントリックはジオセントリックよりもよけいに抽象脳を使う可能性が高くなり、経験脳的な要素がその分、減少するからです。

経験的なものは地上で体験しないことには蓄積できません。抽象的な思考は、太陽から地球へという大きな自己の分割プロセスではより生かされることになります。つまり、経験的なものから離れた宇宙法則などがより重きを置かれるからです。しかし、そもそも占星術は、経験的な知識というものがあまり含まれておらず、現象を観察してそこから何か法則を推理しようとする手法とは全く反対の考え方から出発しています。占星術を考案した時代の人々の頭の使い方は、現代とはあまりにも違いすぎることに注意しなければいけません。

牡羊座のプロセスは、サビアンシンボルなどを考えると、あるコスモスに種が入り、それからさまざまな試行錯誤を続けていく経過が細かく理解できます。一つのサインだけで一苦労という多様さがよくわかるはずです。

トランジット天体をヘリオセントリックで考えると、逆行はしません。ジオセントリックでの逆行は、地上生活特有の迷いや揺れを表しています。公転周期の遅い天体は、ジオセントリックとヘリオセントリックの間で動きの比較もしやすいでしょう。ただ、牡羊座は火・活動サインで、まだ定着の土の元素に至らないので、それは実験的で安定しないものを表しているので、どのような段階でもこれで決着がついたということはありません。常に揺れ動き、模索し、工夫し、書き換えていくのです。

シュタイナーの12感覚論をより具体的に解説したズスマンの12感覚論

では、牡羊座は自我感覚に該当します。例えば、暗闇の中に数人の人を閉じ込めて、数時間放置しておきます。話をしてもよいですが、ときどき話をしない時間も入れてみます。しばらくすると、数人の人の位置が視覚では判断できないのに、何か熱感とか異物感として認識されるわけです。

そしてこの強い押し出しの磁力的なものが予想以上に強く、自分がそれにはじき飛ばされそうに感じることもあります。このオーラのようなもの、磁力的な発信力の奥底に、その人の自我感覚があり、それは相手が自我を持っているということを直接認識できるものです。何か違う感覚によってそれを判断するのではなく、直接相手の自我を感じるわけです。そしてこの自我と自我が互いを主張して、ぶつかったり、受け入れたり、押したり引いたりします。

牡羊座の中に何か惑星があると、この惑星の意味に従って自我感覚が主張し、角を突き出すように働きます。そもそも牡羊座は12サインの始まりであり、これまでなかったものがこの空間の中に現出することです。そのため、受動的に押されて出てきました、などという奥ゆかしい姿勢では存在しません。まずは自分が存在できなくてはならないのです。それが一番大切であり、意味があろうがなかろうが、ともかく自分を押し出して、その自分を押し出す手応えを感じなくてはならないのです。それが自然に見えるものか、不自然に見えるものかにかまっている暇はありません。

シュタイナーおよびズスマンの12感覚論は、ヘリオセントリックにはとても適しているように見えます。感覚は七つの層を持つ卵のような、スズメバチの巣のような形の生命の外側に張りつき、特定のコスモスの情報を生命に伝えます。感覚は世界に属するものなのか、それとも生命に属するものなのか、という点では、太古の時代には生命に属している皮膜でした。それはより生命に近かったのです。

しかし、時代が後になり、感覚が七つから12になるに及んで、壁から壁材がはがれるかのように、生命にぴったり寄り添うものではなくなりま

した。その一部は世界に属しており、生命から少しばかり遠ざかったのです。そして生命の要求にそのまま従属しなくなりました。生命はときどき、感覚に引きずられて自分を忘れそうになります。それが行きすぎると感覚を切り離して、生命そのものの賦活に入ります。つまり睡眠です。

ヘリオセントリックのサインないし感覚は、より生命の近い太古の感覚のあり方に近しいように見えます。もちろん大きな自己としての太陽から惑星へと分割されたものなので、生命の卵そのものを表していますからこれに沿って12感覚とサインを説明しなくてはなりません。

牡羊座の自我感覚は始原的で、まだ言葉を持たず、肉体を意識しておらず、物質的ではない段階で自我そのものを押し出し、この世界の中に自分を押し込もうとしています。

ジオセントリックの牡羊座もそうですが、次の土の元素のサインである牡牛座に至っていないので肉体に収まっておらず、自分を確認するために周囲の抵抗で自分を判断する傾向があります。

何をしても自分では何かした気分にならない。そういう時に、周囲の人のリアクションがほしいのです。それが賞賛であれ、ちょっとした批判であれ、周囲が反応してくれれば、自分を確認できるからです。そのために評判に振り回されすぎて、それもまた牡羊座が不安定になる原因といえます。例えば、仕事を三日休めない人などいます。周囲の無反応が続くと忘れられたような気分になってしまうからです。

次のサインへの手がかりがつかめるのはどのサインでも28度です。牡羊座の28度には、演奏家が聴衆の期待に応えられず失望させるというような意味のサビアンシンボルがありますが、これはそれまでの牡羊座の癖から抜け出すきっかけを見つけ出すことでもあります。周囲の反応で自分を測ることをやめ、自分の感覚で自分を測るのです。そうすれば牡牛座的な安定性が手に入るからです。そのため、期待に応えるような演奏をやめます。

とはいえ、無意識にしてしまうので、本人の自覚としては失敗してしまったと感じることでしょう。わざと期待に応えないようにしているのではなく、結果として応えられなかったということです。それでも、周囲の反応で自分を測るということから、距離を取ることができるのです。

　自我感覚は、誰もいないところでは手応えは得にくいのです。押したら、それに対して反応してほしいのです。暗闇の中で他人を感じる時、自我感覚の手応えとともに、熱気が押し寄せてきます。ここに生き物がいるという熱感です。

　獅子座は熱感覚で射手座は運動感覚。火の元素の三角形は、自我感覚・熱感覚・運動感覚のセットだというわけです。

牡牛座

　牡牛座は土・固定サインです。空中を浮遊し、まだ肉体を手に入れていない牡羊座が、やがて牡牛座という肉体を発見するのです。あるいは山の上に降りてくると、この牡牛座という土の固まりは生命を得て、活性化を始めるのです。

　私はこれまで、牡牛座は肉体に関係し、肉体の中にある生まれつきの資質や感覚的な資質を開花させるというふうに説明してきました。実際に人を見ても、そういう要素が強いと考えていました。

　サビアンシンボルは、この牡牛座の肉体的な、物質が蓄積してきた過去の資質をだんだんと掘り下げていくプロセスを詳しく語ります。ある段階のエネルギーを使い切ると下の地層に向かう。そこにはもっと大きなバッテリーがあるのです。そうやって、肉体の資質⇒家系の資質⇒地域の資質というふうにより大きな資源に向かっていき、最後の24度の段階ではこれ以上は進んではいけないというところに至るわけです。

　脳でいえば、一番古層の部分に当たります。サインは24度でこれ以上は進んで行けないというところまで行き、25度で打ち止めとなります。この25度がサインの完成地点です。

　牡牛座は24度で人ではないところまで行こうとします。牡牛座は過去の資産であり水瓶座は未来の資産なのですが、人間にとって過去の資産とは、先祖が残した努力の成果というもので、牡牛座は行きすぎると人ではなかったところにまで進んでしまうのです。

　このように、牡牛座とは肉体に結びつく感覚的な能力の開発であると考えていたので、シュタイナー／ズスマンの、牡牛座は思考感覚に関係するというものには一番馴染めませんでした。ですが、ヘリオセントリックは地に属するのでなく天に属する、つまり天から降りてきた階段なのだと考

えると、発想を逆転させてもよいのかもしれません。つまりジオセントリックでは牡牛座は地にどっしりと根を張り、たくさんの資源を持つ一個の山でしたが、ヘリオセントリックでは、牡牛座は天に根を持つ理念的な資質が、地に向けて開花していくと考えれば、この牡牛座は思考感覚ということがスムーズに納得できるのです。シュタイナー／ズスマンの12感覚＝12サインの思想は、実はヘリオセントリックのためにあったのではないかと思った瞬間でした。

　蠍座は生命感覚で、牡牛座はこれに対して180度の関係にあります。思考はたいてい言語で語られますが、思考の理念そのものは、言葉を消さなくては理解されません。例えば、音楽を聴く時には、音で音楽が表現されているにもかかわらず、音楽そのものに注視するにはこの音を消さなくてはならないのです。消すというよりは音が自動化されて、それを意識しないということです。その点で、思考は蠍座の生命感覚に支えられていながら、この生命感覚という個別性を消し、沈黙の中で考えられます。それをズスマンは生命の犠牲といいました。

「思考感覚は、生命感覚のように私たち自身のありかたに没頭するのでなく、他の人間の言葉や意見を理解するために、まさに自分自身を傍らへ押しやるよう促すのです。私たちの思考感覚の中では、牛のイメージがもつこの犠牲のプロセスが生起しています。」

（「魂の扉・十二感覚」アルバート・ズスマン）

　ここで出てきた「牛」とは、牡牛座の牛です。牛を解体した後、そのすべてが活用されます。牛に無駄なものは何一つありません。
　例えば、プラトンは五つのプラトン立体を理想の理念としました。これ

らの数、幾何図形とか理念を応用して、思考を展開していくのがヘリオセントリックの牡牛座とみればよいのではないでしょうか。

ジオセントリックの牡牛座は地から、ヘリオセントリックの牡牛座は地天から資産を引き出し、一つのレベルを消費しきったらさらに内奥に進むというふうに考えていけばよいのです。

ジオセントリックでの牡牛座の水星は、クロワッサンを作ってデパートの地下で販売することに成功するなどということを意味しますが、ヘリオセントリックでの牡牛座の水星は、牛が反芻するように理念をいじくりまわして、さまざまな考えを生み出していきます。

思考は極端に鈍く、ほとんど外界に関心を持ちません。例えば、自閉的な人であれば、外界の変化に気がつかず、いつまでもずっと同じ考え事に耽ります。実際に思考が抽象的な理念を基盤にして営まれるのならば、時代性や流行、世の中の変化には追随する必要は全くありません。こうした外の空気を読まない性質はとても牡牛座的といえます。

私は、牡牛座は外の空気を読まないといつも説明してきましたが、それは自分の感覚に没頭することで人の変化には鈍くなるということを意味しているのです。

ジオセントリックでは牡牛座はお金儲けに関係していました。少なくとも一つくらい惑星が牡牛座にあると、その人はお金に困らないだけでなく、金銭獲得欲求が強く、働くあるいは働かないということに関わらずお金や物質を手に入れます。例えば、火星という戦闘的な惑星が牡牛座にあるとお勤めをするよりは、自分で商売や自力で金銭をゲットするというふうに解釈できます。ガッツ石松のようにファイトマネーという場合もあるかもしれません。

ですが、ヘリオセントリックの牡牛座の火星は、理念という資産を天から引き出す力であり、お金を儲けることにさほど関心を抱かないかもしれません。地においては、資産は金銭かもしれませんが、天においての資産は、

図形や理念や幾何図形だったりします。それを牡牛座らしく飽きもせずしつこく掘り下げていくのです。

牡牛座の26度10分には、恒星において一番問題とされているアルゴルがあります。私はこれを金毛九尾の狐と結びつけました。一見、果てしなく欲張りで物欲の強い星に見えますが、実際には金毛九尾の狐は思想的な存在で、それは仏法を滅亡させるために大陸から日本にやってきたといわれています。もともと狐は神道には馴染みやすいのですが、仏教にはあまり合いません。

アルゴルと結びつけられるリリスはキリスト教を滅亡させるような意図を持っているとされています。なぜなら、それはバビロニアの創造神であり、キリスト教下での男性中心主義的な思想に従うことができなかったからです。私はリリスのイメージには、グノーシス派のソフィアに近いものが含まれていると思います。もし、リリスが大英博物館に陳列されている夜の女王に関係するとしたら、彼女は鳥の足を持ち地上的ではありません。それは樹の中腹に住んでいて、ある日飛び去っていきます。

アルゴルはグループ3に属していて、それは理念的で、思想的で、反抗的ですが物欲的ではありません。ブレイディは、恒星パランでアルゴルを女性的なクンダリニと説明しましたが、恒星パランはジオセントリックのベースの上で考えるものであり、ヘリオセントリックではそれは思考感覚に結びついたものであると読み替える必要があるかもしれません。それは歴史の古層にある古い思想を引き出したものであるということです。

ヘリオセントリックの牡牛座は、あまりお金儲けに関係しないというよりは、それは地の資産を引き出すのではなく、天の資産を引き出すことに関わり、そうした行為を通じて、お金儲けに結びつくのだと言い換えるとよいかもしれません。

何か考える時に、ジオセントリック的なセンスでは、風のサイン、例えば天秤座や双子座などを思い浮かべます。人と協力して議論したりするこ

とで思考力は広く発達します。しかしもっと純粋な思考や理念的な思考となると、この人との関わりはあまり役立ちません。むしろ混乱を呼ぶだけで、混ざりものが増加することは思考の妨げになります。

　その点で、牡牛座は人と決して協力しません。ズスマンの「他の人間の言葉や意見を理解するため」というのは中途半端で、純化された思考作業のためには単独作業の方がふさわしいでしょう。犠牲は自分の生命感覚に対してのものだと考えるからです。しばしばジオセントリックの牡牛座の中には思想家がいますが、彼らは人と議論して作り出す思想ではなく、例えばカール・マルクスのように一人大英図書館で、大量の本を読みながら自分の思想を編み出していくというタイプが多いでしょう。これは参考になるかもしれません。

　乙女座の視覚は思考の反映であると説明しましたが、山羊座は平衡感覚に関係します。そこで、この土の元素の三角形は、思考感覚・視覚・立場としての平衡感覚というセットになります。平衡感覚は肉体が地上に立つために不可欠な要素です。そしてこの平衡感覚が、思考と視覚を地上に結びつけます。天上的な思考が地上の事物に投影され、この投影の座標を平衡感覚が決定するわけです。

♊ 双子座

　双子座は風・柔軟サインです。風は知識で柔軟サインは分散していくので、多様な知識へと広がっていくことを表しています。小学校の科目は数多く、一つひとつを深めるよりも多様性が重要です。双子座はこのように分散した知識です。

　私が双子座に抱くイメージは、路上をうろつくことです。小学生の頃はいつも何か工作に熱中していました。工作のアイデアが出ると、それを作るための材料を探しに行きます。学校が終わった後の時間に町の中を歩いて、その素材を探すのです。それはお店で売っている場合もあれば、工事現場の廃棄物であることもあり、ともかく町に出て長時間歩き回ったのです。それに好奇心に駆られて遠方に出て、戻れなくなったことも何度かあります。親が警察に連絡して、かなりの時間が経過してから見つかったということもありました。

　柔軟サインの風というと、要するにでたらめな風ということですし、私はしばしば犬の散歩という言い方をすることもあります。何か見つけると脱腺してしまうのです。

　ズスマンの分類では、双子座は言語感覚に関係します。サインが順番に進行していくことを考えると、牡牛座の思考感覚や思考は、言葉に乗って言葉で表現されることで、より多様なものへと分化していきます。たくさん組み合わせることで、多数の意味が作られていくのです。

　理念としての思考は言葉ではありません。ですが、言葉を通じて考えられることで、より具体的な方向へと発展していくのです。言葉なしで理念は存在するかというと、もちろん存在はします。理念や思考をする時には、言葉は消さなくてはなりません。

　英語や日本語、ドイツ語などいろいろな言葉で表現されても、理念や思

考はそれらとは別個のものです。どのような違う言葉でも、理念は共通して表現できます。しかしまた理念や概念は、言葉の違いによって少しずつ違うものにもなっていきます。言葉によって枝分かれしていくということです。

　私は神楽坂のヘミシンクのセッションに参加した時、ＣＤを聞き始めるやいなや老人二人がじゃんけんしている光景に出くわしました。彼らは笑いながらじゃんけんしていたのです。その後、釣鐘が出てきて、この釣鐘の中に私がいました。釣鐘の内側にはたくさんの文字が書かれていました。これが世界の卵のイメージの基礎になったのです。つまりプラネタリウムの三次元ホロスコープも、このイメージがあるからこそ考案できました。

　ずっと後になって、この二人の老人は二つの言語圏だとわかりました。英語のようなサウンド型の文字と、漢字のようなものの形からきた文字系統です。この表音文字系と表語文字系の二つを代表する老人が、今日はどちらの文字で進行するかをじゃんけんしていたのです。

　シュタイナーは、この言語というのは言語霊としての大天使が管轄しているといいました。それは民族霊でもあります。ヨーロッパのほとんどの文字はフェニキア文字に起源を持つといわれていますが、これは音素文字といわれていて、音価を変えうる最小の音の単位を一文字で表したものです。

　プラトンは五つの元素、すなわち空と四つの元素を地球を取り巻く立体幾何図形のようなものとして想定しました。土は正六面体、水は正二十面体、空気は正八面体、火は正四面体です。このうち、土は一面が正方形ですが、それ以外の面が三角形のものは解体して、異なる元素に変わることができると考えられました。

　宇宙のために存在する正十二面体は、一面が五角形で、これは単独で成立しています。後のアリストテレスはこの四元素の考え方を批判して、四つの気質論のように変えていきました。その後、原子論が台頭するに及ん

で、このプラトンからアリストテレスへと続く四元素の考え方は衰退していったのですが、プラトンのいう幾何図形としての四元素はエーテル的なものであり、原子論などの物質論とは異なるものを示していました。アリストテレスもそれを誤解したと思います。

　地球のエーテル体として、この五つのプラトン立体が張り巡らされていると考えた場合、土の元素以外の水・空気（風）・火の元素が交換可能なかたちで入り交じるということになります。

　この地球を取り巻くエネルギー網は、細かく分割して、より小さな区画を作り出すことができるのです。三角形の中に、辺の中点を頂点にした三角形を描いていきます。このやり方を通じて、二次⇒三次⇒四次⇒五次というふうに、より小さな図形を描くことができますし、最終的には、数十センチのサイズの網の目が空間に張り巡らされていると考えてみてください。渡辺豊和は45センチ程度までを想定していました。

　このように細分化した場合、地上のどこの空間にも五つの元素の力が張り巡らされ、それらのうち、水・風・火の元素は交換可能であるということになります。線と線の交点を通じて、一つの元素は他の元素と交流し、干渉し、また置き換わったりもします。

　交差ということを考えた時、最も単純な記号は十字です。二つのラインが交流することは十字で表現できます。この交差にはもっと複雑な形がたくさんあります。複合された元素のグリッドは、種々の方向に伸びることになるので、この交差のスタイルはさらに複雑になり、そこに何種類かのパターンが発生します。それは複雑な幾何図形にもなり、また角度の違う三角形が多数できることにもなるのです。

　この交差の単位を私は言語だと考えています。例えば、バイキング・ルーン文字は18字で、またエノク語は19字、ヘブライ語は21字です。つまり交差のスタイルは、18種類とか21種類などあると考えるのです。日本語の場合、母音は五つあります。そして9種類の子音グループと掛け合わ

されるのです。

　ヘミシンクでは何度も私は釣鐘の中にいて、その釣鐘の内側には文字がくまなく描かれていたのですが、プラネタリウム、あるいは地球などを想定しても、この中にグリッドがあり、この五つの元素を示すグリッドの交点がそれぞれ文字であると考えてみるのです。

　耳なし芳一は、文字を書き忘れた場所を妖怪に持ち去られました。妖怪とは、人間の水準よりも下にある階層のコスモスに住んでいます。グリッドによる防衛網が作られなかったためにその部位は下落したのです。

　小さな支流としてのグリッドは、見えない電波網のようなものとして、私達の身体を貫通しています。この貫通しているものからどのようなものも呼び出すことができます。あらゆるものは貫通しますが、注意力によって特定の信号ラインをつなぎとめ、私達は私達が生きているこのホログラムをリアルと感じているわけです。

　この無数に錯綜する信号の中で特定のものだけを選び取り、そこに世界を感じるのは、ひとえに私達の注意力によっています。他のものに注意力を振り向けると今度は違うリアリティが出現してきます。

　下にあるものは自力では上がれないが、上にあるものは自己を分割して、どのような色にも変わるという理屈は、空間的にも適用されますし、私達は何か考えたりする時、空中のグリッドの交差のスタイルである文字をアクセスして、それらを組み合わせて綴っていくのです。これは自力アクセスになりますが、反対に、受動的な姿勢としては、歩き回るとくもの巣に引っかかるように惑星グリッドの小さな支線をいくつも渡り歩くことになり、そこで精神が活性化し、たくさんの言葉が生まれてくることになります。

　ゲーテは考える時には、散歩するとよいといいましたが、じっと部屋に閉じこもって同じ椅子に座り、想像力であちこちの文字を拾ってくるか、あるいは自分が動いて、動く都度、籠の中にたくさんの小魚が集まるように、たくさんの思考やアイデア、文字をかき集めるという行為は、両方とも誰

もが効果的に実践しています。考えに詰まると散歩する人は多いでしょう。

　言語霊は民族霊であるということからすると、異なる言語圏に行くと、思考や概念は共通していても、そこに微妙に変化をつける言語の違いによって、また異なる刺激があります。言葉の違いによって、その場所に住む人々の生活習慣とか表現法、感情はみな違ってくるので、その違いを見るのはとても楽しいものです。

　射手座は運動感覚に関係し、この運動感覚と双子座の言語感覚は180度で密接に関係し、違う言葉を使う人は動作に違いがあるといえます。

　肉体から見た宇宙、すなわちジオセントリック的なものは、地上に張り巡らされたグリッドのローカル性に影響を受けやすいのです。海外に旅行した日本人が旅先でどうしても和食が食べたくなりじたばたしているのは、いつも住んでいる地域のグリッドに深く根ざした暮らしをしているからです。

　ですが、ヘリオセントリックの場合、釣鐘の中心からグリッドを見ていて、既に説明したように、上から自己分割すると任意のどこにも行けるということからして、まず思考があり、次に言語があるわけです。

　思考や概念を表現するために言語を借りようとするのですが、ローカルな暮らしに染まっている場合には、言葉があり、その中から少しずつ理念を抽出していくという順番になります。意味がわからないうちから言葉を学び、後に、その意味が伝わってくるのです。その場合、言葉で表現することのできない理念は理解しにくくなるかもしれません。

　十年以上前に、私が教えていた専門学校のシナリオ作家クラスでは、文章の書き方を教える先生が、生徒に小説を書かせる時に、映画で見るようにイメージが想像できるように文章を書けと教えていました。私はこれに大反対でした。なぜなら、視覚で理解できるものとは感覚的なものなので、映像や視覚では決して表現できない理念や思考、概念を取りこぼしてしまうことになるからです。映像イメージで実感できる小説の言葉は、つまり

平板で退屈で、微妙なものを表現できないと考えたのです。

　ヘリオセントリック的な太陽から惑星へ、中心から釣鐘の内側の壁面へ、という方向では、まだ視覚や言葉に表現しきれない概念や思考、イデアなどをより豊富に扱うことができるでしょう。応用性は高まりますからインドでビリヤーニを食べれば、別に和食とたいした違いはないし、和食を懐かしく感じることなどないだろうと感じたはずです。

　タロットカードの大アルカナには、それぞれの意味に対応するようなヘブライ語の字母が当てはめられています。したがって、グリッドのエネルギーの違い、交点の性質の違いは、21枚の大アルカナのカードで想像できるということになります。

　私のヘミシンク体験では、二人の老人がじゃんけんをしていたので、最低二つの言語霊が関わることになり、この二つを行き来できるということは、2種類の民族を共有していることになります。いってみれば、霊的バイリンガルですが、双子座は、ジオセントリック的には一つの言語感覚の中においてのバラエティのある応用的な発展を表し、ヘリオセントリック的には言語系そのものがマルチ化するのではないかと思われます。簡単な話、ジオセントリックな双子座を地域性から引きはがしてより普遍的にするには、日本語と違う言葉を学習すれば効果的ということもあるのかもしれません。

　双子座は言語感覚、天秤座は触覚、水瓶座は嗅覚、この三つで風の元素の三角が出来上がりますが、このうち肉体に閉じ込められているのは天秤座の触覚で、人は個別の存在性の中にいます。ここから嗅覚は身体の外の広い範囲のものを嗅ぎ分けようとし、言語感覚はより抽象的な思考を受け止めるようとします。

 蟹座

　蟹座は集団性を表しています。水・活動サインで、水は結合力なので差異のあるものをつぎつぎと結合します。一体化とか融合というのは、それぞれの個人の違いをなし崩しにします。そして集団化すると圧力を持つようになるのです。

　この集団性については、いくつかの階層があるということを既に説明しました。そのため、蟹座ということを表現する時には、どの範囲の蟹座かを識別した方がよいともいいました。

　例えば、蟹座の狭量さはときには暴力的になります。蟹座は一体化して集団化しようとしますが、それが無理なくらいに異質なものがあると、断念して吐き出してしまい、それ以後はとても排他的になります。蟹座は胃を表しています。硬いものはできるかぎり砕きますが、しかし消化できないものは吐き出すことになります。

　蟹座の多層性を考えると、小さな蟹座の範囲で追い出されたものも、より大きな蟹座においては受け入れられる可能性があります。小さな蟹座、そして結束の固いところでは排他性は極端になり、仲間でないなら敵ということで残酷な扱いをすることもあります。例えば日本と韓国と中国、北朝鮮の間で摩擦が生じているのは、それぞれの国という蟹座の範囲にこだわっている有様を露呈しているといえます。もう一つサイズの大きな蟹座、すなわちアジアという輪の中ではこれらは一つのもので一体化可能なものです。摩擦を起こし、受け入れられない場合には、これは小さな蟹座にこだわり、その範囲から大きくしたくないということです。

　小さなところで対立しているのは、実は平和なことだとも考えられる面もあります。なぜといって、それぞれの国が平定された場合、この統合された国家よりも大きなサイズのレベルで、嚥下できない異質なものがクロー

ズアップされてくるからです。

　誰もが敵対しない協力的で平和な国家や地球を目指そうといっても、それは難しいでしょう。特定の範囲に同一化した意識は、同じレベルでの隣にあるものと衝突するのは避けられません。衝突を避けるには、自分が持っているものを手放さなくてはなりません。愛国心があれば必ず敵国が生まれます。

　もし、地球が一体化して地球全土に平和なユニティの世界が生まれたとしたら、それはもっと恐ろしいものを意識せざるを得ないことの始まりです。すなわち、地球に対してとうてい受け入れがたい地球外生命との接触がありうるからです。地球で一体化すると、私達はその外を知ることになります。ですから、今のところ国の間で揉めているということは、小さなことで騒いで大きなことには気がつかない平和ぼけの状態にあるとも考えられます。

　蟹座は一体化し、同化し、親しくなりますが、それは影の状態として集団的な排他性を作り出します。京都が京都らしさを発揮して、京都独特の文化を大切に保っているのならば、京都は影の部分として排他的な要素を持っていることになるわけです。

　ジオセントリックの場合、私はよく蟹座と山羊座を民族と国家の関係と説明します。夏至から始まる蟹座は暖かく、水分を含み、成長力があり、そしてすぐに腐敗します。冬至から始まる山羊座は寒くて、乾いており、成長しにくいが、しかし長く維持できる干物のような性質です。民族は拡大しますが、国家は範囲を締めつけ明確な輪郭を作り出しています。

　ですが、ヘリオセントリックの場合には、蟹座の意義を地上の地方とか、共同体とか、仲間とか、家族とか、後天的なファミリーに限定する必要がありません。太陽から自己分割して、その分身の一つが地球なので、他の分身は太陽系中に散らばっています。蟹座のファミリーは太陽系ファミリーである場合があります。しかし私達はこれらを知りません。そもそも太陽

系の地球外に生命がいるのかどうかも知られていませんし、接触もしていません。

　ジョージ・アダムスキーは、金星人オーソンと会ったといい、宇宙連合というものがあることをいいました。今日では、リサ・ロイヤルなどがこの宇宙連合を話題にしています。異なるルーツの人々が集まり、そこにゆるい共同体を作り出しているのです。ダイアン・フォーチュンは、宇宙の警察組織のようなものがあるといっています。

　私が初めてヘミシンクをおそるおそる始めた時、右上の頭上で私を見ている人物を発見しました。その時は気のせいだと思ったのですが、それ以後何度も現れてきます。灰色の制服を着ていて、私はその人物を太陽系外とつながった太陽系内の警察組織の存在だと思っています。一度怒らせたことがあります。そもそも長い間、いつも二人組の黒服の男性のガイドがいて、夢の中でいろいろ教えてきていたし、制服の人物が出てきやすいのです。

　この警察にはいくつかの系統があり、全部同じではありません。リサ・ロイヤルの『ギャラクティック・ルーツ・カード』（ヴォイス）には宇宙連合のカードがあり、この連合にはバシャールなどが属するエササニ文明の人々が入っているのだといいます。私の場合には、20代の頃から十年以上夢の中で毎日のように登場し、何かと教えてきていた黒服の二人組が属しているグループです。

　ヘリオセントリックの蟹座には、こういうイメージのものも含まれると考えてみるとよいのではないでしょうか。

　ズスマンによると蟹座は聴覚に関係しています。聴覚は私達を身体から外に連れ出してくれる感覚です。私はこの半年くらいは全く音楽を聴かなくなり、オーディオ装置もあらかた処分して、もう二度と音楽は聴かないのかと思っていたのですが、本書の原稿を書き始めてから、またあらためて聴くようになりました。聴かなくなった理由は、ほとんどの音楽は7音

階か、あるいは12音でできていて、これで表現できる情感や思考というのは、どれもこれも似ていてありきたりと思ったからです。これは、食べ物はいつも同じものばかりで、野菜にしても種類はないし、肉となると全くのところ全部同じで、こういう似たものばかりをよくも一生食べていられるものだと感じるのと同じことです。

ですが、本は急いで書かなくてはならず、そのためには強度に集中性が必要で、この場合、キーボードの音が聞こえると、私は打鍵効率が落ちるというか、手の打ち込む力が弱くなる癖があります。音が聞こえないようにするには、シュアーのカナル型のイヤホンなどを使って、音楽を聴きながら入力するとよいのです。おそらくスターバックスで私が入力している音を聞いている周囲の人は、私が異常に速い速度でまるで機関銃を打っているように入力していることに驚いていると思います。確かに話すよりも早く打てます。ただし、キーボードの音が聞こえるとそのような入力ができないのです。筋力そのものが急に落ちてしまいます。

そこで、音楽を聴き始めると、いつもの癖で、1冊の本では同じ曲をずっと何度も聴くということをしてしまいました。本書ではワーグナーの「パルツィファル」でした。しかも演奏と指揮は複数のものです。フルトベングラーは前々から苦手だったので、あらためて取り組んでみようと思いました。

数日前からヘルベルト・ケーゲルのＣＤを入手して、これまで聴いていたものとは違っていたので新鮮味がありました。ケーゲルはドイツ統一後の1990年に拳銃自殺しました。そもそもかなり鬱病的な傾向があるのだと思うのですが、このケーゲルが指揮するワーグナーは、壮大になりきれない引っかかりというか、広い空間を確保しつつも、この中で片隅にじっとしているような傾向と、やはりいらだたしい暗さがあって、そのあたりに私は新しさを感じたのです。傲慢でないいじましいワーグナーは初めてです。音楽は病的であるほど楽しいという不思議さがあります。

音楽は感覚の中では、身体から外に連れ出してくれる非物質的要素が強く、そこには天使的な存在が介入しているとズスマンは説明しています。唯一、それは私達のものでないところへ私達を連れ出してくれるのです。

　私の感覚の使い方には偏りがかなりあると思います。聴覚については、音楽を聴くという点では、異様に酷使しています。味はどうでもよいけど音にはうるさいというふうに、人によって使い方の偏りはかなりあるはずです。

　ですが、聴覚の場合には、いずれにしてもあまり物質的ではないのです。息苦しいところから開放されるには音楽が欠かせないという人もたくさんいます。また音楽を聴くには、これもまたシュタイナー的な言い方になりますが、音楽を表現するために使われている音そのものを消さなくてはならないのです。

　言葉が表している意味を理解するには、言葉を消さなくてはならないというのと同じです。

　私がたどたどしく英語を、文法を意識しながら何か書いている時には、まだ書きたい内容をしっかりと押さえられないのと同じです。つまり自動化して、音が意識に上がってこないようにしないことには、私達は音楽が表現しようとしているものを理解できなくなります。音楽は沈黙の中で聴かなくてはならないのです。

　蟹座と180度側には山羊座があり、これは平衡感覚、すなわち立ち位置です。蟹座は、ここから聴覚として、サウンドとして、この山羊座軸の外側に広がっていくので、これはアンテナと電波のような関係となります。山羊座の均衡感覚は静止ということに関係し、静止と沈黙の中で音はただ撒き散らすノイズではなく、意味を持ったものとして伝わっていきます。

　ズスマンやシュタイナーの考えを取り入れているディートリッヒ・ギュンベルは、耳は受信だけではなく音を発信しているといいますが、特に9000Hz（ヘルツ）以上の音は、天使的な高次の領域と共鳴し合うのだと

いうのです。この9000Hz以上の音を聴くために多くの聖者は沈黙を求め、静かな空間に行きたがったのだといいます。今日では、音声を聞き取るのは耳だけではないという考え方が一般的になったので、こうした9000Hz以上の音を聴くのに特に耳をすます必要はないと思います。それに年寄りになると、高い音は聞こえなくなります。

　ヘリオセントリックの蟹座は、とりわけ聴覚に関係し、そして身体の外へもっと広がった範囲にある天使的な領域との共鳴に関係すると考えてもよいのではないでしょうか。それは地上の家族とは関係しないかもしれず、むしろ、天上の家族や連盟などに関わるのかもしれません。いろいろなものを混ぜて一つのグループにしたものが蟹座なのです。

　ジオセントリックでは、獅子座に惑星がたくさん集まっていたマイケル・ジャクソンは、ヘリオセントリックでは金星が獅子座から蟹座に移り、太陽系外との接点である冥王星のベルトのノースノードに重なっていました。ジオセントリックでは発声している側が強調されていますが、ヘリオセントリックでは遠くにあるものを聴き入っている側が強調されます。

　実際マイケル・ジャクソンがありきたりでないとしたら、ここにもその一因があると考えられます。もちろん、ジオセントリックとヘリオセントリックを組み合わせて考えた場合の特徴です。ジオセントリックではそれを発信していることが重要なのです。

♌ 獅子座

　獅子座は火・固定サインです。固定サインというのは型が決まっているという意味もあり、表現の型を決めて、この中で高揚感を生み出すのは演劇的といえます。型が決まっているというのは別の解釈も成り立ち、それは変わらない火、永遠の火というものを夢見ます。生物学的年齢に従わず、いつまでも同じ火でありたいという願望が獅子座の種々の特質を生み出していきます。

　基本的には、太陽系の中の中心の太陽、身体の中心の心臓、ともかく真ん中にあるものから外に向かって広がっていく性質が、主観的な自己表現という姿勢を作り出します。その分、外からの情報は入ってこないか、あるいは興味がないか、あるいは恐れて故意に見ないようにしているのか、結果として、外からのものを受け入れる受容性は減ってきます。そのため、ときには、本人だけが知らないままで時代遅れになるということもあります。自分は一番新しいと思っているが、かなり古びたものというケースもあるのです。

　獅子座の7度は夜の星座というサビアンシンボルを持っていますが、7度はどのサインも周囲との落差によるストレスがあります。獅子座では、地上と天の星座の落差です。移り変わるものと永遠の違いです。そして、この永遠の基準を大地に持ち込もうとした段階で、テロリストとか破壊者になったりするわけです。

　つまり獅子座は恒星とコンステレーションに憧れており、いつまでも一人輝く者になりたいと思っています。ですが、ジオセントリックの獅子座は、その支配星が太陽とはいえ、占星術で使う太陽であり、1年で1回転する太陽であり、地球が太陽に成りすましたものなので、本物の太陽の真意は理解しません。地上の中で恒星のように生きようとすると、たんにわがま

まだったり、周囲のことが読めない人になったりもします。

　ヘリオセントリックの獅子座は、本来の太陽の恒星としての力を再現しようと考えているのでしょうか。といっても、ヘリオセントリックではサインの支配星はないので、火・固定サインということだけですから、あるいは5番目の5という数字が強調されたものとして解釈しなくてはならないかもしれません。

　いつまでも続く火という意味では、シュタイナー／ズスマンは獅子座に熱感覚を当てはめています。シュタイナーはこの12感覚を12サインに配当する時、長い期間試行錯誤をしましたが、初めから一貫して、獅子座は熱感覚ということだけは変えていません。

　哺乳動物は固有の体温を持っています。2014年の春まで1年間くらい私は体温が平均34.5度前後だった時期があり、この時期は極端に無気力でした。とはいえ、無気力な人はそのことを自覚しません。ですから、自分では平坦な時期だったという思いしかありません。ある時、雑誌を読んでいて、雪山で死ぬ人は体温が34度まで落ちるのだという内容を読んで、自分もそれに近いことに驚き、東京体育館でスポーツのパーソナルトレーナーを契約しました。すると、1カ月もしないうちに、体温は36度台に安定してきました。34度台の人は少ないので、私の体験談も貴重かもしれません。

　哺乳動物に体温があるのは、環境と自分の差異を作り出し、活動力や感情、思考など、独自性を保つことに貢献するためです。つまり一人熱いのです。

　私の体温が34度台だった時、私は環境から自分を独立させられないような気分でした。要求されたことはしましたが、自発的に何かしようとは思わなかったのです。そして毎日吐け気とめまいが続き、講座などで話す時だけ正常になり、終わって30分もするとまた吐き気とめまいが戻ってくるのです。体温が下がると免疫力が弱まりますが、これは体力的な免疫だ

けではなく、精神面での免疫力も弱体化するということです。

　ちょうど進行の太陽と進行の月が新月前だったので、冬眠時期だったのかもしれません。そして新月の2カ月前にインストラクターを頼み、新月1カ月前には36度台になり、新月も過ぎた時期から自分がやたらにやる気があることに驚きました。

　火・固定サインの獅子座はずっと安定して、一人熱くないといけません。それは環境との温度差を作り出しますが、周囲の人との温度差も出てきます。温度差がなければ獅子座ではないのです。恒星のようでありたいなら、ずっと熱感覚を維持しなくてはなりません。この熱源は何か志というものでもあります。

　熱いというと火のサインを思い出しますが、射手座の柔軟の火は、周囲の状況に合わせて絶えず変化していく火なので、可変する熱になるかもしれません。獅子座の熱は、周囲の状況には関係なく、常に同じ熱を出し続けなくてはなりません。

　火の三角形は、牡羊座の自我感覚・獅子座の熱感覚・射手座の運動感覚のセットです。自我感覚と周囲の状況に関わらず熱を出し続ける要素が加わると、とてもうっとうしいものに見えてきますが、そこに運動感覚が加わるとより弾力的で、油断できない押し出しの強いものに感じられます。

　惑星は、公転周期の順番で速いものから水星⇒金星⇒地球⇒火星⇒木星⇒土星⇒天王星⇒海王星⇒冥王星と続きます。これらのどれかが獅子座にある時、どのくらい長く燃え続けることができるかというふうに考えてみれば、冥王星は果てしなく続く熱源になるでしょう。

　火星は2年で一呼吸、すなわち公転周期が終わるので、2年で燃え尽きます。とはいえ出生図にある火星が2年で死ぬという意味ではなく、2年すると補給しなくてはならないということです。

　冥王星の熱は250年以上続きます。その目標や意思、志、夢は、一生の範囲くらいでは消えないということです。江戸時代は、だいたい冥王星の

公転周期で終わりました。

　創造的精神を持ち自分の中心から外に広げていきます。興奮する楽しい
もの、これらはジオセントリックでも意味は変わりません。ジオセントリッ
クの水瓶座の太陽は、ヘリオセントリックでは地球ポイントが獅子座に入
ります。そもそも水瓶座の太陽は自ら熱を持つことが少ないのです。とい
うのも、熱は環境との温度差であり、それは孤立であり、周囲の空気を読
まないか、あるいは適度な無関心ということだからです。周囲の情報を集
めて、仮の意志の中心点を作る水瓶座の太陽の人は、こうした熱というも
のには遠いように見えます。ですが、同時に水瓶座の太陽の人々の異様
なキャラクター、つまり風・固定サインとして何一つ考え方を変えず、思
い込むと周囲の状況には全く関係なしに続く性質にもう一つ熱を加えると、
ヘリオセントリックの獅子座に化けそうにも見えます。水瓶座の太陽は身
近なところから火を受け取りませんから、もっと遠い理念や理想であれば、
そこから熱を取り出すことができるのかもしれません。

♍ 乙女座

　土・柔軟サインとしての乙女座は、土のサインである以上は実務的な面での柔軟な対応能力を持っています。私はよく柔軟サインのセットについて説明をしますが、魚座はあらゆるものを水の柔軟サインらしく集めます。水のサインというのは結合力なので、それは集めることに関係するからです。

　魚座の最後のサインなので、あらゆるものの区別をなくそうとする傾向にあり、世の中にあるものを集めてきます。これが1度のサビアンシンボルである市場というものに関係します。他の柔軟サインは、みなこの魚座に集めてきたものに対する扱い方の違いを見せるわけです。

　風の柔軟サインである双子座は、魚座が集めてきたもの一つひとつに好奇心をもって見ます。それが1度のガラス底ボートです。ボートから見た海の中にはたくさんの魚がいます。

　射手座は、このそれぞれが戦うことや活性化することをもくろみます。それが1度の退役軍人の集まりというわけです。

　乙女座の1度は、男の頭が強調されるというものですが、これは、魚座が集めてきたもののうちの一つにじっと集中し、他を忘れてしまうことを示しています。これは大きな自己から小さな自己を分割して、そのうちの一つに集中するということにも関係するでしょう。すると、それ以外のものは影になり、この影は自分が作ろうとしている小さな自己の構築に対しては当然妨害的な因子になります。それがやってきて一体化したら、小さな自己そのものが壊れてしまうからです。

　小さな自己から外に出ることの恐怖はまず10度でやってきます。その時から乙女座は、自分の世界から外を見ようとしなくなります。その分、目の前で目に入るものすべてを管理することに集中しようとしますが、この

発達は15度で行き詰まりになります。閉鎖性が行きすぎるからです。

　16度で影になった部分が接近してくる。そのことで、それまで構築した小さな自己は崩壊するのですが、それ以後、影の領域を否定的にとらえず、それでいて小さな自己としての人生も健全に維持します。

　影の領域の協力はこれ以後、複数の人の協力で仕事をするということに決着を見ます。それぞれが得意分野を持ち寄って、全員で大きな自己を仮に作ったように見せるということなのです。

　土の三角形は牡牛座・乙女座・山羊座ですが、土の元素は物質的な限定された存在性に関係します。山羊座は地上で自分の立ち位置を決めます。それは限定的ですが、その背後に全体性を含んでいます。後述しますが、狭い立ち位置は、それ自身が空間全体の支配者になるということを前提にしているのです。この山羊座の影響によって牡牛座の思考感覚は、特定のことに思考が集中していくことを促していきます。そして、その限定された思考の反映として、乙女座の視覚も成立するわけです。

　乙女座は視覚に関係しますが、視覚ほど視野狭窄症的なものはありません。私達は後ろが見えません。それに興味があるものを拡大してしまい、他は見えなくなってしまいます。これが乙女座1度の男の頭が強調されるというシンボルの印象でもありますが、反対側にある魚座は水・柔軟サインで、全体を捕まえようとするので、視野はぼうっと拡散し、何を見ているのかわからないような視線になりやすいでしょう。乙女座はくっきりはっきりと何かを注視しますが、それ以外はなかったかのように集中するということでもあります。

　私達は町を歩いていても関心のあるものだけ視野に入れます。カメラに興味を持つと、町の中でカメラを持って歩いている人がいかに多いかに気がつきますが、カメラに関心がないとたくさんの人がカメラを持っていることを知らないままになります。私は足を骨折し、しばらく松葉杖で歩いていたのですが、その時には町にたくさん足の悪い人がいることに気がつ

きました。

　ヘリオセントリックでは、太陽の自己分割として太陽はいくつかの惑星に割れます。そのため、この乙女座の細部への集中ということは深い関係があります。既に説明はしましたが、ヘリオセントリックでは視覚意識は地上の物質を見るのではなく、非物質的次元からのビジョンとしての視覚により近づきやすいといえます。

　ヘリオセントリックは、櫛田のＴさんの頭上から降りてくる光というものですが、頭上のサハスララチャクラとその下のアジナチャクラは第三の眼といわれたりします。

　松果腺とその下の脳下垂体はタロットカードの「XV悪魔」のカードの図柄に対応するらしく、ジプシーはこの「XV悪魔」のカードを第三の眼に関係したものと解釈するようです。実際には二つの重なる生命の樹、すなわち物質の樹とエーテル体の樹を考えると、エーテル界の「XV悪魔」のカードは、物質界の「I魔術師」のカードと重なります。「I魔術師」のカードは、サハスララチャクラからアジナチャクラの右側へのパスです。

　松果腺はアンテナ、そして脳下垂体は受像機と例えられています。額のスクリーンにくっきりとした映像を見るというのは、まずは松果腺が何か受信する必要があります。テレビがあっても放送がないならテレビは映りません。ヘリオセントリックの乙女座の視覚、あるいは大なるものの小なるものへの分割は、この第三の眼のビジョンに大いに関係します。

　乙女座の細かい作業は太陽から来た指令に従っています。ジオセントリックでの乙女座は会社から指示された仕事をするかもしれませんが、ヘリオセントリックでは太陽にしか従いません。ですから、自発的で創造的な作業においては、事務員のように着々と取り組むことになるはずです。これはヘリオセントリック的な牡牛座の思考感覚と連動するので、牡牛座が幾何図形とか、理念とか、数字とか、法則とか、概念などを扱う時にそれを視覚化しようとするというふうにも考えてもよいかもしれません。地

上においての仕事場に着地させようとするのは、山羊座の立ち位置である均衡感覚が明確にポイントを設定しなくてはなりません。どこの場所でそれをするのかというのは山羊座が決めることです。

乙女座を発達させるためには視覚の二重性というのを練習するとよいでしょう。それは、一つ物質的な視野をもっと発達させます。私達は視界の中心点しか見ておらず、その周辺領域は中心点に比較すると、はるかに膨大な情報を扱えるがそれを活用していないのです。

意識の緊張を緩和するとこの周辺視野に気がつきやすいでしょう。例えばフォトリーディングなどはこれを活用しています。乙女座は、16度で影の領域に襲撃されそこで自己が破綻し、その後、瓦礫の山から無意識の情報がやってくるという段階が17度から20度くらいまでですが、これは視界の周辺から入ってくる無意識情報を活用するということと同義語です。

その一方で、ヘリオセントリックは地上の物質を見ているのではなく、サハスララチャクラが受信した内容を第三の眼に映し出して、この世界にないビジョンを視覚化します。これは、ジオセントリック的な視界の、周辺視野の領域に入りやすいでしょう。ものを見ることやものをもっとワイドに見ること、ものではないものを見ること、さらに重ね合わせるとものにものではない情報を重ねて見るということです。

ものにものではないものを重ねてみると、それはオーラなどを見ることにも関係していきます。ジオセントリックとヘリオセントリックの比率次第ですが、ヘリオセントリックの側の比率が高まると、身体よりもオーラの方が濃く見えてくることになります。

下からは自力では上がれませんが、上からは自己分割して、下から上がるものを補うことができます。視覚で考えると、ものを見ていて、その真意を理解できていない段階の時、第三の眼のものの見方が降りてきて、その不足を補うことになります。シュタイナーが、事物から表象を引きはがした時、ものの周囲に立ち上るエネルギーのようなものを見ていくという

ことを記述していますが、私達はジオセントリック的な乙女座の視覚では、ものをものとして見るだけで、それはとても空虚な物質としか見えてきません。神経情報との接触を切り離した血液は地上に降りてきていません。太陽からの力を受け止めて、ものの周囲に立ち上る気配や色、空気、映像を見る。そしてそこに思考を投影していきます。

♎ 天秤座

　天秤座は風・活動サインで秋分点に当たります。牡羊座で種まきしたものは、天秤座で果実を実らせ、そこで刈り取られるのです。

　牡羊座は自分を意識できませんが、天秤座を鏡にして自分を映し出すことで自分の姿や形を認識します。牡羊座で種まきされたものは、初めのうちは何かわからなかったのですが、この成果が確実に出た天秤座の段階でようやく自分が何なのかが判明します。

　昔は天秤座を優柔不断とか、やたらにソフトな感じで説明することが多かったのですが、実際には天秤座はとても厳しい面を持っています。なぜなら、多くの人、すなわち社会の中で自分が認められるか拒否されるか、はっきりさせるからです。裁判でもオーディションでも、オーケーかそうでないかははっきり決められます。天秤座はそのように人々の前に立たされ、受け入れられるかそうでないかということに直面しやすいのです。

　天秤座には曖昧さがありません。その個性は明確で、すると、多くの人にとっては自分がどう扱うか決めやすいのです。

　風・活動サインは積極的に人との関わりを作り出します。自分がどう見られているかを認識できます。これは自分の形がはっきりするとどう見られるかも判断しやすいのです。しばしば獅子座は主観的なもの、天秤座は客観的といわれます。芸術では獅子座は創造意志を持ちますが、それが人にどう映るかを考えません。天秤座はそれがどう伝達されるかを意識して表現していきます。

　シュタイナー／ズスマンの12感覚論では、天秤座は触覚に関係しています。それは人間が個体の中に閉じ込められ、無限の宇宙からは追放された実感でもあります。ものに触った時にものに跳ね返され、その時にものの硬さを感じるわけですが、そのものの世界に自分が入ってしまったこと

も感じることになります。

　天秤座とは、個体としての形の中に自分が閉じ込められ、元に戻れないことを自覚することです。そうすると、外のものに対してドアをノックすることを考え始めます。誰かに語りかけること、交流すること、外界に語りかけるというのは、天秤座で初めて欲求となっていくのです。

　占星術の惑星は水星・金星・地球・火星・木星・土星・天王星・海王星・冥王星とありますが、このそれぞれに異なる公転周期があります。このすべての惑星が天秤座にあることを想像すると、それぞれ異なるサイズの個体としての輪郭があると思われます。公転の軌道ということでもよいかもしれませんが、同心円で重なる複数の輪があるわけです。

　異なる触覚の範囲があると考えてみてください。これは外にぶつかる境界線の設定のことです。私達は肉体の輪郭はいつも意識しています。しかし、意識とか感情、感覚などの輪郭はまた違うのではないでしょうか。車に乗っている人には車幅感覚が備わり、この車幅感覚がちゃんとできないと事故になりやすいでしょう。隣の車と併走している時にその車とぶつからないようにできるのは、車幅感覚があるからです。イメージの身体幅と、実際の身体幅が違うらしく、例えば痩せていても、自分を肥満と感じる人と、太っていても自分は痩せていると感じる人もいます。痩せていてもまだまだ自分は太っていると感じる感覚があると、あまりものを食べたくないかもしれません。そういう人は異常なダイエットに走ります。

　天秤座の触覚は惑星の数あり、必ずしも身体の輪郭のみを表さないといえます。

　私はときどき体外離脱をしますが、最近になるほどにその体験は少なくなってきました。それは興味がわかないからで、数年前に、身体がどこにあるかわからないというくらいにリラックスした時、思い切っていきなり立ち上がったら、身体は横たわったまま自分の実体のみが立ち上がったという体験をしました。

意識がどこか外に飛ぶというのはいつでも誰でもあることです。つまり何かを想像して、思い描く行為そのものが、既に身体から外に出ていることだからです。ドイツのことを考えた時に、私達の希薄な部分はドイツに飛んでいます。あるいはドイツに貫かれているのです。

　しかし、この時に感じた体外離脱は、これまでの体外離脱に比較してかなり濃いと感じました。つまりより低次のレベルで外に出たという実感です。そのため、印象がどんよりと重苦しかったのを覚えています。つまりより身体的ということです。ですが、自分の身体の輪郭がもののようにはっきりとはしていないことはわかっていました。そして人の形をしているというわけでもなく、漠然とした塊という状態だったのです。

　触覚はありました。というのも、自分のすぐそばに隣の部屋と隔てる壁があり、その壁に近づくと、壁という抵抗感はあるのです。そこで、私はこの壁をすり抜けて隣の部屋に行こうとしたのですが、そもそも体外離脱でこの壁を抜けて隣に行くということ自体が特殊なことです。たいていの場合、もっと軽い体外離脱では、思うだけで瞬間的にそこに移動するからです。壁を意識して、何となく粘つく抵抗を感じながら壁の中を移動するということが、私にとって驚くような体験だったのです。

　これは伝説の西丸震哉の体外離脱と同じだと思いました。この人物は体外離脱が得意な人でした。西丸はある日出張先から家に飛んでみようと思ってみました。西丸式体外離脱は眼が見えません。そこで暗闇の中、見当をつけて移動するのですが、その日は、いつもの家の廊下を歩くと何かに衝突し、猛烈に痛みを感じたのだといいます。出張から戻ってくると妻が無断で冷蔵庫を購入していて、それを廊下に置いていたとのことです。

　もう一つ体外離脱について紹介したい話があります。昔、私が研究会をしていた時、全員に体外離脱をするように薦めていた時期がありました。そしてできたら、私の自宅にある封筒の中の文字を読むように指示したのです。ある武道家は体外離脱に成功したのですが、私の家にたどり着くの

にひどく時間がかかったのだといいます。家の前に信号があり、その信号が青になってから渡ったのですが、普通よりも遅い速度でしか進めないのだというのです。体外離脱しない方が早く私の家に到着できたはずです。

西丸氏の例もこの参加者の例も、濃すぎる体外離脱が原因といえます。それと同じような濃い体外離脱を私はその時に体験したのです。いつもの体験だと土星と思い浮かべるともう土星にいる、という種類のものだったので、これは新境地です。

ここで異例の体験といえるのは、隣にある壁を感じたことです。つまり身体ではないのですが、身体に近いところで、触角が存在したことです。仏陀のオーラはブッダフィールドと呼ばれ、これはインド全土を包むくらいのサイズだといわれています。この場合、インド全体を包むサイズのところに触覚の境界線ができるのです。感情の境界線であり、もちろん身体感覚の境界線ではありません。

天秤座は触覚ですが、これは複数の層が存在することは明らかです。英語が話せない人が海外に行くと言葉の壁があるといいますが、この言葉の壁も、触覚としてがつんと抵抗を感じる壁とみなしてもよいでしょう。

例えば、ヘリオセントリックの地球ポイントを身体の輪郭に相応するとみなしてみましょう。土星は社会活動とか仕事とか、その人の実際的な業績などを意味します。これは社会の中で活動する時の、その人の活動の輪郭、すなわち触覚が働く境界線を表しているといえます。自由に動ける範囲と、壁に当たりこれ以上は外には出られないと実感する境界線があるはずです。内輪と外の境界が決まると、あらためて、この外に働きかけたい、外を見てみたいという欲求が生まれます。

私達はこの外に、天王星の境界線・海王星の境界線・冥王星の境界線を持っています。それらは土星の境界線のはるか外に拡大しており、触覚の働く範囲のところで何かに当たります。すると当たったという実感を生じます。

体外離脱の時には、壁を感じてもその壁を通り抜けることができました。ですが、肉体では通れません。体外離脱の輪郭も、肉体の輪郭も、自分が同一化したレベルにおいて、触覚の境界線の範囲は変わります。肉体に同一化した私は壁に突き飛ばされ、体外離脱の身体に同一化した私はそれを境界線と感じないのです。

　ですから、土星に同一化した意識では、天王星・海王星・冥王星の範囲には行けないし、行こうとすると、土星の境界線のところで壁にぶつかるわけです。知性の壁ならば、何か書物を開いてこれは理解できないと思った時、そこに境界線を感じます。そしてあらためて、その壁を突破して外にあるものに触れてみたいと感じるのです。

　ちなみに、私のヘリオセントリックのホロスコープはわりにシンプルで、惑星があちこちに散らばっていないので、点検する部分があまり多くはありません。感覚を万遍なく12種類使う気がないのではないかといえます。例えば、魚座は味覚ですが、魚座にヘリオセントリックの天体はありません。味覚に関しては原始的なまま放置し、発達させる気がさらさらないのです。食べ物は味がなくてもよいと思っています。

　この単純な図の中で、天秤座には土星と海王星があります。そしてここにスピカとアルクトゥルスが絡んでいるので、この部分のみが複雑な構造をしています。スピカは女神が手で握った麦の束で、尖った穂としてのスパイクです。アルクトゥルスは個体を失い、スープのように空間に広がる身体を持っています。

　土星はそもそも29年サイクルで、わりに硬い殻を作っている天体です。海王星はこの土星を溶かして、より拡大された触覚へと拡大しようとするのですが、海王星の周期は平均165年なので、人の一生をプラトン日の72年と想定した時には二人分と少し程度です。二人分くらいの大きさの範囲に作られた輪郭と触覚は、アルクトゥルスの要求に合っていません。それにアルクトゥルスは輪郭を拡大することではなく、輪郭そのものが消え

去ることを要求します。それに対してスピカは、足りないのなら麦の穂の数を増やすことで対応しようとします。つまり、二人分の場合には二人用意するということです。

私のマカバ体外離脱の場合、複数の男性が溶けて、そして螺旋の筒になったというのは、複数の人間のところがスピカで、そして筒になって通路になったというところがアルクトゥルスになると思われます。通路がなくて星に行けないと困っていた段階は、土星の輪郭の段階です。

天秤座は個体の境界線を決めて、そのことで、外にあるものをはっきりと定義します。内輪と外の境界線が決まることで、あらためて外に対して交流する欲求を生み出します。そして輪郭は、あらかじめ決められているのではなく、自分が同化するものによって、その輪郭のサイズが知らず知らずのうちに決定されるのです。

肉体に同化すると、肉体レベルで見えるものを触ることができて、同時に、それらに突き返されます。より高速で働く存在があるとして、それらは私達を貫通し、通過し、さらに彼らは私達に同化していないので、私達を触覚として認識しておらず、私達に突き返されてもいません。もし、ある瞬間、私達がその高速で働く存在と同じレベルの意識に同化した時、いつもなら私達を貫通していたそれと私達はいきなり衝突し、相手を認識します。そして、そこでコミュニケーションが起こります。ですが、いつもはコミュニケーションする手立てはありません。

そのため天秤座は、自分がどこに住んでいるのかを教えてくれます。誰かを認識した時、その相手と一緒のところに住んでいるわけです。

天秤座と180度にあるのは牡羊座で、それは自我感覚を表します。自我感覚は外界に自分を突き出します。その手ごたえや抵抗、反射した実感は、天秤座が作り出します。それまでいくら叫んでも誰も反応しなかったのに、ある日、誰かが遠くで自分を見ていることに気がつくのです。相手が自分の自我感覚に抵抗して、手で押しやったのです。その時に同じレベルで同

化して、互いを認識することになりました。交流は同化であり拒否である
ということになります。

　ブルースは、モンロー研究所でいつも防衛は必ず打ち破られると教え
られたようです。防衛するというのは、もう既に相手を認識し、自分と相
手の間に輪郭ができたのです。それは相手の攻撃を認めたことになりま
す。防衛しようとした段階で、それは相手が襲撃してくることを自分から
用意したのです。防衛せず、筒抜けにしておかなくてはならないというのは、
この相手のレベルに同調して、そこに輪郭を作らないという意味です。合
わせなければ通り過ぎることができます。

　ブルースの場合、天秤座に海王星がある世代ですが、すると、他の人の
場合には身体を通過して、引き止められもせず認識されていなかった存在
達がブルースに認識されてぶつかります。

　去年聞いた話なのですが、トイレで用を足していると隣にモンローの死
んだ夫人がやってきて、自分が言うことを夫に伝えてほしいといったのだ
といいます。モンロー夫人が直接言っても聞いてくれないので、その代わ
りに伝言を頼まれたのです。つまり海王星の輪郭で死んだモンロー夫人と
コミュニケーションできる場にいたということになります。他の人はモン
ロー夫人が通り抜けてしまい、引き止められません。とはいえ、私達はこ
の惑星の全部の輪郭を持っており、そのどの輪郭も持っています。同調す
るかどうかというのは任意です。ブルースは、海王星的な非物質の存在を
隣に住む人のように認識するのが他の人よりも好きなのだといえます。

　天秤座は鏡ですから自分がどの場にいるのか確認してみるとよいでしょ
う。牡羊座の自我感覚の範囲は、この天秤座の場によって違ってきます。
牡羊座と天秤座は互いに向き合い、互いに同じサイズになり、そしてこれ
を軸にして六角形が出来上がります。火と風の六角形はその人の活動力で
す。

♏ 蠍座

　天秤座はいろいろなサイズの境界線を持つ場を模索します。そしてその模索が終わったら、特定の場に固定的に関わります。蠍座は水・固定サインです。水は結合力で、固定サインはずっと維持することですから、関係性が維持され、長い関わりの中で、人格が再構築されていきます。それに蠍座は継承するとか、パラサイトするとか、もらうなどの意味があります。さらに死という意味も加えられています。

　死を通してもらうということで遺産などという意味もありましたが、一番重要なのはそれが8番目のサインだという点です。つまり数え数字で8というのは蓄積や凝縮などに関係します。ヘリオセントリックは創造の光線の降下であり、あらゆるものは太陽から持ち込まれ、それが惑星へと受け取られることになります。もちろん惑星レベルで経験したものは、その成果を太陽が受け取ります。8の数字の蓄積や凝縮、あるいはもらうというのは、太陽から持ち込まれたものを蓄積するということになります。

　天秤座は触覚を表し、限定された存在の中にその人が閉じ込められ、大きな宇宙から孤立したということを自覚させられると説明しました。もちろん人間は肉体以外に感情・思考・精神・霊性などもあるので、それぞれの範囲においての触覚の境界線があります。

　蠍座は、シュタイナー／ズスマンの考えでは生命感覚に関係しています。生命感覚というのはわかりにくいかもしれませんが、他の感覚的な手段で間接的な感知をするわけではない、生命力の実感のようなものです。例えば、朝起きたら元気だとか、力が満ち満ちているとか、あるいは反対に弱々しくなっているなどと感じる感覚です。他の感覚で間接的に感じるわけではなく、生命感覚は直接生命感を感じます。それは多くの人が慣れている五感というものには入らないので、一見、違和感があるように見えますが、

実際、生命的な実感を直接感じる感覚は聴覚でも視覚でも嗅覚でも味覚でも触覚でもありません。もちろん、第六感でもありません。

　天秤座で限定された場の中に閉じ込められたので、そうすると、これは器の中に入っているようなもので、そして太陽から持ち込まれた力は、そのままこの器の中に蓄積され、だんだんと濃縮されていくのではないかと思います。この濃縮された力は、そのまま生命感覚として感じられるはずです。

　ズスマンは、蠍はもともと鷲で、天から転落した痛みを感じると書いていますが、それよりもこの生命感覚は、天秤座で引かれた境界線の中の場にどんどん蓄積されることで非常に強力になってくることを強調すべきです。

　ジオセントリックでこれまで天秤座と蠍座を比較的に解説する時に、それぞれのスタートである1度のサビアンシンボルを引用してきました。

　天秤座の1度はピンで留められた蝶の標本という意味のもので、中心点はピンで留められていますが、外側は柔らかい羽で固定されてはいません。触覚の輪郭に閉じ込められるという説明とは矛盾するイメージですが、ピンで留められているということに、このあるレベルにおいての個性の固定ということが語られているわけです。その後は放置していても、この個性に応じて人生が展開していきます。そのことを管理はしません。自然なかたちでそれは発展するのです。個性は牡羊座で種まきして、天秤座という秋分点の時期に狩られた作物のことです。

　その一方、蠍座の1度は満員のバスというシンボルで、これはたくさんの人を狭いバスの中に閉じ込め、旅行で一緒のものを見て、同じ感動を共有するというものです。ここでは誰も逃げられません。

　私は夢でよくバスを見ます。そのため、いつのまにかバスのことをクラスターと解釈するようになりました。クラスターとは同類の魂が集合する蜂の巣のような集団性のことです。これはバスが、長い蛇のような形のも

のであると考えてもよいと思ったからで、人によってこの蛇は焼きそばとかスパゲティと表現されることもあるでしょう。

ロバート・モンローは、自分がプレアデスから転生してきたことを自覚していて、体外離脱で100回近く古巣を見てきたようです。自分がいた穴があるそれを見てきたのだというのです。この穴というのは、ちょうど蜂の巣の中の一つの穴のようなもので、バスでいえば前後左右には誰かが乗っていて、自分の場所がまるで狭い穴のような見えるというものです。カプセルホテルの穴のようなものかもしれません。私が世界の卵のイメージで思い描く釣鐘も、外から見るとこの蜂の巣のようなもので、そして、たくさんの集合体が詰め込まれたものはバスに例えるのです。

天秤座は木の蓋の置かれた鍋のようなもので、圧縮されません。ですが、蠍座の満員のバスはいわば圧力釜で、どこにも逃げ場がなく、この中で熱がこもり、そして中にある玄米の皮が熱と圧力によって壊れて、中身が露出するのです。魚を入れれば骨まで溶けてしまいます。天秤座にはこのような集中的な圧力はかかりませんが、8の数字の蠍座では、あらゆるものが溶解するような圧力がかかるのです。

この圧力はもちろん生命力というもので、この圧力が高まるほどに生命感覚としては、強い実感を感じます。何でもかんでも生命感覚で判断するというのは、威圧感とか、気合いとか、押しとか、無言の圧力のようなものも生み出します。

蠍座の1度では満員のバスに詰め込み、圧力釜に入れます。次に2度では、割れた香水瓶から香りが広がるというシンボルになるのですが、これは玄米の殻が破れて中身が出てきたことを意味します。そしてたくさんの個体はその個体の形がなくなり、溶け合っていきます。3度は棟上げ式というもので、これは共同で作り上げた家を表し、つまり2度でそれぞれのパーソナリティを壊したのだから、あらためて共同で構築することなのです。

水のサインは結合性質なので、ばらばらなものを結合して強い力にして

いきます。集団性というのは極めて強い力を持つことになるのですが、蠍座ではバスの中にいたクラスターの構成員が全体として、強い生命力・感覚を作り出すことになります。

　ヘリオセントリックのサインとして、蠍座は何か特別な意味があるか考えてみたいと思います。これは太陽の自己分割なので、バスの中の人々は地上で、申し込みによってとか、地域によってとか、同じ趣味の人とかではなく、根が同じ太陽から分散したものがバスの中に集合することを意味していることになります。

　太陽の自己分割のホロスコープでは、地球という場の中にこの太陽系の惑星群の構造がそのまま縮小的に反映されます。ですが、そもそもその前に、地球に至る前に他の惑星に分散した力もあることを意識してみれば、地球の中に反映された片鱗だけではなく、太陽系全体に散らばるものを蠍座がバスの中に入れようとしていると考えてみるとよいのではないでしょうか。

　以前、ヘミシンクの講座に参加した際に「最近元気がなくてどうしたらよいか」と質問したら「金星からもらえ」という指示があり、その通りにイメージしたら、勾玉のような形をした虫がたくさん金星から降り注ぎ、それがジャングルジムのような骨組みに落ちてくるのを見ました。この骨組みとは、身体のグリッド、すなわちエーテル体のことで、それは月に象徴されるので、文字通り生命の樹では金星から月へのパス、「XVII星」のカードそのものの体験だとわかりました。しかもこのパスはツァダイ、すなわち釣り針という意味があり、この釣り針の形は勾玉でもあり、勾玉はしばしば釣り針と呼ばれていることもわかりました。

　ヘリオセントリックの考えでいえば大きな自己は太陽であり、それが惑星に分散したので、地球ポイントという分割された自己は弱々しいエネルギーで生きています。そこにもっと大きな生命力を与えたいのならば、分散した他の惑星から持ち込み、できるかぎりもともとの太陽に近いところを復元すればよいことになるわけです。地球にとって最も近い惑星は金星

で、これはチャージには一番手頃なのだといえます。

　ウエイト版のタロットカードでは、「XVII 星」のカードは上空に大きな星が一つと小さな星が七つ描かれています。これはそのまま太陽とそれを分割した惑星と考えてもよいのならば、金星だけではなく、太陽系クラスターの仲間を全部バスの中に取り込むということもあるでしょう。

　プレアデスとか北斗七星などをイメージするのならば、それは太陽系の外になりますが、自分のクラスターがそうしたルーツを持っている人もいるはずです。モンローは自分がプレアデスから来たと自覚し、出口王仁三郎はオリオンだと明言し、ケイシーはアルクトゥルスだといっていました。生命力のチャージは、この自分のルーツ・クラスターから持ち込むのが理想的です。今の自分が部品だとすると、その大本にあるものにつながり、そして横並びの自分と同等のレベルの部品をバスの中に連れ帰るのです。

　以前の夢で、私はブルースの最新型のバスに間違えて乗ってしまったことがありました。そこには途中下車不可と書いてあり、降りようにも降りられません。すると、私のもともとのバスが後ろからやってきて、ブルースのバスの後部の窓から私のバスの前部の窓に、乗っている人々が協力して、私を横向きにして移動させました。私のバスは古くて運転手はよれよれの爺さんでした。間違えて乗ったのは自分のクラスターとブルースのクラスターが似すぎていたというのもあるのかもしれません。ですが、自分のクラスターでないものからチャージすると、自分の活動の方針にずれが生じてしまいます。しかし同じクラスターの人とは地上では接近しないということもあります。何か地上で協力したりするには、他のクラスターでないといけません。

　ジオセントリックの蠍座は、地上的な座標で判断したような集まりや関係性というものが重要かもしれないのですが、ヘリオセントリックの蠍座は、天上的な太陽系全体の中でのクラスター、あるいは好みならば、太陽系外のクラスターを見つけ出すことから始め、それを間違わないように

識別して、そこからエネルギーを引き込むのがよいのではないでしょうか。バスがいくつか連結されると、列車になります。

　蠍座は死の彼方、異次元的なところからエネルギーを持ち込むという意味もあります。これは冥王星が支配星ということと関係があります。しかしヘリオセントリックでは支配星のことはあまり意識しないで、それでもあえて、太陽系外の恒星から力をチャージするということも指針にしてもよいのかもしれません。その力を吸い込んで地上で活動するという意味です。「XVII 星」のカードの17は1＋7で8になります。つまり「XVII 星」のカードは8の意義を持ち、さらに奇数であることが特徴で、それは力を吸引して凝縮しますが、一定量増えると、それを外に放出するという性質です。8の場合には奇数要素がないので、放出ということをあまり意識しません。とはいえ、蓄積は限界までいくと何らかのかたちで放出するしかないのですが。

　金星や惑星、星からのチャージというのは全部気持ちの問題です。「XVII 星」のカードの金星から月へというチャージは、蓄積する器が月であり、それは身体では腰に当たります。つまりエーテル体であり、それは「気」の力なので、いわばすべて「気のせい」だとなるのです。

　二極化された知性は、何かを判断する時に、同時に否定する準備をします。疑ったり点検したりということです。これはエーテル物質や気の力を分断させる仕組みでもあります。二極化を統合するとは、私達は肉体ともう一つエーテル体を引き寄せることなのだからです。

　したがって地上的な習慣として、批判しつつ実行するとか、疑うとか、果たして上手くいっているのかどうか確認したいとか、証拠がほしいとか考えるかもしれないのですが、この二極化の知性は「XVII 星」の力をチャージする行為の効果を思い切り目減りさせます。既に今チャージされつつあると思うことができればよいのです。右手で肯定し、左手で打ち砕く習慣は、ここで乗り越えられなくてはなりません。

私はズスマンの蠍座の地に落ちた苦痛という表現があまり理解できていません。もともと天上にいた鷲は蠍となって地に落ちたというのが、ズスマンの蠍座での説明です。

　天秤座の触覚は宇宙から孤立したことを実感しますが、蠍座は、それならば限定された場の中に生命力を取り込もうとする行為です。そしてこの力が蓄積されると、山が盛り上がるように、地から上空へとその人が引き上げられます。この頂点が蠍座の15度であり、サビアンシンボルでは五つの砂山の周りで遊ぶ子供というものです。これは権力の頂点に行くことも意味しますが、私は固定サインの真ん中15度は四大の頂点的な力、むしろ壁の向こうの力に接触すると考えています。そして蠍座の15度の頂点的な力とは、実はイーグルの力です。

　砂山の周りで遊ぶ子供というのはパワーゲームを想像させるので、ルディアはこの子供っぽさを非難しましたが、実際には水の元素というものは共有される性質が強いので、人垣を使ってイーグルに接触すると、この人垣全員にその力が伝わることになります。この人垣全員が共有するのは水のサインの特徴で、土のサインならばメリットの独占となり、一部の人のみが甘い汁を吸うということになるでしょう。

　地上の人垣ではなく、宇宙的なクラスター・惑星の力・恒星の力などを引き込んで生命力をチャージする、これがヘリオセントリックの蠍座の特徴です。

　蠍座の生命感覚とは反対の180度側には、牡牛座の思考感覚があります。思考のためには生命は犠牲にされるというのがズスマンの説明ですが、確かに生きた充実感は、思考のためには何かしら邪魔なものに見えてくることもあります。

　通常の思考ではなく、ヘリオセントリックの思考は純粋思考であり、ここでは他のどのような混ざり物も入らない方が上手くいきます。ですが、生命的なものを犠牲にするというよりは、生命的なものを意識に上がらせ

ないということで、生命的な要素を失っているわけではありません。純粋思考は生命力をチャージしたり、失ったりする波に全く関係なしに営まれます。

　雨や嵐があっても同じ時間に散歩するカントのように、規則的・超越的な行為の中で純粋思考は働きやすいのです。ただし、蠍座の15度のように蠍が鷲に届く時、純粋思考はより高度なものを捕まえることができます。生命の波に飲み込まれることはなく、それでいてその力の圧縮を使うことで、より優れた活動ができるのはいうまでもありません。

 射手座

　射手座は火・柔軟サインで、これは揺れ動きながら、摩擦しながら、だんだんと上昇していく火という意味を持っています。柔軟サインは状況に合わせて変化していくので、これが対戦スポーツなどにも適しており、他に哲学や思想、宗教、海外などといわれています。

　反対にある双子座と共に、教育とか学習ということに関係するとして、双子座は風・柔軟サインで横に広がるバラエティだとすると、射手座は火なので上昇していく、つまり学習としてはたくさんのことをするというよりは、レベルアップすることに重きが置かれることになります。いずれにしても、ヘリオセントリックでは、地上的な習慣とか既存のものから考えるということが少なくなってくるので、双子座あるいは3ハウスを初頭教育、射手座あるいは9ハウスを高等教育などとか、また双子座を国内旅行で射手座を海外旅行というふうに決めつけなくてもよいでしょう。

　シュタイナー／ズスマンの12感覚論では、射手座は運動感覚と定義されています。物質体とエーテル体という両方を考えた時に、この二つは動きが反対になるとみなされます。物質体が老いていくにつれてエーテル体は若々しくなっていきます。

　AからBに向かって運動する場合、自力でBに向かって進むというふうに考えるわけですが、これは一方的な考え方、つまり二極化されたものの一方向しか考えない不自然さがあるといえます。このAからBに向かう時に、反対に意図としてBからAに向かっている流れもあるのです。この意図のBからAへの働きかけにより、身体はそこに引き寄せられるようにAからBに動いていきます。運動はそのように意図を受け止めて、引き寄せられていくものであると考えることになるわけです。

　反対の双子座は言語感覚で、言葉と運動は連動しています。双子座の項

目においても既に説明したことですが、地球にはプラトン立体としての惑星グリッドが張り巡らされていて、このグリッドなしでは虫一匹生きることはできません。そしてグリッドは細分化できるので、細かい支線を考えていくと、最終的に数十センチ単位まで考えることができます。また身体には地球の模型として、人体のエーテル体の編み目があり、これが私のヘミシンクの体験の時には、ジャングルジムとして見えていたのでした。

生命の樹は身体に対応させることができますが、この生命の樹のパスなどはいわば一つのグリッドの構造でもあり、さらに細分化されていくことになります。

毎日寝ているベッドには、その人のベッドパターンとしての生命の樹と似たラインが記録されているといいます。物質的な肉体は鉱物を借りて、エーテル体は植物を借りて、アストラル体は動物を借りてという考え方がありますが、その点ではエーテル体は植物の構造に似ていて、枝や根がたくさん伸びていくような姿で想像してみるとよいでしょう。

エーテル体は生命体とみなすことができるので、人体にしても地球にしても、このグリッドに生命エネルギーが流れていると考えます。このラインが交差する時に、その交差のスタイルはたくさんあり、それらを記号化したものが文字であると考えることができるわけです。

世界の卵としての釣鐘の内部には文字が書かれていました。この釣鐘の中の文字はイスラムのモスクの内部の模様にも似ています。

この文字を組み合わせて意味のある言葉を作ろうとすると、必要な言葉の方向に運動していくというイメージで考えてみるとどうでしょうか。

オイリュトミーの場合は、アルファベットの文字を人体で表現しています。A（アー）は両腕を斜め上か斜め下に開くので、これは一時流行したゴルゴ松本の「命」という身体文字のようです。ヘブライ語ではAはアレフでタロットカードの「0 愚者」に対応し、シュタイナーによると人間を成立させている根源的な音ということのようです。

B（ベー）は両腕で赤ちゃんを包み込むような形を作ります。これはヘブライ語ではベトで「I魔術師」のカードに対応し、ビナーという母の子宮のような場所に外宇宙から来た魔術師が入っていくことを意味しています。包み込むような形はこのビナーが魔術師を取り込むような形なのです。そもそもこれは家を表している言葉です。

　G（ゲー）は観音開きの扉を両側に押し開く動作で、明けるという意味があります。ヘブライ語ではギメルでラクダの意味があり、「II女教皇」のカードに対応します。この場合、ラクダは砂漠を歩くので船のような意味もあります。生命の樹では、このパスは砂漠と呼ばれるアビスを通過して、難所を突破していくような意味合いもあります。もともとこのギメルはラクダというよりは、投げつける棒という意味でした。

　古代エジプトのヒエログリフが原シナイ文字になり、次に原カナン文字、フェニキア文字と変わってから後にヘブライ語になったといわれます。

　オイリュトミーで文章を作る場合には、この文字ごとの動作を連結して続けていくことになります。グリッドのさまざまな線の交点が文字であるとみなした時には、自分の身体を五円玉に見立てて、大きなコックリさんの盤の上を移動しているような印象で考えてもよいかもしれません。

　動作はすべてある意図を表したものであり、運動が意図を引き降ろすものだとすると、運動の柔軟性が必要です。人智学では、この意図を生命霊といい、それは生命意図を表しています。

　射手座の9度に母親に導かれて幼児が急な階段を上がるというシンボルがありますが、この場合、母親は不可視の存在で、予感に導かれて上がっていくという意味で、意図に引き寄せられる運動でもあります。10度は下界に降りるという点では、黄金の女神の演劇的表現というシンボルは、そのまま母親が降りてきたということになります。母親が降りるにはいったん幼児が導かれて上がらなくてはならないのです。

　射手座は柔軟サインの火の元素なので、柔軟サインということは、あ

れこれと試行錯誤をすることになります。これが動作になり、そして火の元素そのものは上昇するので、それによって生命霊を引き降ろすわけです。それは意図を地上化させ、実生活の中に持ち込みます。

　射手座を解釈しようとした時、初期の度数では運動やスポーツが強調されており、後になると精神性などが重視されてきます。例えば11度から15度くらいは精神世界になりやすく、16度以後はそれをもっと地上的なところに降ろそうとします。運動と精神性に何の関係があるのかと混乱する人もいるかもしれませんが、この射手座は運動感覚であり、それはこれまで見えていなかった意図や精神というものを引き寄せることなのだと考えれば、射手座の運動性は、予感的な前駆段階であることになるわけです。

　しかしこの世の中では、スポーツというのは純粋に身体的な目的を考えており、意図の降下としてや精神の向上ということを目指していない場合もあります。特に記録を作るスポーツはほとんど運動のための運動となって、そこに意図が介入しにくいのです。

　走ると歩いている時には出てこないたくさんのアイデアを思いつきますが、これは意図の降下であることはいうまでもありません。射手座の運動性と精神性は結合させるのが一番自然なことなのです。

　そうなると射手座の性質を生かすには、じっと座って考えるということではなく、何らかの運動をした方がよいわけで、しかもそれは記録を作るような種類のものではなく、エーテル体を受けつけるようなものがふさわしいことになります。実際は最も単純な回転運動だけでも効果的です。もちろんスポーツという細かい動きでなく、もっと緩慢な、旅行とか移動ということもこの運動そのものといえます。常に言葉と運動は連動しているのです。

　射手座は9番目のサインで、それはタロットカードの「IX 隠者」のカードにとても似た意味を持ちます。隠者は処女性の男根といわれています。処女性というのは自分の目的に忠実で、他の意見には惑わされないことを示しており、この目的に向かって男根は本能的に前進するのです。

旅の途中に何か誘惑があっても、それには全く乗りません。この世は陰陽の活動でできています。この陰陽電化に染まらない自由電子のようなものは、因果をすり抜けて、時間も自由に動いて、ときには過去に行くことも未来に行くこともあるというのがリチャード・P・ファインマンの説明でした。可能性の最短距離を目指して素早く動くわけです。

　陰陽を横波とし、この自由な処女性の男根を縦波とみなす考え方もあり、これが蛇がとぐろを巻く棒という形で表現されることもあります。とぐろを巻く陰陽の横波よりも、縦波は直進するので、つまり道草をせず、買い食いの誘惑にも勝つので、光よりも速く進行していきます。相対的にそれは時間を逆行する可能性もあるということです。

　この隠者の、目的を定めて夢遊病のように本能的に歩く姿は、意図に引き寄せられて運動する射手座という意味ととても似ているのです。自分からあそこに行くという時の意図は、頭脳的に把握された意図で、実はそれは私達を動かすほどの強い力を持たないので気が重いのです。本当の意味でのエーテル体としての意図は強い力で引っ張るので、でたらめに目隠しして歩いても正確にそこに向かうし、身が軽いはずです。

　この9の数字の隠者が向かう先は、「X 運命の輪」です。占星術ではそれは山羊座に当たります。特定のローカルな直立する場所を意味しており、その場所は、隠者の探求の衝動にふさわしい場所でもあります。

　隠者の探求の衝動と意図が隠者を動かす牽引力ですから、当然それにふさわしい目的の場所に必ず到達します。むしろそこから発信された意図が隠者を引き寄せたからだともいえます。私はタロットカードの「X 運命の輪」を説明する時に、そこには複数のコスモスの輪が存在するといいます。ですので、タロット占いをする時に「X 運命の輪」が出てきたら、それはどの輪なのかを識別する必要があります。最大の輪はスフィンクスが看板になったサークルで、これは歳差活動の輪を示しています。つまり2万6000年の輪で、1万3000年の昼と1万3000年の夜に分かれています。

土星の輪なら29年で、それを求めてさまよう隠者は、就職先を求めてさまよう隠者かもしれません。もっとずっと小さい輪もあり、それこそ1日の輪ということもありうるでしょう。この場合は夕飯を求めて街をさまよう隠者です。隠者の目的が大きいのならば、到達するコスモスはそれにふさわしく大きいものです。

　大きな運命の輪を求めてさまよう隠者は、そのうろつく行為の中でその目的や志にふさわしい範囲のアイデアや思いつき、知識を空中から手に入れます。

　この本のほとんどのアイデアは、私が明治神宮外苑を走っている最中に思いつきました。走らなければこの本を書くことができなかったかもしれません。

　必要な知識が運動の中で出てこなかったとしたら、それは出てこなかったというよりかは、他の雑念に邪魔されすぎて埋もれてしまったということです。つまり誘惑された隠者ということです。隠者が誘惑に乗ると運動は止まります。運命の輪に到達した時も止まります。目的のものがまだ見つからない間はずっと動き続けます。隠者は捕まったものによって、自分の目的が何だったのかを知ります。

　私はある人に山の中を数カ月歩き回るメソッドを薦めました。彼は私の指示通りに山歩きをしていたのですが、山中のある場所である女性に出会い、そこで結婚して、三軒くらいの家の持ち主になりました。つまり、彼の模索の旅の目的はそこで止まったので、彼の目的は結婚し、財産を手に入れ、この世界で普通に暮らすことだったのだといえます。

　この後の山羊座の説明の部分で、くまなく歩き尽くさないと、狭い立脚点に安心して立つことはできないというような趣旨のことを書きますが、山羊座の均衡感覚を安全に確立するためには、その前にあらゆるところを探索し、空間をすべて把握する必要があるのです。そしてこの探索は射手座によってなされます。

♑ 山羊座

　占星術の中で直線時間の意識に関係が深いものといえば、ホロスコープの子午線だと説明しましたが、山羊座とジオセントリックで使われる支配星の土星もこれに関連しています。

　山羊座は冬至から始まるサインで、寒くて乾いており、長い間腐らないで維持できるものを示しています。水分を抜いた干物は比較的長持ちします。夏至から始まる蟹座の支配星の月は柔らかく水分を含んだもので、有機物の内臓などを表し、その外側の殻を土星が表すというイメージで考えるとよいのではないでしょうか。家は中で家族が住みますが外壁は硬いのですが、これを中に月があり外側を土星が守っているという感じで考えてみましょう。

　その点で、山羊座が敏感で細かく動き、傷つきやすいとなると上手く機能は果たせません。硬く安定し、変化しにくいことが大切なのです。

　山羊座は土・活動サインで、活動サインゆえに実務的な面では律儀で活発的です。集団意識は蟹座と山羊座ですが、蟹座は心理的な同化という点では、例えば誰かが仕切るというようなことがあると蟹座自身の目的は果たしにくいでしょう。ですが、同じ集団意識の土のサインである山羊座は上に積み上げた山のようなものなので、頂点に誰かがいることになり、つまり多くの人を仕切る人物も登場します。社会的な地位という縦構造が成り立ちやすいのです。

　シュタイナー／ズスマンの12感覚対応では、山羊座は均衡感覚です。この均衡感覚というのは、横に倒れずまっすぐに立つというものです。特定の場所に直立できるかどうか、これは射手座の項目で説明しましたが、意図と運動は反対に動くということから考えても、直立するというのは、自分の側でまっすぐに立とうとするということと、今度は反対に働く圧力

がすべての方位において均等でなくてはならないのです。例えば、前方の方が他のところよりも圧力が強いと直立できずに倒れてしまいます。この自分の側からというのと、外からということのバランスを取ることに大きな意味があるわけです。

　ズスマンは、均衡感覚を働かせるには、空間の支配者とならなくてはいけないといいました。ズスマンが使う例としては高所恐怖症というものがあって、これは崖の向こうが怖いのになぜか身体はそこに引き寄せられる。そしてじっとしていられない。これは崖の向こうの空間が未知のものとなっていて、そこに自分が不在だからだというのです。そこを自分で満たせば恐れはなくなると考えます。

　自分を取り巻く全空間に、均等に自分が広がっていけば、その人は自分の今の場所に静止できます。そして自分の狭い活動範囲においても満足感が得られることでしょう。

　山羊座の８度に幸せそうに歌う家の中の鳥というサビアンシンボルがありますが、これはＵターンした人でもあります。都会に出てさまざまなことを試した人が、ある程度まで来たら田舎に戻ってきて、地元の活動に満足して取り組むことができる、というものです。だいたいあらかたのことを知っているから、その後は、自分の狭い活動でも安定してやっていけるわけです。

　私はクラシック音楽をたくさん聴いていますが、するとこの中で、ある特定の作曲家が好きだといってもそれは不安定なものではありません。私は高校生の時から音楽辞典を持ち歩き、時代の変遷の順番で音楽を聴いてきたようなところがあり、これは山羊座の支配星の土星の特徴でもあります。つまり、とりあえず音楽分野ならだいたい全部知っておきたいということです。偏りを好まないというものかもしれません。

　私は、金星は土星と１８０度なので、音楽に関して土星意識が働きます。もし、これが音楽全体をあまり知らずに何か好きな作曲家が出てきたとし

ても、それはまた違う人を知ると急に変わるかもしれません。しかし全体をあらかた知っておけば、この中で特定の誰かを好みにしても、知った上で狭いところにとどまるので不満感は出ないのです。そのことを人にいう時も自信を持っていえるはずです。ツッコミが入っても、他を知っているのだから比較的容易に反論できるわけです。

つまり全空間をあらかた知っておけば、この中で狭い場所に直立することができるということなのです。山羊座の活動はローカルなもので、そのご当地でしか通用しません。つまり日本という山羊座社会の中で成立したものは、よその国に持っていっても価値はないのです。比較的、場所性ということに深く関わるのです。

国外でも通用するグローバルなものというのは、次の水瓶座や、あるいはもう一つ単位を大きくしたところでの山羊座です。アジアとか地球ということを一つの単位にした場合の山羊座ということです。

限定された場所で、限定されたことをしながら、そこに客観性が存在する。これは芸術家が非常に個性的な表現をした作品を一人で作っても、それは多くの人に訴えかけ、そこに普遍的な意義があるということに通じているのかもしれません。個性的であるほど普遍的というのは、矛盾しているように見えますが、この山羊座の、空間全体に広がった中で特定の位置に立つというのは、他の人にも共有された理解というものを作り出します。

空間に広がらずに特定の位置に立つと、それはたんに偏った癖になり、個性とはいいません。そしてそういう人は、いつも自分の外側の空間を恐れているので、閉鎖的になるでしょう。閉鎖的な思い込みの活動と自分の狭い立脚点で個性的に活動するというのは全く意味が違うことなのです。

自分はこのようなことをしている人間ではないと不満を持ちつつ小さな仕事をしている人と、満足感を持って小さな仕事をしている人は違います。後者が均衡感覚を得た山羊座の活動という意味なのです。

ジオセントリックのホロスコープでは、山羊座、あるいは土星があるハ

ウスがその人の立ち位置になります。そして反対に今の国、今の場所で、自分がどういう立場なのかを MC などで考えることができます。

　ヘリオセントリックでは太陽から地球へという流れなので、ジオセントリックのようにたまたま生まれた場所がここで、ここに立つという考え方ではありません。太陽から降りてきて地球のどこかを探し、そこに立脚点を持つのです。そこを地盤にして空間に浸透していき、そして戻ってくるということを考えるとよいでしょう。

　三次元ホロスコープでは、地球ポイントを1ハウスのスタートにしてハウス区分を考えました。これは全ハウスの始まりは1ハウスの度数と同じイコールハウスということです。これは地球での生活ということをすべての始まりとみなすかたちで、ハウスを考えているのです。

　この中で山羊座がどこのハウスにあるのかを考えてもよいかもしれません。例えば、蠍座が1ハウスの人はだいたい3ハウスに山羊座が来ます。すると教育とか学習、移動、旅などが立ち位置として決まります。移動が立ち位置というのは奇妙だと思う人がいるかもしれませんが、タクシー運転手が「いつもの仕事です」というのならば3ハウスが立ち位置ということに違いないでしょう。

　山羊座は冬至からスタートして、それは乾燥して固く、長持ちします。そしてあちこち動きたくないのです。この場合、ジオセントリックなら支配星は土星なので、土星の公転周期は29年という点で、だいたいその立ち位置は、29年で新陳代謝することになります。まるでマンションの耐用年数のようなものですが、29年で脱皮が始まるということです。

　もちろん山羊座が職業ということを意味することも多いので、同じ職業はだいたい29年くらいとなります。そしてたいていの人は学校を卒業して就職し、定年までの期間がこのくらいの期間であるということです。

　定年退職した後は老後の違う活動をしてみたい。そしてこれは結構楽しい。ブレイディの恒星パランであれば、西の地平線にやってくる恒星で、

定年後の仕事や活動を推理することができます。なぜ楽しいのかというと、義務から自由になり、あとは好きなことをするからです。リタイアというのはやめることではなく好きなことをするという意味です。

　1ハウスのスタートの地球ポイントの度数によりけりですが、例に書いた蠍座の人の場合、もしそれがチャトウィンなどのように23度とか後半に来ると、当然3ハウスも山羊座23度くらいになり、前の2ハウスの活動に山羊座が大きく占めるようになります。2ハウスは経済活動などです。また自分の持っている能力・資産を活用して稼ぐことを表しています。

　この山羊座の均衡感覚の部分に惑星がなくても構いません。イメージとしてそこに固く、冷えた直立した塔のようなものが立っていると考えてください。地上においてはそれが立脚点になるのです。

　ジオセントリックでは、生まれた時の実際の立脚点はMC ／ IC で考えます。山羊座はそれとは違うところにあるケースが多いでしょう。生まれた場所とは違うところで活動する人は多いのです。

　ヘリオセントリックはそもそもあまり細かくないので、生まれた時間もあまり考える必要がなく、地球上のどこに行っても相違はない考え方です。太陽から見ると地球の内部の細かいことはわかりません。

♒ 水瓶座

　水瓶座の1度のサビアンシンボルは古いレンガづくりの伝道所というもので、これは南米などの奥地に廃墟のようなキリスト教の伝道所が見つかるという意味で、一つの思想や理念が場所の障壁を越えて広がっているという意味を持ちます。山羊座が狭い範囲の立脚点を持ち、そこに静止して活動をするのならば、水瓶座はその枠を超えるわけです。

　例えとしては、学校の授業が終わった放課後、あるいは会社員の17時以後、または定年退職後など、義務的な場所から逃れて未来的なビジョンに従って始める活動をイメージしてください。

　そもそも水瓶座はまだ手に入れていない未来のビジョンを意味しています。それは物質に落とされていない所有物でもあり、やがては自分の手に落ちてくるものですが、多くの人はこの未来のビジョンに向かって今の活動が存在するという意味では、十分に大きな影響を持つものです。過去から未来に1本の綱が走り、その上を歩いていくのですから、未来のビジョンを失うとこの綱は維持できなくなります。

　思想は繰り返されると感情になり、さらに繰り返されて形骸化すると物質的な形態になります。それを追いかけて仕事外にサークルとか勉強会とかクラブに参加するのです。定年退職後、蕎麦屋さんをしたい男性は会社が終わった後に、蕎麦大学に通うことでしょう。

　未来の希望は現状を否定する傾向があります。というよりも、現状は山羊座の狭い立脚点を意味するので、未来はそれ以外のところにあるわけです。その点では、ヘリオセントリックの山羊座が立ち位置だとして、それがどこのハウスにあるか確認すれば、その次の水瓶座があるハウスが未来にしたいことを示すハウスになります。

　シュタイナー／ズスマンによると、水瓶座は嗅覚を表しています。山羊

座は確実で固まった直立する場所を表し、その周囲のまだ現在に落とし込まれていない未来のビジョンの中に漂うものが水瓶座です。感じるけれど、ものとしては手に入れていないものということからすると、個体があり、その周囲に漂う匂いということは似ているかもしれません。

　ズスマンはこの嗅覚は、物質的な嗅覚というよりかは、「嘘臭い」「何か隠している。匂うぞ」とかの言葉で表現されるように、真実を見分ける非物質的な嗅覚ということに重点を置いています。水瓶座はものそのものよりも、その周囲の匂いによって真偽を判断する能力なのだというのです。

　匂いは物質的に見えません。しかし物質から離れているわけでもないのです。いわば、物質と非物質の両方にまたがったところで成立しています。これはエーテル体と物質体という対比でもよいのですが、物質に寄り添いつつ、そこが醸し出すものを判断するということに理念と現実の対比があると考えてもよいのではないでしょうか。

　現実にはこうなったが、しかし実はこうなるべきであった。こういう時に、こうなったものは物質でこうなるべき方向性は匂いの中に嗅ぎ分けられます。山羊座はそれが良いものであれ、間違っていると思われるものであれ、受け入れます。現実がそうならそれを受け入れるしかないと考えるからです。

　ですが水瓶座は、悪い習慣ならば悪いといいます。これが物質の周辺を漂い、なお、未来のビジョンと結びつく匂いのところに判断の基準があると考えてみてもよいでしょう。

　それに、正しいまたは悪いという判断は何がそうさせるのでしょうか。それは未来のビジョンによってなのです。中空に浮かんだ抽象的な善悪は存在しません。それは必ず未来ビジョンの向かうべき方向に沿っているかまたは沿っていないかということで決められます。

　したがって、未来ビジョンを引き寄せようとする水瓶座が山羊座の現状を見て「嘘臭い」という時、それは自分が抱く未来イメージの方に向かっ

てきていないということをいいたいのです。

　エーテル体と物質体は時間が反対に動きます。なぜなら、この世界が二極化された時、私達はこの一方だけを手に取りました。そのことで時間が進む世界の中に入ることができたのです。もう一方は視界から消え去ってしまいました。この二極化された二つのものを一体化させたものが実体だとすると、隠れたもう一つの実体は私達の存在性もしくは時間の流れが消滅するような方向に動いていきます。

　両方が結びついて互いの特質を帳消しにすると、時間の中に住んでいるわけではない私達の実体に戻ります。これはマルセイユ版のタロットカードの「XIX 太陽」のカードに描かれています。私達の肉体的な存在ともう一つのエーテル的な存在が結びつくと、それは太陽に戻ります。太陽が永遠だとして、肉体の私とエーテル体の私は反対の時間を生きているわけです。二つに割り一つを隠すと、崖から落ちるようにその欠損部分に向かって私達は倒れていきます。これが時間の流れだと考えればよいのです。

　例えば、ものを失う喜びというのがあります。お金やものがなくなるにつれて開放感に満たされ、力強くなっていくというのです。これが水瓶座の持つ本性の一つです。ものがなくなると、その空いた場所に未来のビジョンが流れ込んできます。部屋のゴミを捨てて断捨離生活をすると何か気分が爽やかになり、未来が開けてくると感じるのです。しかしものが詰まって身動きが取れないくらいになると、もう未来は引き寄せられません。ものは過去から来たもので、つまり既に手に入れたもので、形骸化したものであり、それは未来からやってくるものを阻むからです。

　ものに埋もれた人は未来の希望を失っていて、今後どうしたらよいのかビジョンをなくした人です。そしてどんどん無気力になっていきます。

　そのことを自覚しない人もいますが、そういう場合、とりあえずものを次から次に処分してみるとよいでしょう。何か心細くなり、求める気持ちが働くかもしれません。それが未来を引き寄せるのですが、この水瓶座的

な未来ビジョンというのは、今ここにない欠乏感そのものが所有そのものなのだということを考えるべきです。

　ものを持っていませんが、その分、たくさん夢を持っているのだと自慢できるわけです。空腹感を感じた時の満たされた感覚というと、奇妙かもしれませんが、既に多くのものを手に入れた人には希望や夢がありません。

　嗅覚は客観的ではなく、その人の未来ビジョンにしたがって匂いを判断します。誰にも通用するような基準で匂っているわけではありません。例えば、私は匂いに過敏で化粧品の匂いで頭痛や貧血を起こしてしまいます。そのため狭い部屋に人が集まった場は苦手です。このような時に、たとえ安価な化粧品でも良い匂いと感じる人はいるはずです。私は自然もののアロマオイルの匂いも、安物化粧品と同じくらい苦手です。ずっと昔にアロマの学校で占星術を教えていたことがありましたが、その時、そのアロマオイルの匂いで瞳孔がいつも開いていて、何かドラッグでもしているかのようでした。そのトラウマがあるのかもしれません。

　JBL のオーディオ装置は、スピーカーもアンプも同じような独特の焦げた匂いがします。30年前に新宿のオーディオユニオンに行った時、この匂いがしていました。そしてその頃、私は全くお金がなかったので高価なオーディオなどは手に入れられませんでした。そのせいかこの焦げたようなオーディオ装置の匂いは憧れの匂いでした。昨年、オークションで JBL の小型モニタースピーカーを手に入れた時、JBL 製品は中古でさえいまだにその匂いがあることには驚きました。

　ズスマンは、やがて人類は嗅覚の器官を失うといいました。知性も不要なのでそれもやがては失われていくだろうと。嗅覚の器官を失うと、ますます非物質的な価値判断の能力の比率が増えていくことになります。しかしものそのものではなく、その周囲に漂う匂いの方をより重視するような判断法というのは、例えば事実よりも憶測とか妄想の方を優先するという弊害を作り出す場合があります。

その昔、80年代くらいに精神世界がまだ熱く盛り上がっていた時代、良い波動／悪い波動というふうに波動で判断する人々がいました。何かを見ては「あれは波動が良さそう」などというのです。これは匂いと同じだと思いますが、良い波動と判断する基準はたいていの場合、自分にとって都合が良いかどうかだけでした。自分に都合の悪いもの、あるいは好みでないものを悪い波動だといい、そしてそのことに無自覚な人はたくさんいたのです。

いずれにしてもエーテル体という隠された身体は、未来から過去へやってきます。私達は過去から未来へ進みます。この未来から意図を携えてやってくるものが物質の周辺に漂い、物質が分解した雲のようなものに対して強い判断力を発揮しているのです。

未来ビジョンを持つ以上は、今の私達の未来に対して予言的な力もあります。私達はただ漠然と生きているのではなく、過去から未来へ張られた綱の上を歩いているのだから、未来から来るものは予言的な力を持っているわけです。彼らにとって既知のものをここに持ち込もうとしているのです。

♓ 魚座

　魚座は水・柔軟サインです。水は結合力で、柔軟サインはその都度変化したり、対応を変えたりするというものです。魚座の場合、これが目に入るものはすべて集めてくるという性質になるので、魚座１度のサビアンシンボルは市場というもので、集めてきたものをすべて置いてある市場という意味になります。以前はヨドバシカメラやドン・キホーテという例で説明していたのですが、最後のサインということもあり、これまでのサインのすべての要素を集合させるという目的もあります。

　全部集めてどうするのかというと、エッセンスを選別してまとめ、ここから次のサイクル、すなわち次の牡羊座から始まる輪廻の方向性を決めるわけです。何が足りないかを判断するということもあるでしょうし、これまでの体験を総括して、そのレポートをより上位のコスモスとしての自己に送り出すこともあるでしょう。次の方向を決めるのも実際にはこの上位の自己です。

　ヘリオセントリックのホロスコープが、太陽を取り巻く数個の分身の惑星の活動ということならば、それぞれの惑星が体験したことを太陽にレポートします。太陽はそれを受け取って、また惑星の次の課題を与えるのです。

　魚座は意識の重心が物質性から霊性へと転換していくのですが、上位の意識の形骸化したものが下位の意識なので、つまりいろいろな体験のエッセンスを抽出するということ自体が形骸化したものから生きた要素を抽出するという意味になり、物質性から霊性へと重点が移ることと同じ意味になります。

　魚座は希薄な水、空気を含んだ軽い水として、霧や雲を象徴します。この雲間から新しい動きの牡羊座が登場してくるのですが、それは魚座の最後の方のプロセスで、まずはあらゆるものを集めてくるのです。集めない

ことにはエッセンスが取り出せないからです。

　１度であちこちうろついてゴミ拾いすると想定します。２度はハンターから隠れるリスで、これは例えば集めてきたものの中で確保しておきたいものがあったらそれを取り置き、あるいは隠してしまい、業者に売り渡さないということです。３度は化石化した森というシンボルですが、これは腐りやすいものを永遠化する作業で、価値があると思って取り置きしたものを長く持たせたいと思うからです。例えば、フリーズドライにしてしまうとか、公式化するとか、いろいろ考えられます。そして４度ではこれを普及化させ、普遍的な価値へと押し上げます。

　既に説明しましたが、直線時間意識においては MC が価値の頂点となり、そこからすると12ハウスは下層に降りた薄暗い場所です。しかし円環時間では、むしろ12ハウスは MC の間違いを正す役割になります。MC はローカルな立脚点なのでその場所でしか通用しない価値で生きています。例えば、ある国ではある牛の部位をすべて捨ていました。ですが、他の国ではその牛の部位はとても価値があるものなので、その国の判断は違うというかもしれません。それは MC と他の国の MC との比較であり、12ハウスの場合には、この場所性から離れたところでの、いわばすべての国で通用するような普遍性で判断するわけです。

　魚座はもともとジオセントリックでの12ハウスと似ています。MC に似た山羊座的な判断で取捨選択していた町で、あらためて、その判断法をリセットするためということもあり、まずは何でも集めるのです。そして２度と３度の段階で拾うか捨てるかをあらためて判断します。それは山羊座的な判断ではなく、魚座的な判断によってということです。

　シュタイナー／ズスマンの感覚論では、魚座は味覚に関係します。食べ物を口に運び、この食べ物が舌の上で溶けて、人間はその食べ物と一体化します。魚は舌そのものが生きて動いている姿なのだとズスマンはいいます。魚座の曖昧な輪郭の水の元素、霧や雲は周辺の輪郭がはっきりしなく

なり、そこにいろいろなものを取り込んで溶かしていきます。これは舌の上で食べ物が溶けていくプロセスと似ています。水瓶座の段階で、匂いがおかしなものは口に入れないかもしれません。

　食べたものは内臓器官で消化され、不要なものは排泄され、必要なものは吸収されるます。この吸収の仕方は人によってかなり違うはずです。ある人は吸収しない物質を他の人は吸収します。あるいは吸収の効率が良い人もいれば、効率が悪い人もいます。栄養学的な観点だけで考えると、食べ物を物質的な側面でしか見ないので、この吸収に関しても、片翼的な判断、つまり物質とエーテル体の両方で考えず、二極化された一方だけで考えるので、例えば日本人が活き作りを食べる時、魚の生きたエーテル体をそのまま取り込んでいるということが見落とされてしまいます。死んでしばらくするとエーテル体は身体から離れるので、たいていはその後の残された死体だけを食べることになります。ですが、活き作りが好きな人は跳ね回るエーテル体を食べて、それと一体化しようとします。

　そもそも古代の、タマフリとタマシズメは空中を漂う死者のエーテル体を捕まえて食べることも関係していました。金星と月のパスであるタロット「XⅦ星」のカードの手法は、星の力を月の器官イエソドにチャージすることでしたが、もっと身近で低次な活力を吸い込むのに、空中のエーテル物質を取り込むことが可能です。例えば、魔術や呪術では、動物を殺した直後の血を使っていました。まだエーテル物質がほとんど残っていると考えていたからです。それは人道的でないという理由である時代からは血の成分に近い薔薇が使われるようになりました。

　タマフリでは、空中に漂うエーテル体がもう誰も使用していないのならば、もらってもよいということになっていました。人は死後、エーテル体が肉体から離れ、次にアストラル体がエーテル体から離れ、最後に自我がアストラル体から離れていきます。そのため、アストラル体や自我が抜け出した後の、あるいは抜け出す準備が完了した抜け殻エーテル体が存在し、

それは誰も所有権を持っていないので気が合うものがあれば取得できるというわけです。族長はそうやって自分の力を強めていきました。ただ、このためには柔軟性や強い受容性が必要で、そういうキャラクターでないのなら、他の生命の死後のエーテル体には拒絶反応を起こすことになります。

　私達は自分と同じものを世界に見るので、肉体とエーテル体の両方を意識して生きている人は、食べ物を見た時もその肉体とエーテル体の両方を意識します。すると活き作りではエーテル体、すなわち生命体に焦点を絞って、やがて体内で一体化するのです。

　いずれにしても、食べ物を口に入れた時、一面だけでなく多くの部分で一体化するのです。となると、非物質的な領域でも舌で味わい、溶けていくというプロセスを体験することも想像できます。自分と食べ物の両方の境界線が曖昧になることでしょう。この溶けて一体化するのは危険な要素もあります。なぜなら、食べたものの方が強ければ、自分が溶けて相手に吸収されてしまうからです。

　舌は口の中に収まっています。外からは隠れていて、食べ物を口に入れた段階で初めて舌がひっそりと食べ物に接触します。食べ物を逃げられない狭い穴に追い込んで、そこで、舌が溶かしにかかります。水瓶座の段階で匂いがおかしい食べ物は口の中には入れません。水瓶座でこれは正当な食べ物であると判断したものだけが口に入るのです。

　舌は柔らかい粘膜状なので、それが外にむき出しになることはないと思いますが、常時ではなく、一時的にならば舌を口の外に飛び出させることができます。この点で、ときどき外に飛び出る舌というものは、エーテル的な不可視の領域では、へそから出てくる紐もそれに似ていると考えられます。

　へそから舌のようなものが伸びてくるのは、生命の樹のティファレトとホド間の「XV 悪魔」のカードが意味するパスでした。それはへそから出て世界のいろいろな場所のいろいろなものに張りつき、それを味わうのだ

ともいえます。味わうというフィードバックは「XⅦ星」のカード、ネツァクとイエソドの間のパスとなります。

　一人の身体の中に、この飛び出る、味わって引き込むという両方の働きがあるのですが、へそから「XV悪魔」のカードのパスのように舌が飛び出して何かに張りついた時、そのターゲットの中には、今度は「XⅦ星」のカードの働きに似て、どこかから伸びてきた舌を積極的に取り込んで、液体で溶かして一体化しようとするものもあるはずです。抵抗するものだと思っていたら、逆に引き込まれてしまったというようなことです。

　カフナの用法である、エーテル体の紐を出して、牛乳パックにストローを刺すようにターゲットに突き刺すというのは多少ショッキングなもので、自分と相手が一体化してしまうので、これまでの自分が維持しにくくなり、微妙に人格クラッシュを起こすのですが、ターゲットによっては全く抵抗のないものもあります。

　というよりも、まずはこの自分から舌が飛び出しターゲットに向かうというのは、三次元的な意識、すなわち二極化された意識の見方です。ここからあそこというのは一方的で、二極化から自由になった意識では、この方向感覚が消失します。自分がターゲットに向かったのか、それともターゲットが自分を呼んだので紐が飛んでいったのか。主客の分離はないのでどちらともいえないことでしょう。

　魚座が味覚を示し、舌を伸ばしてあちこちのものに触れるのならば、魚座の1度で町をうろついてゴミを拾う時の棒は、先が餅のようにべたべたした粘性のあるものでそれにいろいろなものをくっつけて袋に入れるのかもしれません。健啖家は町をうろついて何カ所も寿司屋に入り、そこでいろいろな魚を舌に乗せているわけです。

　へそから出るエーテル体の舌を取り上げるのならば、もう一つの舌についても説明したくなります。それは額から出る舌で、エジプトの壁画に描かれているような、額から出る蛇のことです。

アイドリング状態の時には額の前で待機していますが、ターゲットを見つけると蛇はまっすぐに伸びていきます。肩に乗った鷹が獲物に向かって飛び出すようなものです。

これはへそから出る蛇を別レベルで説明したものです。つまり肉体の生命の樹の額は、その上のエーテル体の樹のへそだからです。「I 魔術師」のカードは「XV 悪魔」のカードでもあります。

エーテル体の見えない舌を出すへそや額などは、実は誰でも同じ位置にはなくて、畑で採れる野菜の形のようにいろいろと違ってきます。物質的な肉体でのへそなどはだいたい誰でも似たような位置にあり、それは身長を1とした時、黄金比の0.618の場所にあるなどといいますが、エーテル体の場合には、そもそも物質の輪郭のようにくっきりしておらず、それに伸縮するので変則的なものも多いのです。

以前オーラを見る練習会でいろいろな人を見た時に、太陽神経叢から出るといわれているシルバーコードは必ずしも前方とはかぎらず、へその後ろの背中の側にたくさんの束があるように見えることもありました。意識していないものは背中の側に収納され、カレントのケーブルは前方のへその側に置かれているというふうに見てもよいかもしれません。

私が体外離脱した時にも、シルバーコードは背中の側にありました。1本の紐を持って力任せに引っ張ると、そのコードが何につながっているのかわかります。相手の声が聞こえるからです。私が星に体外離脱して、地球に戻る時も、暗闇に1本だけの直径がナノサイズのような繊細な糸が張られていて、それは揺れていました。その上を例えようもなく軽いグライダー、つまりマカバが斜めに降りていきました。

そもそも太陽の自己分割は、蚕の繭の周りをほどいて糸にするというイメージと似ていて、この紐はエーテル的な領域で見るとへそや額だけではなく、あちこちから飛び出します。

太陽と惑星群、あるいは惑星と月群、これらは螺旋回転しながら前進す

るので、遠くから見れば筒や紐、あるいは管です。中は中空で外皮が惑星。この紐が、あるところからあるところに張られているのです。過去から未来へ張られていると考えてもよいでしょう。

　魚座は12サインが全部終わり、次の12サインの回転に受け渡すための最後の準備をします。この12サインの回転は螺旋回転で前進しています。しかし、回転方向に対して、この筒の前進方向は90度で、つまり12サインを回転しているところの意識からすると推進方向は意識に上がってこず、自分がどこに向かって進んでいるかわかりません。ですが、この90度意識という裏側にあるものは、魚座の最後から次の牡羊座の間の空白、春分点に近いところではわずかに意識に上がってきます。なぜなら、それは円回転ではなく螺旋回転であり、前の牡羊座と次の魚座の後の牡羊座は位置が違うからです。

　もし同じ位置を円回転しているのなら、人生はあまりにも退屈です。円回転しつつ、推進する方向に一瞬意志を働かせるのです。この推進の意志を魚座は自覚しています。12サインの回転の時には、この向上心や推進の意志は12サインの螺旋の傾斜角度に従うので、無理に進めようとしても進みません。10度の傾斜で回転しているのならこれを15度にする、などということをどこかで無理に行うことができないのです。魚座の最後と牡羊座の初めの部分では、この前進の意志が最も反映されやすいでしょう。これは死んだ後どこに行くかを死ぬ直前に決めておくというようなものです。

　紐を太陽と惑星群の回転とみなした時に、円回転している意識は惑星が受け持ち、太陽はこの円回転にかまっておらず、推進する方向に意識を向けています。そしてこの推進方向のことを惑星は知りません。惑星は円回転することに忙しいため、惑星レベルの意識では、この全体の運営のパイロット波のような役割の太陽の意識を理解できないでしょう。同じように、月は惑星のことを理解しません。

舌はターゲットと一体化し、一体化した後は自分が変化してしまい、前の状態には戻れません。この前進する紐が、何に一体化するかによって、変化の後の状況は違ってきます。コスモスの内部でいろいろな食べ物を味わっている時には、存在全体は大きくは変化しません。むしろ維持することが肝心です。しかし、春分点の手前、魚座の終わりになると、この舌によってターゲットと一体化するというのは、自分自身がより大きなサイクルの中で、何かに食べられているようなものであり、食べものを口に運ぶのでなく、自分がどこかの口に運ばれていることを示します。

　どこに向かうかは、12サインの回転方向とは違う前進方向を意識することが重要です。このためには12回転方向、すなわち人生の中でのいろいろな出来事に対する関心や社会の中での活動に目を向けるのではなく、人生全体を俯瞰できて、なかおつそれらを踏み台にして初めて成り立つ意識に向かわなくてはならないでしょう。魚座の場合、26度以後はそれを意識することが多いはずです。

III

三次元占星術の実践

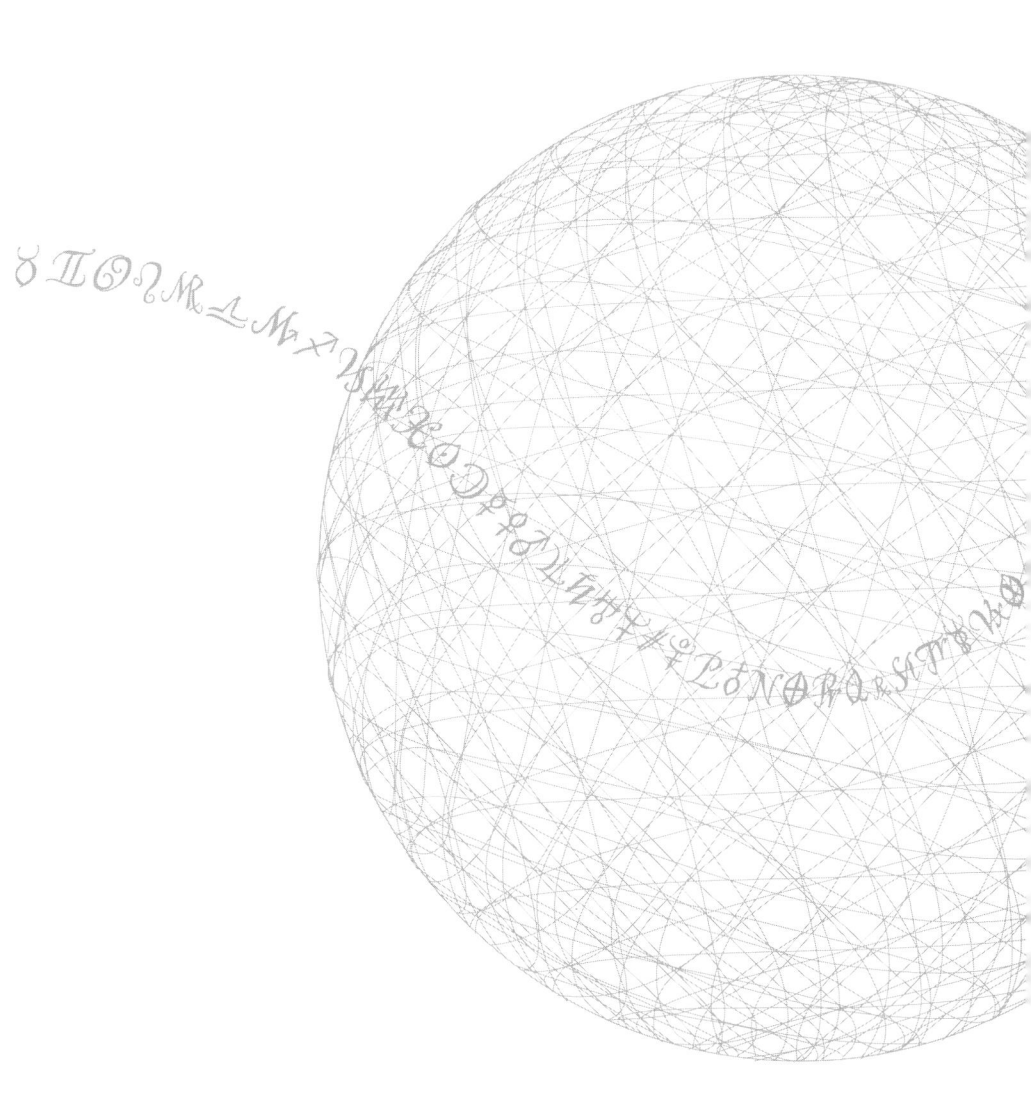

1 　星の一つひとつに飛ぶ練習

感情や思考の変化を早く生じさせるには
変成意識によって恒星に飛ぶこと

　すべての男女は星であるという理念を達成するには恒星マカバが必要で、その練習の一つとして、惑星に結びつく恒星を調べるということが挙げられます。

　水星・金星・地球・火星・木星・土星・天王星・海王星・冥王星を合わせると9個ですが、これらに結びつき、なおかつ明確に実感のある恒星を見つけ出すのです。

　七つの法則は応用的には違う数のものとして、例えば6あるいは8、ないしは9などという数で説明されることはかなり多いのです。グルジエフのエニアグラムは七つの法則が実際に機能するのに、インターバルなどを加えて九つの要素が必要なのだと説明しています。

　アマテラスを肩に乗せて歩き回る大和姫があちこちに伊勢神宮（あるいは元伊勢）を作りました。恒星を乗せて歩き回る惑星は地上に、つまり腰に降りてくるので、すると私達は、今度はその通路を反対側に移動します。通路ができると浸透されたものは上昇するのです。惑星の鋳型に乗った恒星のグループは恒星間領域に通路を作ります。

　占星術は机上の理念的なもので身体的な訓練や修行には結びつきません。しかし、それは長い間扱っているうちに少しずつ感情や思考の変化を生じさせます。

　ですが、もっと早く進めるにはこの恒星の一つひとつに、バイノーラル

ビートなどを使って何度も旅してみるとよいでしょう。惑星の型を借りて、そこに乗る恒星に一つひとつ浸透することで恒星間移動のマカバをそこに重ねて作り出すことができるきっかけが作られていきます。いつかは惑星の殻から脱皮します。私達はマカバによって空間的に移動することはありません。目的の場所に同調するだけです。

　もし移動できないとしたら、それは船を鎖でつないでいる場所があり、それはその場所に依存しなくてはならない理由があり、ここでは太陽系内惑星に依存しているからです。そこから手を離すと恒星に移ります。

　昔、私が体外離脱で土星の中に入った時、そこにアルクトゥルスとの回路があったのは、土星とアルクトゥルスが同じ場所に重ねられていて、全く違う次元のものがレイヤーになっていたということなのですが、これが太陽系内で、アルクトゥルスにつながることのできる通路を作っていました。すると土星作用に馴染み、土星から手を離すことができるようになったら、つまり『ヘルメス文書』の中でヘルメスがいうような「遊星に借りを返す」ことができたら、そのままアルクトゥルスに引き寄せられることでしょう。

　比重は土星よりもアルクトゥルスの方が濃くなります。しかし、土星との通路がなければいきなりアルクトゥルスに行く手がかりはありません。惑星が示すものは、太陽系の中での日常の生活の一部の属性を表すので、普通の暮らしの中で恒星へのきっかけとは、このように惑星に恒星が重なり、惑星がバイパスすることなのです。

　夜空に輝く無数の恒星、これらはみな人の個性を代弁するものです。私達はこの一つの個性を内部に7分割したその一つに同一化しており、まだ個性の段階に入れません。恒星を考え、パランで見たり、あるいはさまざまな手段で恒星を考えたりする時、それはこの存在状態を夢見ていると考えるとよいのです。

バイノーラルビートは有料でも無料でも可
重要なのはα波でなくθ波が入っていること

　ヘミシンクはアメリカのモンロー研究所の制作したもので、たくさんのナレーションが入っています。このナレーションが好みでない人はバイノーラル信号のみを発信するものを入手して使うことにしてください。

　最近、大阪などで私がバイノーラルビートを併用して講座をする時に、参加者に薦めているのは iPhone のアプリで Mind Wave2 というものです。これは信号のみが入ったもので App store から有料でダウンロードすることができます。

　Android の所有者は、これ以外のバイノーラルビートを手に入れることになりますが、こちらでもかなり多数のコンテンツが登録されており、自分で好みのものを選んでみるとよいでしょう。重要なのはα（アルファ）波でなくθ波が入っていることです。

　そして、だいたいトータルで15分から20分くらいで、この惑星を通じて恒星に飛ぶということを試みてみましょう。

　2014年の8月の大阪の講座では、参加者に自分の地球ポイントに結びついた恒星を探査するということを試みてもらいました。地球にアゲナがある人は、バイノーラルビートを聴きながら変成意識に入った時に自分が足元を見ていたといいます。何か重苦しい雰囲気を感じたそうです。

　しかしケンタウルスはヤコブの梯子の初めの段階なので、これを通じて人はもっと高度な世界に向かいます。そういう貢献をする役割があるのです。階段が途中で壊れたというのがケンタウルスで、そのため階段を修復できるのもケンタウルスです。足元の傷をじっくり見るべきです。

　同じようにアルヘナの人も、たまたまそのセッションでは自分のかかとを見ていました。アルヘナはアゲナほどには傷を受けてはいないのですが、しかし神聖なものが地上的な世界に足をつけた時、避けられない汚染と

いうことを意識せざるを得ません。このアルヘナに入りきらない場合には、足をぶらぶらさせる光景として映像化されます。足をぶらぶらさせるアルヘナは、この地上でちゃんと仕事をしないで、中空で迷い続けます。地に足をつけると汚染されるからです。

またある参加者は、日本語の文字が書かれた空き缶がいつまでも転がっているという光景を見たそうです。この参加者は天王星にアルケスが重なっています。天王星は比較的個人的ではない天体なので、水星とか金星ほどに身近ではありません。しかし独自の生き方とか、細かいところに没入しないでもっとトータルに生きようとした時には、次第に身近になります。

アルケスは神聖なギフトを持ち運ぶことです。私が今まで見ていると、このアルケスの持ち主はかなり多くいます。もちろん同じアルケスでもみな中に入っているギフトは違います。

次に参加者で比較的多く見られたのはファシーズでした。これは軍人的とか、攻撃的というふうに見える恒星です。200年以上前ならばその性質の通りに戦闘的に働いていたかもしれません。ですが、今は山羊座の9度なので、サインの特質から脱力系になっており、ファシーズの持ち主で盛んに活動している人はあまりいないのではないかと思います。「しなくてはいけないと思うんですけど」と彼らはいうけれど実際にはのんびりしているわけです。

妬む人の月レベル⇒頼りないけど人になる惑星レベル
⇒環境の中では有能な全惑星レベル⇒恒星レベル

ジオセントリックで太陽が蟹座の9度の人だと、一緒に水の中に入るまたは同化するという性質で、ここでは職業的に活動することに対しての少しばかりの抵抗が生じてきます。水は同化する性質なので、同化した状態で個人の意志を強く押し出すというのは矛盾するからです。

蟹座の９度の太陽はヘリオセントリックでは、そのまま地球ポイントが山羊座の９度に変わるので、蟹座でなく山羊座として働く性質がクローズアップされます。しかし９度ですから、ローカルな土地のリズムに同化するということも強く出てきます。つまり蟹座では心を表す水に同化していましたが、山羊座になると土地に同化するわけです。私がいつも冗談でいっているのは、島根県に行き島根県に順応すると歩くのが遅くなるというものです。

　こうした中で、ファシーズという鋭い力を示す恒星の力を発揮するにはまだギャップがあります。しかしその必要性は感じている人が多いようです。

　蟹座も山羊座も集団性を示すサインなので、個人の意志は取り出しにくいでしょう。それは集団の力の中で埋もれてしまっているからです。ヘリオセントリックの集団サインとは、地上のどこかの地域のそれではないということを参考にすると、違う角度から点検できると思います。

　惑星レベルに失望していない人には恒星の意義がわからない場合もあるので、二つのクラスに分けるとよいでしょう。惑星クラスと恒星クラスです。グルジエフはかなり厳しい基準を設けていました。例えば20人の人が養えない人には、道に入るべきではない、と。それと似て、恒星は惑星の体験が満たされない段階では追求するべきではないということも考えられます。普通の努力でできることを恒星に、さらに惑星に期待してはならないのです。

　このクラスをもっと細かく分けるとすると、妬む人の月レベル、頼りないけど人になるのが惑星レベル、地球環境の中では有能な全惑星レベル、そして次の段階で恒星レベルとするとよいのではないでしょうか。

　地上の生活に幻想を抱き期待を持つのは惑星レベルです。恒星レベルというのは、結局のところ、そこにつくづく飽きているということでないとあまり意義がよくわからないということにもなります。

　他の恒星もそうなのですが、このファシーズあたりは土地と結びつけると、さらに近づきやすいでしょう。つまり恒星に接近するのに、惑星を使うようにさらに身近に土地に結びつけて接近するのです。

② ヤコブの梯子の入り口

「ゴーイング・ホーム」を聴くことによって
自分の意識の次元が理解できる

　ブルースは宇宙探索の講座をしています。これはヘミシンクを使わないで、誘導瞑想によって太陽系の外に出て行くというものです。

　ブルースは、ジオセントリックのホロスコープで進行の新月が昨年2013年に9ハウスで起こりました。ということは、30年前には8ハウスでした。これまでブルースが行ってきた死後探索は8ハウスのテーマでもあるので、私は次の新月前にはそのことに関心を失いつつあり、次の準備をするのではないかと思っていました。新月の1年とか2年前は脱力症状があり、無気力になるものです。

　新月前、私の場合には、体温が34度台になり冬眠のような感じでした。ブルースの場合は、次の新月は9ハウスなので、死後探索というよりは宇宙探索なのだと思います。それについては昨年、フロリダのタンパでブルースにも説明しました。

　宇宙探索に出る時、これはフォーカス35のレベルに行くということなのですが、こうした太陽意識に入る時にはその手順というものがあります。伝統的にそれは神への階段という意味で「ヤコブの梯子」と呼びます。タロットカードの「XII 吊られた男」が逆さまになって足をかけている横棒は、ヤコブの梯子の一番低い横木かもしれません。

　モンロー研究所のヘミシンクで、末期ガン患者用の「ゴーイング・ホーム」というものでは、フォーカス番号をそのまま数えていくプロセスがあり、

死後、どこに行くか決めるための踊り場のような場所がフォーカス27です。そこまで一つひとつ数を数えるように上がるので、これを聴くと自分の意識の各次元においての状況がよく見て取れます。それは非常に興味深いです。集合的信念体系の場は、フォーカス26あたりにあるといわれています。例えば宗教などによって思想が固まってしまうとこうした場の中に縛られます。

しかし個人の感情の問題とか、もっと下のフォーカス番号のところで、何度通っても似たようなものが出現してくるところもあります。この場合には、何度も何度も通って、そこを浄化するという取り組みをするとよいと思われます。コントロールマニアのような感情はフォーカス19にあると私は思っています。

フォーカス27は、ひとまず人にとって平和な天国のような場所です。そこからフォーカス35に向かうのですが、この入り口はケンタウルスにあると考えられます。これがヤコブの梯子の一段目です。

宮沢賢治は『銀河鉄道の夜』で、南十字の近くに下車駅があり、そこでは賛美歌が聞こえると書いています。この賛美歌320番はタイタニックが沈没する時に乗船した人々が歌ったもので、神への階段を語ったものです。このサザンクロスを下車すると、すぐ近くにケンタウルスがあります。サザンクロスは三方向をケンタウルスに囲まれているのです。サザンクロスの駅をアクルックスとみなしてもよいでしょう。ヤコブの梯子はここに足場を組んでいると思われます。

フォーカス27ではまだ男女の区別がありますが、フォーカス35には存在しません。プラトンによると、アトランティス時代にはまだ人間は男女には分かれていなかったといいます。ある時代に男女というものが生まれ、フォーカス35に行くにはこの二極化をまずは乗り越えられなくてはならないのです。

これは男女がなくなるということではなく、そこから生じるこだわりや

感情問題、信念体系などから解放されなくてはならないということです。結婚などはこの二極化の土台の上に作られたものです。二極化が解消された場合、結婚ということの意義が根底から崩れてしまうのかというと、それでも協力関係として維持できるはずです。なぜなら、男女の二極化ということ以外にいろいろな目的があるからです。

　フォーカス27からフォーカス35に行く時に、日頃は忘れていたこの二極化の問題が急速に浮上することになるでしょう。

二極化によって生じた問題を
一方の視点からで解決するのは無理

　チャトウィンは、地球ポイントが蠍座の22度近辺にあるので、アゲナがここに重なっています。アゲナとトリマンは、ケンタウルスの足の傷で、これはこのヤコブの梯子の最初の場所でもあります。

　この傷は、太陽系内部では土星と天王星の間のキロンとある部分まで共有されます。キロンはケンタウルス族といわれる小惑星グループのうちの一つで、ケンタウルスの太陽系内支社がキロンだと考えてもよいかもしれません。ここでは土星の孤立が問題になります。つまり合意的現実、物質主義に閉鎖され、精神性と物質性が切り離された領域です。

　ケンタウルスβ星としてアゲナはラテン語で「かかと」という意味があり、これは「ハダル」とも呼ばれ、この場合にはアラビア語で「大地」という意味となります。

　チャトウィンの説明の際、アゲナは恋愛関係でトラブルを経験しやすいと説明しましたが、これは性的な事柄に関しての傷や屈折などにも関係しやすいでしょう。ときには、それは男性か女性の側として加害者もしくは被害者などにもなります。この場合、男性の視点と女性の視点を持ち続け、その二極化された一方から見るかぎりは、いかなる解決もありません。二

極化によって生じた問題を、二極化された一方の視点から解決することは理屈としても無理な話だからです。

　例えば、実際の問題が生じた場合、いくつかのケースでは女性の視点から見て男性に何とかしてほしいということがあります。これらは一方の視点から見ているので決して前進はしません。この二極化の統合化があれば、神への階段の一つ目を上がることになります。それは大地から離れ、かかとから上部に上がることです。特に上昇にはトリマンが深く関わる可能性もあります。

　ケンタウルスは南にあるので、日本では鹿児島や沖縄などからでないと見えませんが、恒星のグループでは5であり、南緯44度8分ということではグループ6にも近いでしょう。そもそもこのグループ分けはかなり大雑把なものなので、細かく考えるにはもっと微調整した方がよいでしょう。

　性的な問題というのはスワディスタナチャクラ、もちろんこれは性器そのものの場所でもありますから、グループ6に関わりやすい問題でもあるのです。この梯子の先には、今度はシリウスがあります。ケンタウルスからシリウスだといきなり飛躍しすぎだといわれるかもしれませんが、シリウスでは人と動物の分離という問題が浮上してきます。

　動物というと誤解されるので、もっと違う言い方をすると、いかにして人の形を失うか、ということです。人の形と人の感情、人の知性は連動します。それもまた一つの信念体系だからです。

ケンタウルスで男女の区別がなくなると
次はシリウスで人の形がなくなる

　リサ・ロイヤルは人類型のスタイルを持った宇宙種族は琴座が始まりだと述べています。ですが、この人形の母体は龍とか蛇とか、あるいは昆虫のような形でもあります。

シリウスは、動物と人の一体化した姿としてエジプトの像などにたくさん残されていますが、ケンタウルスで男女の区別がなくなると、次はシリウスで人の形への固着がなくなるということなのです。どのような鋳型を持つのであれ、それ特有の信念体系としてこだわりが発生します。それが神への階段を上がれなくする原因であるとみなされるのです。そのため、実際に男女をなくせとか、人の形をなくせという意味ではありません。

　この階段は、その後ずっと先に、物質的で個体という形態を持つか、それとも個体という存在性を失うかという問題が出てきます。これはアルクトゥルスの階段です。これはフォーカス49以上の問題になります。

　もちろんこの二極化は、生と死の区分にも関係しています。正確にいえば、あらゆる恒星はこの階段の一つを構成しているので、それぞれの恒星に特徴があり、この特徴そのものがそれ以前とそれ以後の区分をする階段となります。そして階段は果てがありません。なぜなら神の先にまた次の神がいるからです。

　アルクトゥルスは七つの太陽を統括した中心点にあります。ということは、アルクトゥルスからこの七つの太陽のどれにも分割して降下できることになります。だからこそ、アルクトゥルスはさまざまな宇宙系を行き来できるということなのです。異なる恒星への自由な移動というテーマが出てくると、アルクトゥルスのレベルに入ることが一番理想的で、さらにそれを徹底させるために個体を持たないということが要求されるのです。

　リサ・ロイヤルは、アルクトゥルスを銀河に普遍的に漂うスープのようなもので、それぞれの宇宙的な知性はこのスープの中に浮いている具のようなものだと説明しています。

　12サインの対応では、たまたま今の時期には天秤座の24度近辺にアルクトゥルスがあります。天秤座の24度は天秤座の果てしなさを表す場所です。25度で食いとめないかぎり、限界のない果ての果てまで行こうとするのが各々のサインの24度の特徴です。天秤座の24度は蝶の左側の三番目の羽

というシンボルで、左側の羽は受容性のオーラです。そこに三番目という休みない創造原理が働いていて、受容性の限界のなさが極端になるわけです。天秤座は触覚だとすると、この触覚の境界線がここでは無際限になりやすいのです。むしろ外から打ち破られる傾向が強まっていくことでしょう。

死に際で影は仲間と思って近づくが
人格側は敵対するものが襲ってきたと感じる

　遠くの話ではなく、もっと私達の身近なヤコブの梯子の入り口として、ケンタウルスについて考えると、太陽系内のケンタウルス族の小惑星キロンと太陽系外のケンタウルス座は、意味としてそのまま重なっている面があります。

　キロンは、例えば、科学と霊的あるいはオカルトの対立などの問題にもなりやすいでしょう。キロンが発見された時、ミシェル・ゴークラン問題が出てきました。これはゴークランが統計学によって占星術の優位性を証明してしまったことで保守的な物理学者達が反発し、カール・セーガンを筆頭に、批判チームができるきっかけになったのです。このトラブルの中でゴークランは自殺しました。

　私が思い出すのは、『リング』や『らせん』の貞子のモデルになった24歳の霊能力の女性（御船千鶴子）が、学者の強烈な攻撃によってやはり自殺した事件です。土星と天王星が断絶するのがキロンなら土星と天王星をつなぐのもキロンなのです。合意的現実しか受け入れず、頑迷な信念体系に閉鎖したカール・セーガンのような科学者はキロンの壁のこちらにしか住めず、その断絶を乗り越えられません。

　それはどんどん影を深めていくので、死に際になると、カール・セーガンが最も嫌うオカルト的な勢力が彼の周囲に立ちこめていると妄想していたといいます。もちろん死に近づくと人は統合化します。それが死そのも

のの意味だからです。ですから、影にしていたものが、死に際には近づいてくることになります。影は仲間と思って近づくのですが、それを影にして成り立つ人格は敵対するものが襲ってくると思い込んでしまいます。

『チベット死者の書』では、死後、この影がやってくるので、その恐怖に負けて逃げ出した人は地上の動物の中に転生するといいます。死に際でなくても、12ハウスに行くとこの影はどんどん接近してきます。12ハウスはハウスの循環においての死に際だからです。

キロンの壁を越えると、それは天王星・海王星・冥王星の公転の輪、すなわち階段に至ることになります。天王星の公転周期は84年で、それは人の一生に近いので、いわば人の形と見てもよいでしょう。人生を一瞥できるサイクルです。

土星はその中でもっと短い、社会的な信念体系を意味しています。時代性や地域性、立場、地位などに拘束された考え方です。ここでは土星が偏狭な意味を持つのではなく、天王星以遠を切り離した土星は、それ自身の信念体系の中に閉鎖して固い壁を作ってしまうということで、土星そのものを問題にしているわけではありません。問題は土星が占有的支配権を握っているという現実なのです。

その後、海王星と冥王星は、人の一生を超えているものとして人の形を失い、螺旋パイプとか蛇のような形になるかもしれません。その意味では、ここにシリウス的な要素の介入もあるということです。

キロンの壁、つまり土星と天王星を切り離したところの断絶は、ケンタウルス座のアゲナやトリマンなどが関わることで、より普遍的な問題に広がっていきます。アゲナが損傷を受けたことを表し、トリマンはそれを治療するということも含めているのですが、これらはエドガー・ケイシーがいうアトランティス崩壊後のエジプト近辺での犠牲の神殿などに関係したものではないかと思います。

アトランティス時代にはまだ性の分割はありませんでした。そして性の

分割は後の時代に、意図的に実験として行われたのです。それはアレキサンドリアに近いところで行われました。

アゲナに関わっていなくても
恒星や惑星、度数のすべては誰もが体験する

　アトランティス時代にはまだ大地と空気と水などが分離しておらず、人は四肢で泳ぎ、大地に立つことはできませんでした。それから人が二極化するに及んで、だんだんと固い世界が生まれてきました。ケイシーの世界観からすると、アトランティスの末期は堕落した世界があるということになりますが、物質化された世界に向かい、二極化するというのは、天国を失うことに等しいのです。意図的にもっと硬い物質世界を作り出そうという計画そのものが、元の世界にとどまりたい人々からすると堕落というふうに解釈されることでしょう。

　ハダルは大地でアゲナはかかとです。アトランティス末期に大地ができて、そこに降りていく時に必然的に出てくる損傷について、犠牲の神殿などで対処するという必要性が生まれてきたのではないかと思われます。

　アゲナとセットになるトリマンは教育に関係します。犠牲の神殿は教育施設です。私達はギリシャ以後、より転落して物質的な世界に住んでいますし、さらに恒星ではなく惑星を基準にした、短いスパンの視野の中で暮らしているわけです。エジプト時代には星信仰がありましたが、ギリシャ以後、星信仰は存在せず、太陽信仰しかありません。

　アゲナは蠍座の23度47分にありますが、この反対側の牡牛座の24度12分にカプルスがあります。これはアルゴルを分断するペルセウスの剣で、北緯40度でグループ3に属しているので、黄緯においてはアゲナと対照的な位置となります。

　水っぽいアゲナのごたごたに対して、カプルスはばっさりと切ってしま

います。このカプルスの度数の直前、牡牛座の24度は牡牛座の果てしない発掘が限界を超える領域で、脳の中心の古層とか爬虫類脳を刺激する領域です。確かに牡牛座は関係性を切り離し、蠍座は関係性の中に入り込むので、この対比はアゲナとカプルスの対比に現れすいでしょう。

　自分の惑星がアゲナには関わっていないとしても、この恒星や惑星、サインの度数のすべては誰もが体験し共有しているものです。というのも、トランジット天体は移動しますし、アスペクトなども成立するわけです。

　ヤコブの梯子はかなり普遍的な問題であり、私達が恒星の領域フォーカス35に行くためにはこの階段に足をかけて上がるしかありません。

　こうしたことは、「ゴーイング・ホーム」のようなフォーカス段階を順次上がるような体験をしていくと、自動的に目前に現れてきます。ですので、ホロスコープを計算したり、またそれに沿って探索をしてみたりしながら、探求するのがよいでしょう。

3　12 サインの活用法

「人はなぜ旅をするのか」
それは横並びにある七つを全部体験するため

　チャトウィンは旅の中で患った病で死にました。私はチャトウィンを思い出すたびに、アルチュール・ランボーを連想します。詩人ランボーは、「人はなぜ旅をするのか」という問いかけをし、詩を書くのをやめてからは商人として旅をし続けました。

　「人はなぜ旅をするのか」、ということについて私も考えてみたいと思います。

　チャトウィンは、"What Am I Doing Here?（いったいここで私は何をしているのか）"というタイトルの本（邦訳『どうして僕はこんなところに』池央耿・神保睦訳、角川書店）を書きました。

　本書で紹介しているように、宇宙の構造は一つのものが七つに分岐し、この中の一つもまた七つに分岐するという構造を持っています。私達は特定の場所のコスモスに住み着き、それは七つのうちの一つを体験しているということです。七つは半音分解して、ここでは12とみなしてもよいでしょう。もちろん12サインとか12ハウスと同一視してもよいわけです。

　一つの平面にある七つ、つまりすべてを統合化して手に入れると、惑星が七つ集まると太陽になるように、上位にある陰陽分割されていない統合点に入ります。私達が今生きている場でできることとは、横並びにある七つを全部体験し、知り尽くし、会得し、統合化することなのです。

　惑星の七つ、12の感覚を小型プラネタリウムとして地球に投影するならば、地球の上で歩き回るとそれは統合の参考になります。特に不足したも

のやあまり馴染んでいないものがあれば、そこに旅をするとよいことになります。

　そのため、プラネタリウムをそのまま地球に投影してもよいのではないでしょうか。地球は23度傾斜して太陽の周りを回っていますが、この23度傾斜というのは太陽と地球の関係の上でのもので、地球の中に入り込むとこの差異は意識されず、プラネタリウムそのものが地球に投影されていると考えることができます。人はプラネタリウムを抱き、そしてその人が地球の中に住むと、地球にプラネタリウムを投影するわけです。

　地球の球体に縦に七つ横に12という法則が投影されるのならば、あちこちと旅をすることで忘れている自分を思い出します。

　グルジエフは、人類の役割は太陽と地球の間にできた隙間を埋めるためと話しましたが、太陽の光を地表に届けるための代理人、あるいは触媒として働く人類は、理想としては地球の表面すべてに集団による網の目をくまなく張り巡らせることで、より代理人としての役割を達成できると考えられます。アボリジニのいう「歌われなくなった土地は死ぬ」というのは、人が歩いていない場所や人が太陽を仲介していない場所があちこちにあるということです。

惑星グリッドはヒンズーのチャクラや生命の樹 ライフシンボルや九つの区画にも対応する

　プラトンは五つの立体を究極のイデアとして説明しましたが、この五つのプラトン立体はケプラーによって太陽系の惑星の運動の基本モデルにも応用されました。プラトンは地球を上空から見ると色違いの12個の布が張り合わされた鞠のように見えると説明したのですが、これはプラトンが最も重視した正十二面体が地球を構成しているということを述べているのです。こうしたプラトン立体を五つ全部組み合わせで地球上に投影したも

のが、「惑星グリッド」と呼ばれるものです。

　ロシアの数人の研究者が「地球は巨大な水晶か」という説を主張してプラトンの地球は巨大な鞠という説がクローズアップされ、渡辺豊和は『発光するアトランティス』（人文書院）でそのことについて詳しく取り上げました。このロシアの研究者の研究に関心を持ったアメリカのベッカーとハーゲンスは、惑星グリッドの UVG120 という理論を展開しました。Google earth のプラグインで私達は、この図形を見ることができます。

< http://www.vortexmaps.com/hagens-grid-google.php >

　UVG120は、一見、複雑な組み合わせのラインなのですが、一つの図形のみ取り上げた単純な考え方に戻って、この中からマカバの形をプラネタリウムや地球に当てはめてみましょう。横から見ればこれは六角形の図形を描いたもので、上から見ても正六角形に見えます。

　もちろんヒンズーのチャクラや生命の樹、私が述べたライフシンボル、九つの区画にも対応できるはずです。

　シュタイナーはプラトンの火の元素である正四面体は、南極を一つの点とすると、もう一つの点は日本にあると説明しましたが、これはマカバの女性正四面体の側のグリッドの話であり、UVG120の説であれば日本の南の海にある魔の領域 UVG14 に対応するとも考えられます。

12感覚＝12サインの始点はどこか
グリニッジを起点にすると間違いになる

　ベッカーとハーゲンスが描く惑星グリッドは、頭は北極で足元は南極です。そしてピリ・レイスの古地図のように、アレキサンドリア近辺の北の海を起点にしています

　占星術ではジオデティックのサインの考え方として、本初子午線のグリニッジを牡羊座の０度とみなして、そのまま30度ずつ12サインを当ては

めています。しかしグリニッジのスタート点は政治的に決められたもので、グレゴリオ暦と同じく宇宙的な秩序には従っていない、偶然性を持った座標です。ですからこれを採用すると法則をねじ曲げることになります。

　グリニッジの本初子午線は、グレゴリオ暦と同じコンセプトの、つまり意味を持たないからこそ「人類の孤立性」を作り出すことに貢献すると考えられたのです。占星術はもともと宇宙的な秩序というものに人間を結びつけるツールですから、その点では地球のサインをグリニッジからスタートさせるのは不自然といえます。

　もし、そうしたことをするのならば牡羊座の始まりもお正月からスタートさせた方がよいということになります。占星術をする人がグリニッジを起点にするという考え方は明らかに誤った発想なのです。

　アレキサンドリア図書館の地図を持ち出したものらしいといううわさのピリ・レイスの古地図は、本初子午線がアレキサンドリアとかギザのピラミッド近くが基点ですが、UVG120もそのようなところからスタートしているということになります。

アレキサンドリア	北緯31度13分25.64秒／東経29度54分41.07秒
UVG 1（UVG120の起点）	北緯31度43分06.40秒／東経31度13分31.23秒
ギザの大ピラミッド	東経31度08分03.69秒

　つまりグリニッジからすると牡牛座1度数分あたりが本来の本初子午線としての牡羊座0度になります。

　地球にマカバを重ねたと想定して、北極を頭で南極を底にして、横から見たら正六角形ができる図形を考えてみましょう。そして北極の上から見た時には、赤道に六角形が作られ、この1点はピラミッド近辺からスタートすると考えるとよいでしょう。これは地球ということを中心に考えた座標です。

　一方で、個人を世界の中心とみなした視点から、占星術ではアストロマッ

プというものが使われます。

　例えば、出生図をリロケーションして惑星をいろいろなハウスに移動させることができるのですが、敏感な感受点の場所、すなわち上昇点・下降点・MC・IC の四つのうち、どれか 2 点に惑星が重なるようなパランの場所を探すことで、個人としてのパワースポットを見つけ出すことができます。ですが、これは地球の側でのパワーの強い場所ということとは全く関係しません。

　惑星グリッドは地球を中心にしてエネルギースポットを考え、惑星パランやアストロカートグラフィは個人を中心に見たもので、この二つは折り合いをつけることはありません。たまたまその二つが合致するとしたら、それはより大きな非個人的な地図と個人の接点ができていることなのです。

　私個人は、例えば木星と冥王星のパランポイントをクレタ島の西の海上に持っていて、これはアレキサンドリアの UVG 1 から846km 離れています。

　そもそも惑星グリッドは直接その近くは人間が住むには向いておらず、いわば流動的で、事故多発地帯ということにもなるのであまり近づきたくありませんが、これが木星と冥王星のパランポイントから多少離れているので、巻き込まれないですむと考えてもよいのかもしれません。地球儀で見ると近いのですが、実際のところ、東京と富士山の距離の10倍くらい離れていると考えてみればそれほど近くはないことがわかります。

　パランを借用したアストロカートグラフィの設計者は1200km まで有効と主張しますが、1200km くらい広いと使いものになりません。

　地球地図をプラネタリウムに重ねて考える時、プラネタリウムのグループ 2 は地球の頂点の位置になります。これは23度前後地球が傾斜しているためです。ですが、外との関係は内側に鏡像構造を作り出します。それは無限マークが真ん中の×印で二つの円を結びつけるのと同じようにです。そのため、地球内部に入ると、地球の球体のグループ 2 に当たるところにさまざまな時代に北極星になった恒星などがマッピングされます。そして

いろいろな文明が特定の地域からスタートするのです。

世界地図の中から土地を探す
〜チェンナイの場合〜

　キリストの双子の兄弟といわれている聖トマスが死んだインドのチェンナイは北緯13.06度／東経80.16度です。16世紀にポルトガルがここに要塞を築きましたが、聖トマスにちなんでサン・トメ要塞と名づけました。

　本初子午線が東経31度前後なら、このチェンナイは80度16分－31度13分＝49度03分となります。つまり牡牛座の19度3分です。この場所には神智学協会があり、アニー・ベサントは、ジッドゥ・クリシュナムルティを教祖にしようとしました。クリシュナムルティはジオセントリックの太陽が牡牛座の数え度数20度で、この場所に妙にフィットしています。

　牡牛座20度のサビアンシンボルは雲を作り運び去る風で、土・固定サインという意味で身体や大陸、土地などから記憶を引き出します。その引き出すためのきっかけとして空の雲などを利用するのです。何かに投影して自身の深い記憶を引き出します。それに20度は調、不調の波があってはならず、身体の奥からのメッセージを常に引き出すことができなくてはなりません。

　この度数を強く刺激したい場合には、チェンナイに行ってみるのもよいということです。体の奥からメッセージが上がってくるまで待ち続けるとよいでしょう。それを引き出すのには雲やタロットカード、トランプ、壁の染み、水晶のクラックでもよいかもしれませんし、何か曖昧な形のものを利用ということもできます。

　また北緯13度06分はグループ4に属しています。これはUVG21やUVG24が貫通するラインなのですが、チャクラとしてはアナハタチャクラに関係する空間です。

ロンドンは北緯51度30分／西経0度08分。つまりピリ・レイスの本初子午線からマイナス31度13分なので、牡羊座0度から31度21分引きます。すると328度39分は水瓶座の28度39分になります。サビアンシンボルでは数え度数29度でさなぎから出る蝶というもので、水瓶座と魚座の間で移行するための試行錯誤や揺れを体験している場所となります。

　北緯51度30分はグループ2のアジナチャクラに対応します。あるいは生命の樹ではビナーとコクマーです。ここではイメージの生産性が重要視されることになります。

世界地図の中から土地を探す、
～ブルース・モーエンの場合～

　私が大阪のホテルで森のビジョンをくっきりと見ていた時、それは地球上のどこかの土地の森に見えました。しかし途中から異質感が強く、地球外のものだと感じたのです。地球上の土地ではハバナやキューバの近くだと思ったのですが、すると、だいたい射手座の20度前後になります。そして私はそれをラス・アルゲティの場所だと思いました。ラス・アルゲティの印象が地球上のその地域に投射されたとみなしたのです。

　このビジョンを見た後で、五反田でブルースと会ったのですが、あらためてブルースののんびりしたキャラクターが強く記憶に残りました。ブルースは今はフロリダのタンパに住んでいますが、ここはリタイアした人々が住んでいる場所で、昼からヨット遊びをする人々がたくさんいます。昨年タンパに行った時、どこにも自動販売機がないことで困りました。レストランに行くにも車で30分は走らなくてはなりませんでした。

　ブルースは一時プエルトリコに住んでいたそうです。タンパよりもそこにずっと住みたいと願っていたのですが、それができない理由は緊急の病気の時に困るからだということでした。プエルトリコは北緯18度／西経

66度で射手座の23度です。ハイチは射手座の17度くらいにあります。

　ブルースのヘリオセントリックでは、木星が射手座の18度5分あたりにあり、ラス・アルゲティが射手座の16度8分なので、この木星とラス・アルゲティはプエルトリコよりも、もっと正確な場所としてはハイチあたりが重なることになります。

　ブルースの体系、特に信念体系を打ち砕きたいという思想は、私にはラス・アルゲティの匂いが濃いと感じています。となると、私が大阪で見た森は、1週間後に会うブルースと何らかの関係があるということだと感じました。

　そもそもビジョンというのは時間を先取りすることが多く、ヘミシンクなどで見た景色をその数週間後に旅先で見るというのはよくあるからです。回転して上昇する坂を歩いていると、すぐにそばを高級車が走り抜け、危ないと感じた光景をヘミシンクで見ましたが、それから1カ月もしないうちに、鳥羽の山の上のホテルに向かい、坂を上がっていると、そばをアメ車が通り抜けて私は危ないと感じたのです。これはそっくり同じ景色でした。

　ラス・アルゲティの黄緯は北緯37度17分なので、地球上で投影すると、ハイチよりも北のバミューダ海域上になり、そこには土地はありません。このような場合には、土地がある場所まで上下を調整して考えてみるとよいでしょう。

日本はグリニッジでは獅子座の国であり
修正ジオセントリックでは蟹座の国である

　日本は、離島を含まない西端は佐世保の神崎鼻で東経129度33分です。東は納沙布岬で東経145度49分です。

　ここから、UVG1の東経分、つまり31度13分をマイナスしてみましょう。すると、日本はこの修正ジオセントリックでは、98度20分から114

度36分で、蟹座8度20分から24度36分までに対応します。虚の座標であるグリニッジを使うと獅子座の9度から25度までです。

　私が前から主張しているように、ギザの大ピラミッドに共鳴する120度の関係の地域は、東経151度地域なので北方領土の新知島（シムシルトウ）近くになります。この場所にピラミッドが置かれているとそれはギザの大ピラミッドと自然的に共鳴し、渡辺豊和のいう「縄文夢通信」の重要な拠点となるわけです。

　東京は都庁が北緯35度41分／東経139度41分なので、31度13分をマイナスすると108度28分となり、蟹座の18度28分です。

　サビアンシンボルでは、数え度数19度は祝福する司祭という度数になります。活動サインの19度は大風呂敷の度数と私はいつも説明していますが、そもそも活動サインは新しく生み出すので、ここでは蟹座の一体感などを人為的にイメージで作り上げ、演出するということでもあります。グループは3に属します。

　グループ2が想像し、生産することだとしたら、グループ3は実際に社会集団を形成し、この中で個人の可能性が集団へと吸収され、また集団性から個人の活動力へとプッシュされて、社会が個と集団という関わりで陰陽の波を作り出すことになります。

　グリニッジ基準から考えると日本は獅子座の国であり、ピリ・レイスの古地図からすると日本は蟹座の国となるのです。

4 タロットカードの活用法

「Ⅳ 皇帝」が表す4の数字は
対立する十字を斜めで結んだもの

　タロットカードの大アルカナは、数字の意味をカードの絵柄で説明している傾向が強くあります。例えば、図形のイメージとしては4の数字とは正方形になったり、また十字の形になったりもします。正方形をたくさん並べていくと、十字の形も含む網の目が広がっていきます。縦糸と横糸という対立したものを絡み合わせて強度の高い布を作り、それが広がっていくのが、この4の数字の「Ⅳ 皇帝」のカードに近い意味になります。皇帝はどこまでも領土を拡大し、同じ規範（十字）を普及させるのです。

　この網の目の縦糸と横糸は、地球で考えれば赤道の経度のラインと北極・南極を結ぶ緯度線の90度交差でもあります。

　4というアラビア数字の元になったインドのブラーフミー数字では、まだ4は十字の形そのままでした。アラビア数字の4はこの対立する二つの線を斜めの線で結びつけているわけです。タロットカードの「Ⅳ 皇帝」のカードは、足を組んでいるところに、まるでアラビア数字の4のような形が現れています。

　4の数字は、例えば占星術でいえば4番目の蟹座のように、対立する種類のものを結びつけることで地上の場の中に定着させるような作用があります。アリストテレスの考え方では月の上に第五元素があり、月の下の地上では四つの元素が支配していました。この四つの元素はそれぞれ対立している要素を含んでいて、アリストテレスは火・空気・水・土の四つの元

素を「熱・冷」「湿・乾」という二対の相反する性質にグループ化したのです。

　火は熱・乾、空気は熱・湿、水は冷・湿、土は冷・乾です。性質の一つが反対の性質に置き換えられることで元素は互いに転化します。この元素の転化は、アリストテレスの先輩であるプラトンが考えたもので、一つの正多面体がその元になる三角形に解体し、あらたに別の正多面体を作ることで、特定の元素は違う元素へと転化していきます。

　ここでは、五角形から構成された正十二面体だけはこの転化のグループには従いません。アリストテレスのいう第五元素がこれに当たり、それ以外の四つは地上で転化するのです。

四元素はその元である第五元素に通じなくては
存在意義そのものが根底から失われてしまう

　アリストテレスは四つの元素そのものよりも、まず、相反する二つの性質のペアによって四元素が形成されるという考えによって、アラビアやヨーロッパで普及していきました。4のアラビア数字は、この二つの対立する要因がどこかで入れ替えられ転化するというイメージを連想させます。

　惑星グリッドとも密接に関係するレイラインは、春分と秋分の時に東西を貫き、さらに夏至と冬至の時に30度斜めのラインを形成します。4の数字の形の中にある斜めのラインをそれに関連づけてもよいのかもしれません。

　いずれにしても、4の数字は環境の中に張り巡らされたエネルギーのラインと考えることができて、なおかつそれは果てしなく広がっていくことになります。「IV 皇帝」のカードの領土は、地球全土の範囲までは張り巡らされます。

　タロットカードは9枚目までは、人物像として擬人化されていますが、タロットカードが宇宙法則の絵解きとみなした時には、すべて数字法則や

ロゴスを示していると考えた方がよいでしょう。ある時代にその法則が忘れられ、しかしまた後の時代に思い出されるのです。

　惑星グリッドやレイラインなど地球に張り巡らされた四元素のエネルギーのラインを「Ⅳ 皇帝」のカードが象徴化していると考えてみてください。しかし四元素は、もともとは第五元素が分解して作られたもので、これはオルフェウス教の世界の卵のように一つつの卵の形のものが天と地に分解し、さらに転化可能な四つの元素に分解したのです。

　地上に張り巡らされたエネルギーのグリッドは四元素的なものですが、地表からすると、むしろ第五元素的なものに見えます。四元素はその元の第五元素に通じなくては、その存在意義そのものが根底から失われるのです。

　この第五元素という源流に回帰しようとするのが、「Ⅳ 皇帝」のカードの次の「Ⅴ 法王」のカードとみることができるのです。5の数字は五角形です。数え数字と図形数字、すなわち小石並べ算と砂描き算は、時間と空間に関係していますが、それぞれ置き換えられます。

　この五角形の幾何図形の中には黄金比が含まれています。辺を横切るラインは1：0.618となります。この黄金比率は、自然界の中に存在する拡大増殖の原理です。黄金渦巻きは回転しながら広がっていき、その勢力をエスカレートさせていきます。私はこれを他の書で、黄金比率は叩かれずに増長できる唯一の抜け道と説明したことがあります。自分の個人的な欲求なりわがままさをそのまま増長させていくと、他者との関係の兼ね合いで必ずある段階で叩かれます。しかし、黄金比率で拡大していくと衝突しないですり抜けるわけです。

　この比率は反対に大きなものから内側へと入り込むものでもあります。外にあるものが内側に共感を呼ぶわけです。回転しながら拡大し、回転しながら内側にねじ込まれるのです。

「ウィトウィウス的図像」に
「Ⅳ皇帝」の4と「Ⅴ法王」の5が描かれている

「Ⅳ皇帝」のカードが地表に横にくまなく拡大するイメージだとすると、この「Ⅴ法王」のカードは回転しながら上空に盛り上がっていくように見えます。そのため上空から見ると、山の等高線のように回転しながら、中心点に向かう構図となります。

惑星グリッドのラインは地表から少し上にあって、そこに向かって渦巻きはぐるぐると中心に向かって回りながら盛り上がっていき、その力に接触をします。「Ⅴ法王」のカードのイメージを考えてみると、法王は人の上に立ち、神と人の仲介者として振る舞う存在です。下から山が盛り上がるように多くの人が法王を上に持ち上げていき、彼は惑星グリッド、すなわちヤコブの梯子に接触するわけです。

日本でも山というのは神聖な場所でした。古い出雲大社では、非常に高い場所に至るまで階段が作られていき、巫女は神と接触するためにその階段を上ったのです。特定の場所に円の形を描いてそこをぐるぐると回ることは、その場所のエネルギーを高めていき、地球のエーテル体と接触することです。

ダ・ヴィンチの「ウィトウィウス的図像」では、直立している時には腰を中心にして正方形の中に入り、運動している時にはへそを中心点にして円形の中に入ります。へそは身長の比率に対して黄金比率の0.618の場所にあります。そのため、この「ウィトウィウス的図像」の中に「Ⅳ皇帝」のカードの4と「Ⅴ法王」のカードの5が両方描かれていることになります。「高められた意識」に入るには、このへそ中心の回転する人物になればよいのです。その一つが走ることです。なおかつ円回転のかたちに走ることが大切といえます。

シュタイナーは、直線運動は物質体に向かい、円運動はエーテル体を刺

激すると説明しています。

　ですが「V 法王」のカードは、社会の中に地位の優劣を作り出してしまいます。神に近い場所から地表の間に、上から順番にいくつもの階級が出来上がるのです。「V 法王」のカードの意義において人は平等ではありません。より神に近い人⇒より神に近くない人⇒自力では行けないので人との関係でネットワーク的に向かう人など、さまざまなヒエラルキーが出来上がります。同時に、この階級的な関係は個人の感情の拡大や高揚、ディプレッションなどの陰影も作り出していきます。

　最近また私はワーグナーを聴くようになったのですが、ワーグナーの感情の増長傾向というのは、その後のワグネリアン達の図を比較してみても獅子座の初期度数が鍵になっています。そして西欧人の心の底にある角笛のトーンの思い出を刺激するのです。オーケストラの管楽器は外に回転していく黄金渦巻きで、弦楽器は内に引き込む黄金渦巻きに関連しています。

　古典派の音楽は「Ⅳ 皇帝」のカードに近く、ロマン派の音楽は「V 法王」のカードにより近いのではないかと思います。すみずみまで普及することと増長して盛り上がること。この対比が 4 と 5 です。

ぐるぐる回ることでエーテル体は濃くなり
うず高く上がっていくことができる

　地表よりも少し上に地球の皮膜となるエーテル体のラインがあります。それはヤコブの梯子の一番下のものでもあり、ボン教では天国への糸と表現しました。

　江ノ島には龍の伝説がありますが、ヘミシンクをしていた時、私はそれを見たことがあります。空に緑色の編み目がくっきりと見えました。それは空が建物の内部の天井のようなものであり、この壁材をはがすと中に照明器具の配線が見えたかのようでした。緑色に黒いラインが混じり、あた

かもそれは龍のようなものでした。私は、昔の人々はこれを龍だと思ったに違いないと感じました。

　電離層と地表を行ったり来たりするシューマン波は、地上から200メートルか300メートル程度上空を走るといわれています。これも比較的似た場所なのかもしれません。

　一人でぐるぐる回ることでも体のエーテル体は一時的に濃くなり、うず高く上がっていきます。スーフィには旋舞というものがありますが、これもまた、上空にだんだんと伸びていくエーテル体を形成することです。

　アリストテレスの地上には四つの力があり、月の上には第五元素があるという発想はピラミッドのような形を想定することになりますが、下には四つの点があり上に５番目の点があります。もちろん現実のピラミッドも、頂点は第五元素的なラインに接続するための建物ともいえます。

　この下ないしは周囲に四つあり、真ん中に第五の元素があるという構図は、タロットカードでは「XXI世界」のカードに描かれていて、ここでは個人の中にこのすべてが内包されているとみなすことができます。真ん中の人物は二極化から単性性へと回帰し、オルフェウス教の卵そのものを描いたような感じですが、「V法王」のカードでは「XXI世界」のカードのように一人でそれを獲得することができません。というよりも、法王はまだ始源的な法則を説明しているにすぎませんから、「V法王」のカードの立場と「XXI世界」のカードの立場を比較するなどということはできないわけです。それでもあえて想像してみると、「V法王」のカードでは、第五元素に近づくためにはより大きく人を集めて、山を作った方が効率的だといえます。

　例えば、蟹座は４番目のサインですが、そこでは集団的な力を吸い込んでいきます。ここで大量の力を吸い込むほどに、次のサインである５番目の獅子座では表現力が強力になっていきます。蟹座は充電で獅子座は放電ですが、充電のパワーが大きいほど放電力は強まります。そしてより強い

エーテル的な力に接触するには大きな感情の高揚が重要で、そのためには、より集団的に盛り上がりがあった方が強力になるのです。

ワーグナーの音楽は、当時のヨーロッパで魔物のような魅力を発揮しましたが、増長がいきすぎて個人の権利の枠組みを超えた侵略的な感情も刺激しました。ヒットラーはワーグナーの音楽を楽しむだけでなく、ワーグナーの作り出した世界を現実に形にしようとしたのです。

私は明治神宮外苑や東宮御所、皇居を毎日のように回転しながら走っているのですが、明治神宮球場ではかなり頻繁に嵐やももいろクローバーZなどのコンサートが行われています。すると周囲は通行できないくらい人が増えて、通り抜けが困難になります。人が増えてこの集団的な盛り上がりを作り出す様は、五角形・獅子座・「V法王」のカード、黄金渦巻きなどに関係すると思いますが、同時に、走ることも「ウィトウィウス的図像」の中の0.618の位置のへそを中心にして、円の中に入った人物のような状態になることを表すので、これもまた高められた意識へと近づくことになります。千駄ヶ谷近辺はこれらを総合的に集めた場所なのではないかと思うことが多いのです。

5 回転する方向

回転には２種類あり
自転は主張で公転は従属

　私は横須賀の走水神社で講座をしてくれと依頼された時に、その場所の力を吸い込むにはその場で回転して欲しいと説明しました。これはぐるぐる回りながら地上の縦横に走るエネルギーラインを巻き取っていくようなもので、空中で棒をかき回して綿飴を作るように、身体の周辺にエーテル物質が巻き取られ、やがて太い塊になるイメージです。神社の裏山で参加者はぐるぐると回っていました。知らない人が見るととても奇怪な光景だったはずです。

　この場合にどちらの方に回転するとよいのかは、自分の体感として確かめてほしいと説明しました。しかしプラスネジは右に回すと下にめり込んでいきます。私は明治神宮外苑や皇居などで回転して走る場合、どういうわけか、反時計回りにしか走れません。反対側に走ることもありますが、いつの間にか元に戻ってしまうのです。もちろん皇居では条例で反時計回りにのみ走るよう書かれています。これは走る人が増えて衝突する事故が出てきたからです。そして、半時計回りに走っていくと、これはネジを浮かせる方向なので、だんだんと精神状態がハイになっていくと考えてもよいかもしれません。だんだんと天国との綱・惑星グリッド、ヤコブの梯子に近づくのです。

　回転は２種類あります。自転運動と公転運動です。地球は太陽の周りを公転しており、それは太陽の力を地球が吸い込むことです。地球は太陽に

依存しているからです。

　一方で、地球は自転することで太陽からの独立を主張します。それは自分も太陽のようになりたいという欲求から来ているのです。つまり従属は公転で自立の主張は自転ということです。自転すると、周囲の環境に依存していることを忘れてしまい、自分に没入してしまうのです。

　より大きなものから力を吸い込みつつ、自分の中でそれを自立的に凝縮するには、ゆっくりと公転しながら自転するという二重的な運動がなされるとより理想的だということになります。ですが、私が走っている時に自転しながら走るわけにはいきませんから、とりあえずは公転するだけになるのです。ときどき後ろ向きで走っている黒人は見かけますが、彼も回転までは思いつかないようです。

「Ⅳ皇帝」が線的な性質であり
「Ⅴ法王」が球形的な性質である

　公転の運動の軌道は大きな円形ですが、その一部を切り取ると直線に運動しているように見えます。つまり大きな場を直線的に移動しながら、自分のところでは自転運動をするという組み合わせを考えてみるとよいでしょう。宇宙の階層は直線⇒円形⇒直線⇒円形という配列で並んでいるのです。

　私はアリストテレスの生命の階段をより詳しくしたグルジエフの生きとし生きるものの図表をよく引用するのですが、ここでは単独で成立する球形性と連絡やつながりを重視する線性の交互の関係性の図式が形成されることになります。線と玉という言い方や法灯明、自灯明という仏教用語を使うこともあります。

　次頁では「●」が玉で「━」がつながりを作り出す線形だとみてください。

　この並びは、

絶対 ➡ ● ➡ 永久不変 ─ ➡ 大天使 ● ➡ 小天使 ─ ➡ 人間 ● ➡
哺乳動物 ─ ➡ 無脊椎動物 ● ➡ 植物 ─ ➡ 鉱物 ● ➡ 金属 ─

と続いています。

　植物や金属や哺乳動物は連絡性質で、それは関係性を重視します。植物が地中で連絡網を作り出し、果てしなく伸びていくのに対して、黒丸の自灯明グループは連絡性質を持たず絶縁独立します。鉱物は実際に絶縁物質として使われていました。かつては雲母の絶縁ワッシャというのがありました。

　タロットカードの2枚で比較すると、「Ⅳ 皇帝」が線的な性質であり「Ⅴ 法王」が球形的な性質であると考えるとよいのではないでしょうか。そしてまた横のつながりを切り離し、単独でコスモスを閉じるには、自転的に回転すればよいのです。この場合、地上が四大元素の支配する、縦横に力の走る世界だとすると、その場所で回転運動をすればこのつながりは断ち切られるというよりも、意識から忘れられるということになります。

　ヨーロッパから来た人々がオーストラリアのアボリジニと土地のことで揉めた時に、一番ヨーロッパ人に理解できなかったことは、アボリジニの主張する土地の所有権は、西欧人がイメージするような特定の場の区画の所有権という概念をアボリジニが持っていないことだったとチャトウィンは書いています。アボリジニのいう土地の所有権とは土地のソングラインに沿って移動する通行券のようなもので、誰にも邪魔されずそこを歩き抜く、あるいは走り抜くことのできる権利なのです。それは他種族との交易の権利でもあります。港ではなく、土地の中に交易の場があちこちにあることになります。

　これは西欧人の発想が、特定の場所で円回転をしてより大きなコスモスや地球とのつながりを失うことに対して、アボリジニはそのより大きな関

係を失わないで生きているということなのではないかと思われます。特定の場所に閉じこもらず、回線がオープンな状態なのです。

サビアンシンボルは象徴的なものであり
どこにもでも適用できる姿が本来のかたち

　話題を少し脱線させますが、特定のところに閉じこもる価値観、これについて思い出すことがたくさんあります。

　走水神社で突っ立って取り囲む複数の人に話をした日、サビアンシンボルの教祖ともいえるＮ氏と二十数年ぶりに会い、短時間対談をして前と変わらないＮ氏の癖を思い出しました。

　これは、サビアンシンボルの特定の度数が地上に存在するあるグループに関係しており、この度数は古いものだというような発言でした。Ｎ氏はサビアンシンボルを、いつも何か具体的なグループや人、出来事などに結びつけ、サビアンシンボルの固有性を強調しようとします。

　私はいつもそのことが理解できませんでした。サビアンシンボルは象徴的なものであり、それは抽象的な意義を持ち、どこにも適用できるし、どこの具体的な場所性にも縛られていないのです。特定のどれかの度数が古いというような言い方ができるわけがありません。

　そのことで思い出すのは、例えば、ある人々はタロットカードも、ここに描かれた人物は歴史上のある人物のことを示しており、タロットカードはここに起源を持っているなどという主張です。タロットカードは原理を絵解きで描いたものであり、それはローカルな色づけに従っていません。ある時代には、あるカードセットはそのローカルな場の特性に染まっていたかもしれません。ですが、もともとこれは原理を示しているので、いかなる具体的な事柄にも縛られておらず、反対にいかなる具体的なことにも通じていくものなのです。そのため、ローカルな色合いを帯びすぎたタロッ

トは転落したタロットカードであり、それを元にタロットの本来性を考えることはできないといえます。

こうした主張をする人々やN氏は、サビアンシンボルやタロットカードなど法則を表した体系を、ある場所でしか通用しない価値観と結びつけるのです。この信念体系があるかぎりは、サビアンシンボルもタロットカードも、応用的に活用することができなくなります。違う家に移動させると死んでしまう猫のような生き方は、マカバ作りの趣旨に反します。なぜならマカバはどこにでも移動できるからです。

N氏のジオセントリックの太陽は山羊座でした。ズスマンによると山羊座は均衡感覚で、いわば立ち位置を示します。特定の場所に直線的に、つまり子午線的に立つのは山羊座と蟹座を貫くラインです。そのために私の理解しづらいN氏のサビアンシンボルは、具体的に場所とか組織とか、人とか事件と結びついたものであるという考えは、山羊座的な精神から来ているのかもしれないと思いました。私の考えでは、事物と象徴は切り離せるものであり、象徴はいかなる事物にも張りつくことができるというものです。ときどきふさわしくない事物に間違えて張りつけることもできるのです。

その昔、うたた寝をした時、手の先だけが体外離脱をしたことがあります。それは私が慌てて腕を動かしたからです。急いで肉体の腕にエーテル体の腕を差し込んだ時に、五本指手袋に指を差し間違えたかのように2本の指が反対側に入ってしまいました。もう一度抜いて入れ直しましたが、これは事物と象徴の間違えた組み合わせの小さな例だといえます。スプーンがないので竹のものさしをスプーン代わりにしたという場合、事物と象徴の異なる組み合わせをしたことになります。幼児はこのセットをよく間違えます。大人は間違えませんし、関係性はもっと固定的となります。

事物と象徴を固定的に結びつけすぎることは、下位の色は自力では違う色になれない、しかし7色の元に戻りそこからまた降りることができたら

違う色に変わることもできる、という法則が使えないことになります。ジオセントリックの山羊座的な精神は、そのローカルな場を小さな所に置いてしまうと身動きが取れない地縛霊のようなものになります。場を大きくするとよいのです。

　山羊座、その支配星の土星が MC ないし 10 ハウスに入る場所は、その個人がそこに自分の立ち位置があると感じることのできる場所であります。日本に生まれたホロスコープで MC ないし 10 ハウス、あるいは IC ないし 4 ハウスに山羊座・土星が入る人は、この日本の場所を立ち位置とします。ここで社会的な立場を得るのですが、移動させると成立した価値は通用しないことになります。

　誰でも世界のどこかにリロケーションさせると、どこかにこの場所があるはずです。私の場合には、チェンナイに行くと土星は MC にぴったりと重なりました。私はインドで自分の立ち位置を見つけ出すことができるので、神智学協会の近所に住居を持つのもよいのではないかと思いました。

　しかし、そこでは拘束され、身動きが取れなくなることも事実です。そして、日本では、私の MC ／ IC の軸は射手座と双子座です。射手座は運動感覚で双子座は言語感覚です。運動と言葉を活用して移動するのが私の日本での姿勢なので、日本では安住する場があると感じないことになります。日本に住むなら、アボリジニのようにソングラインに沿って移動し続けるとよいということになります。

6 縦糸と横糸の織り成す日本

東京の境界線は
土星の公転周期の場所として考える

　かつて私が『運命を導く東京星図』（ダイヤモンド社）を書いた時には、明治天皇が江戸城に入った時間のホロスコープを作り、それを東京に投影して解説しました。これは円形の図であって、東京という閉鎖的なコスモスを考えるのには適しています。つまり東京の自転場です。これはジオセントリックの考えに基づいています。

　これをヘリオセントリックで考えようと思った場合には、東京の影響力が消えていく境界線を土星の公転周期の場所に決めるとよいでしょう。そこに基づいて、内部に惑星の平均軌道半径の比率で同心円を作り出すというアイデアもあります。9.45天文単位をおおよそ10として、地球の場を1とするとわかりやすいかもしれません。

　皇居を中心にして同心円を作り、東の地点を牡羊座の0度にします。次頁の図は、東京が生まれた時のヘリオセントリックの天体配置です。

　円形で考えるのは既に説明したように、コスモスを閉じて単独で成立する自転場の構造を考えることであって、その外側にはもう一つ上の次元の縦横ライン、すなわち「Ⅳ 皇帝」のカードのエネルギーラインが走っていると考え、これを日本地図とみなすわけです。そこではエーテル体のグリッドが走り、それは大きな円の公転の円の一部を切り取ったものであり、この中の小さなピンポイントの場所に、下の次元の円形回転の閉じた自転場としての東京があります。

惑星	平均軌道半径 （AU は天文単位 ）
水星	0.39AU
金星	0.72AU
地球	1 AU
火星	1.52AU
セレス	2.77AU
木星	5.20AU
土星	9.54AU

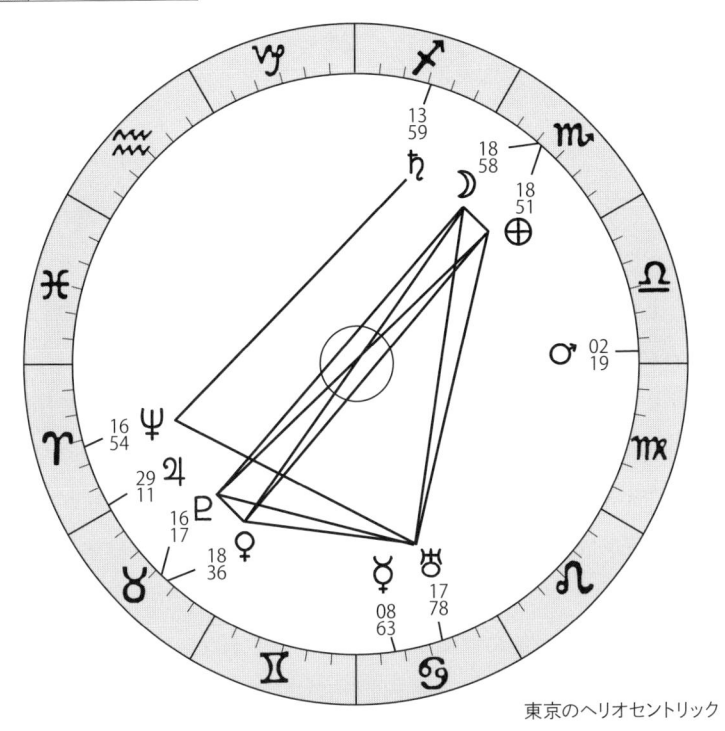

東京のヘリオセントリック

　日本という縦糸と横糸の走る場の中で、東京という小さな閉じた円が独立性を主張して、このより大きな縦糸と横糸の力を取り込みつつ、自我としては独立し、そこにエーテル体の凝縮した力を取り込もうとするという

仕組みで考えます。

　以下は、新小岩を土星の境界線とみなして地図投影したものです。土星を大雑把に10にして、木星を5、地球を1とする直径の同心円が描かれます。

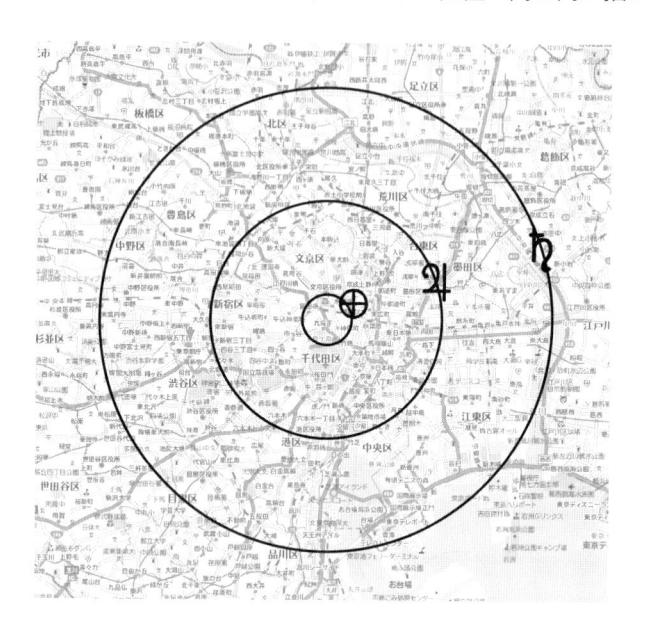

『運命を導く東京星図』ではジオセントリックですが、ここで描いているのはヘリオセントリックなのでこれを混同しないようにしてください。ここにプラネタリウムを投影すると、天秤座24度前後は、私がいつも明治神宮外苑から皇居に向かう時に通るイチョウ並木などが該当します。そのあたりにスピカの位置を投影することができます。

　とはいえ、個人的には私のスピカは土星と重なっているので、もっと外周の、土星に近いところ、例えば世田谷区あたりで探した方がよいのかもしれません。金星がスピカと重なっている人ならば、もっと内輪の場所に決めることができます。

　新小岩を土星の公転周期の場所に決めてしまうと、世田谷区あたりは東京エリアから脱落するので、もっと広い円で作り直すべきなのかもしれません。

日本地図のエネルギーライン
縦に七つ横に12という法則を当てはめる

　この縦糸と横糸の織り成す日本地図を考えてみたいと思います。

　七つのコスモスはその内部にも七つの層ができています。人間としてのトリトコスモスの上にある地球のメゾコスモスも、そこで七つに分けることができます。

　例えば暫定的に、

1	地球
2	大陸
3	地方 （例えば東アジア）
4	国
5	州 （日本なら本州や北海道などの区分）
6	県 （東京都など）
7	市

とします。

　東京という閉鎖的な自転場は6番目であり、日本のラインを考えることは4番目です。

　私が主張する縦に七つ、横に12という法則をそのまま日本地図に当てはめることもできます。

　日本地図の経度に12サインを投影するのは、ハーモニック理論を考えれば、それほど違和感はありません。つまり地球の赤道に投影された12サインは、より細かい範囲の中に縮小的に分割されていくということです。ハーモニックは例えば、一つのサインの30度の幅の中に12サインを模型的に作り出すということです。これはハーモニック12であり、一つのサインは2.5度の幅になります。そのように日本の東西に12サインがあると考

えるのです。

　昔から日本は世界の雛型であるという考え方が存在していました。例えば九州地域はアフリカであったり、四国はオーストラリアであったり、というものです。その場合、北海道は北アメリカです。この当てはめは不自然な点がないわけではありませんが、面白い題材として私は前から興味がありました。オーストラリアのアボリジニが考えているソングラインは、四国の空海が考えたお遍路ラインと何かしら性質が似ていて、つまりオーストラリアは四国なのです。

　話を戻すと、以下のようにして日本地図の区画が出来上がることになります。

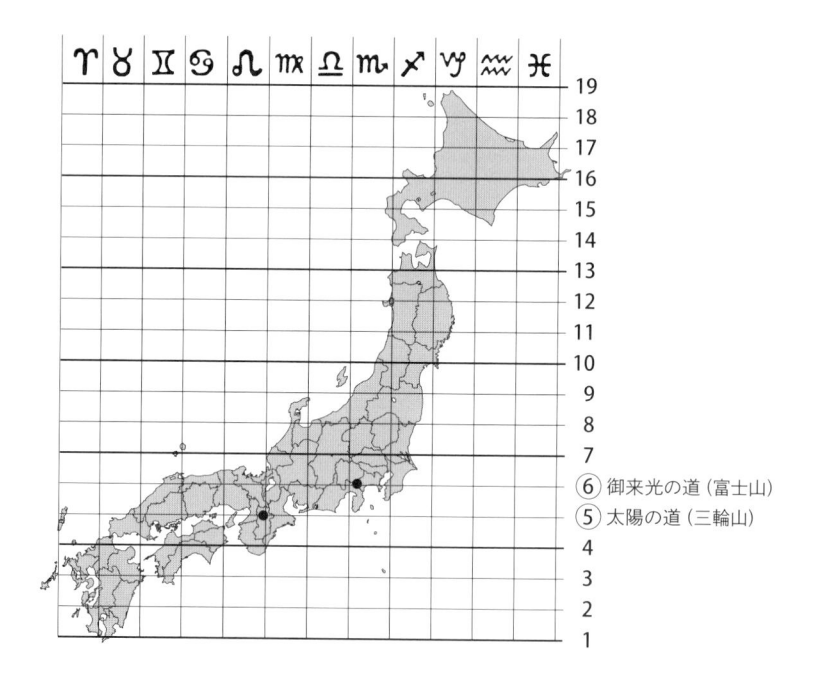

⑥ 御来光の道 (富士山)
⑤ 太陽の道 (三輪山)

　ライフシンボルでは横が三つで縦が三つの九つの区画を考えていて、いつでもそれを使っていたのですが、この日本の地図は横が12で縦が18なので、もちろん九つの区画が含まれていると考えてもよいわけです。

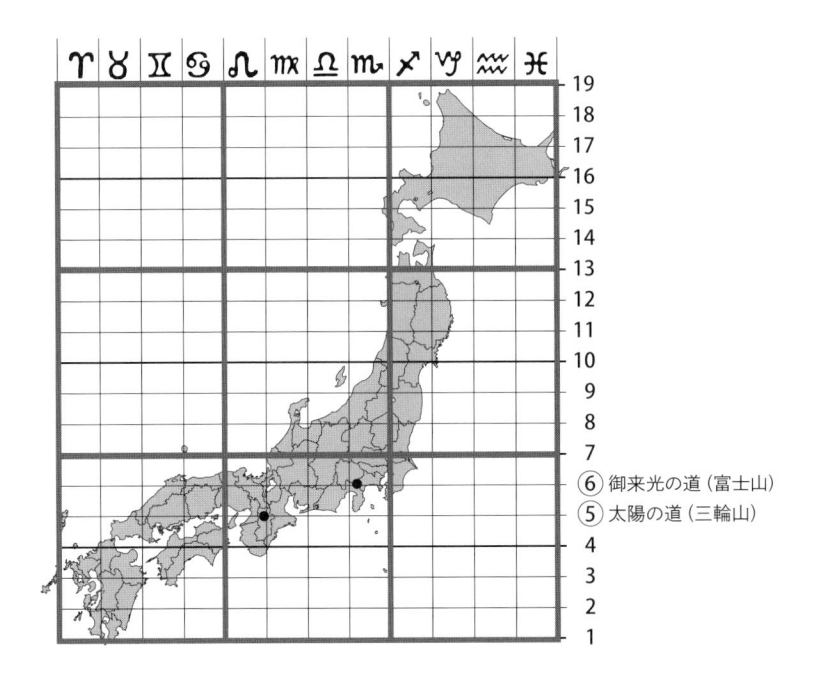

御⑥ 御来光の道（富士山）
⑤ 太陽の道（三輪山）

日本国内のレイラインやエーテル体のエネルギーのことを考える時に、私はいつでも富士山を含む御来光の道と三輪山を含む太陽の道を考えるようにしています。日本国内ではこれが一つのリファレンスなのです。

富士山	北緯35度21分38秒／東経138度43分39秒
三輪山	北緯34度32分06秒／東経135度52分01秒

富士山と三輪山の北緯の差は49分32秒で、おおざっぱにこの比率で日本の北と南を分割すると18分割されることになります。とはいえ誤差はあります。

私は地学とか建築などの知識がないので、これ以上細かい計算をすることができませんのでこれが限界です。ですが、そもそもエーテル的なエネルギーラインというのは、物質を測る時の細かい計算などはあまり役立ち

ません。それは滲みを持ち、磁力場のようなものなので、精密で正確なラインとはなりにくいからです。

　前頁の地図を見てください。それぞれの番号を記入した北緯ラインは以下の通りです。

19番	北緯45度25分34秒
18番	北緯44度36分02秒
17番	北緯43度46分30秒
16番	北緯42度56分58秒
15番	北緯42度07分26秒
14番	北緯41度57分54秒
13番	北緯41度08分22秒
12番	北緯40度18分50秒
11番	北緯39度29分18秒
10番	北緯38度39分46秒
9番	北緯37度50分14秒
8番	北緯37度0分42秒
7番	北緯36度11分10秒
6番	北緯35度21分38秒（富士山の御来光ライン）
5番	北緯34度32分06秒（三輪山の太陽ライン）
4番	北緯33度42分34秒
3番	北緯32度53分02秒
2番	北緯32度04分30秒
1番	北緯31度14分58秒

　北の端は稚内の宗谷岬で北緯45度31分22秒です。南の端は佐多岬（鹿児島県肝属郡南大隅町）で北緯30度59分10秒です。この点で、微調整が必要であることはいうまでもありません。

　UVG120では、正十二面体の一辺の五角形の中心に正二十面体の一辺の三角形の頂点が入り、三角形の中心に五角形の頂点が入るのがこの惑星グ

リッドの特徴ですが、立体的な配置なので、日本内部のエネルギーライン
とシームレスに合わせるには帳尻合わせが必要となります。

　そもそもその前に日本の西のスタート点、すなわち牡羊座の０度をどこ
にするかで迷うことが多いのですが、今回のこの地図では、離島を含まな
い日本地図の端ということで機械的に選んでいます。ただ、日本民族の活
動の分布という点で、どの時代、どの層の日本なのかを考えた方がよいか
もしれません。

　12サイン対応に関しては、私は数年前に「恋運暦」（イースト・プレス）
という雑誌で、毎月のように日本の各地域に行ってこのサイン対応の記事
を連載していました。この地図では、大阪は獅子座の終わり頃になり、東
京は射手座の始めの方になりますが、「恋運暦」の時には、牡羊座の起点
を徐福が上陸して弥生革命を始めたといわれる伊万里からスタートさせま
した。

　地球の本初子午線のスタートもグリニッジとギザの大ピラミッドという
二説があり、私はさらにアフリカのマリ共和国やニジェール川近辺からス
タートするのはどうかと考えています。アフリカのさまざまな種族はこの
マリから分岐したという考えも成り立つのではないでしょうか。

　ギザの大ピラミッドはオリオンの三つ星を象っているという考えがあり、
エジプトの文明はオシリスとしてのオリオン、イシスのシリウスなどが発
祥に関係すると考えられます。ニジェール川近辺はドゴン族の青い狐の話
からわかるようにシリウス種族の直系であり、ニジェール川を地球のスタ
ート点、つまり牡羊座の０度と考えるのは非常に魅力があるといえます。

世界ではなく日本を旅行するのは
富士山の代わりに富士塚に行くのと同意義

　絵画分析は１枚の絵を九つの区画に分割することから始まります。日本

地図を1枚の絵とみなし、その中で自分が大きな区画の中を動き回ると考えてみてください。自分の内面の一部は、今度は大きな空間の中で、より大きなエネルギーに浸されることで、自分の中の同じ要素をもっと大きなかたちで刺激されていきます。

　私達はさまざまな理由で旅行しますが、旅行やレジャーの目安としてこの12区画または18位相をくまなく体験していき、自分が今住んでいるコスモスにおいての総合性を獲得するために役立ててもよいのではないでしょうか。

　世界地図を移動するにはお金がかかりますから、もう一つ小さなサイズとして日本国内を移動するのは、富士山に行く代わりに富士塚に上がるのと似ています。それでもトリトコスモスとしての人間の範囲よりも大きな力を受け取れることになります。

　ただし、この日本地図の分割は、特にレイラインのことを想定しているわけではありません。確かに御来光の道と太陽の道は強いレイラインですが、そもそもこの地図は、それよりもプラトンが「地球を上空から見たら12枚の色違いの布が張りつけられた鞠に見える」というように、それぞれ線で区切られた布の色の違いを重視しているわけです。ラインではなく面の部分を重視しているわけです。

　そして御来光の道と太陽の道を入れたのは、私がいつもそれをリファレンスにしているからです。ですから、私が以前に執筆したパワースポットの本（『パワースポットがわかる本』説話社）で紹介した渡辺豊和のレイラインとは多少異なる線引きをしていることに注意してください。エネルギーが強い弱いということとは違い、区分の色分けなのです。

　この日本としての閉鎖されたコスモスにプラネタリウムを投影すると、ラス・アルゲティは下北半島のかわうち湖や仏ヶ浦に当たります。

惑星の公転周期は正確な比率で対応しておらず
完全なカレンダーは作れない

　異なる階層の間には、暗闇または意識の断絶する空無があるということは既に説明しました。そのため、複数の範囲のコスモスは地続きにつながりません。メゾコスモスの中の七つの区分間でさえ、ちょっとした断絶があります。これら複数のコスモスは、計算可能な比率で並んでいると想像して、その法則を探求するのは非常に興味深いことですが、いつまでたっても、その隙間は埋まらないかもしれません。

　カレンダーを作るのはとても難しいのです。なぜなら、地球の自転という１日単位で計算しても、それは１年という公転周期とぴったり数が噛み合わないからです。さらに月の運動も完全には整合しません。惑星の公転周期もそれぞれ正確に同じ比率で対応関係にあるわけではないのです。どのサイクルもそれぞれ他と微妙にずれがあるために、どれかを立てると他との帳尻が合わなくなり統一的に計算できず、カレンダーはどのような方法を使っても完全なものは作れないのです。

　引越しの時に、ある都市の中で場所を決めて、その後、この中に住むと、小さな区画の中で過ごすことに慣れて、引っ越す時に見ていた大きな視野、都市全体、都市の中でどこにするかという視点は失われていきます。小さなところが拡大表示されたようなもので、なおかつ都市の中から見て、その引越しの場所の個性がはっきりわかっていたのに、住んでみるとそれは無色になり、特徴がわからなくなるのです。

　しかしそこから離れようとすると、急にまた視点が大きくなります。そして視点が大きくなり、より範囲の大きな単位のコスモスに意識が同調すると、その分、取り込むエネルギーの範囲も強くなるので、急に元気になり活発な気分が蘇ってきます。

複数のコスモスを渡り歩く場合
前のものは失われ関連性もなくなる

　コスモスの大から小までが連続的につながっていないように、メゾコスモスという単位の中の七つの区分でさえ、連続的にはつながっていません。そして切り替えの時には何らかのショックもあります。

　例えば、生命の樹では一つのコスモスから上位のコスモスに移動するのは、「0愚者」のカードが表すパスで表現されています。コスモスの境界線はケテルであり、これはこの上に立つコスモスのマルクトを示しています。そのため、われわれの世界から上位のコスモスに移動しようとする「0愚者」のカードは、上の次元の生命の樹から見るとマルクトの下から湧いてくるザリガニ、すなわち「XVIII 月」のカードになります。
「0愚者」のカードは、この世界の中で無意味な存在になることであり、この世界に中に住んでいた時に感じていた価値観やリアリティ、有益なこと、充実感などがすべて失われます。また環境に嫌われ無用な存在として扱われるのです。

　一番下の樹の「0愚者」のカードのパスはケテルに向かうことなので、下から二番目の樹ではティファレトに向かうパスである「XIII 死神」のカードに該当します。ケテルとコクマーはアナハタチャクラとネツァクと重なります。それは地上の活動においての不毛さを作り出すことになります。地上が不毛になること、それは愚者のように世界の中で意味を失うことです。そして上位のコスモスに移動した時には、今度は上位のコスモスから見ると得体の知れない虫のようなものが部屋の中に入り込んできたと受け止められるのです。

　複数のコスモスを渡り歩く体験は、それぞれが七つのコスモス、この中のそれぞれ内部に七つあるというような区分を意識する必要がありますが、移動する都度、前のものが失われ、また関連性は無化されているかのよう

に見えるはずです。

180度が歩み出る方向ならば
90度は意識の切り替えまたは想定外のこと

　占星術で90度のアスペクトは、意識の切り替えを表しています。180度は円の2分割で、それは卵を割ってある方向に「歩み出る」ことを意味します。前進するというのは180度です。何か前に進めようとした時には、必ずそれは180度という意味になります。特に外に対して発表したりするのは、私と相手（あるいは多くの人）が向き合った状態なので、とりわけ180度ということになります。

　この180度の歩み出る方向を見据えている姿勢に比較して、90度は想定外の横やりのような配置となります。走っている時に、ふいにどこか横から足を出されると倒れてしまうようなものです。

　私はしばしば90度をフルトランスでの意識の切り替えと説明しますが、それは毎度慣れないことが多いのです。ヘミシンクでの変成意識は毎度慣れません。毎回いきなり切り替わり、リアリティが全く変わってしまいます。そしてまるで別人のようになるのです。これは90度的な転換というふうに見えます。

　平面上では、90度は互いに反目するので、ホラリー占星術のように物質的なところをテーマにする分野では、90度は否定を意味しています。通常の人間を扱う占星術では、この90度は転換・変化・裏側からの協力関係・意識していないところからの介入であるがゆえにコントロールが効かず強すぎる効果などを表します。

　魔術や神秘学分野では90度はとても大切にされています。シュタイナーは90度こそ最も重要だと述べています。

　90度のイメージですが、地球では経度ラインに対して緯度ラインが90

度となります。北極と南極を貫く縦ラインの七つの区分は、チャクラのようなものだと説明しましたが、チャクラのいくつかの中枢を陰陽分割するとそのまま生命の樹になるので、赤道は真ん中の位置にあたりでアナハタチャクラ、あるいはティファレトの位置になります。北極はサハスララチャクラ、あるいはケテルです。南極はムラダーラチャクラ、あるいはマルクトです。

ケテルは上位との接点を作り出すが
それを自力で開発することはできない

　私は頻繁にカバラの生命の樹の四つの階層について説明していますが、特定の階層の樹においての胸の真ん中ティファレトは、次の上の階層の樹ではマルクトになります。また下の階層の樹のケテルは次の階層のアナハタチャクラになるのです。

　地球の生命の樹でいえば、北極ケテルは前にある生命の樹のティファレト、すなわち赤道です。また赤道またはティファレトは、上の樹では南極またはマルクトになるわけです。

　これは90度の切り替えと似ています。肉体を表す生命の樹（アッシャーの樹）とエーテル体の生命の樹（イェツィラーの樹）の関係について、私が頻繁に使う例は、夢の中で誰かが床屋さんのように後ろに立ち、その床屋さんが胸のところの位置で自分の頭を両手で触っていたら、それはエーテル界の存在が関与してきたことなのだという話です。

　ケテルやサハスララチャクラはより上位のコスモスとのつながりを作り出す接点です。ということは、自力でこれを開発することはできません。私達は私達のコスモスに住んでいるので、上位のコスモスとのつながりを自力で開発するというのは理屈上あり得ない話だからです。ケテルやサハスララチャクラは、上位のコスモスの何ものかの働きかけがないかぎりは、

それを開発することはできません。

　上位のコスモスにあるものがその気になり、降りてくることで、やっと私達のケテルやサハスララチャクラは開発されるのですが、私達はトリトコスモスの中に住んでいるため上位の次元との間には断絶があり、たとえ私達が訴えかけてもそれは届きにくいでしょう。

　仏陀は肉体を持つことが不可能になり、だから応身としてエーテル界にまでは関与できると考えた時、この四つの階層の樹で想定して下から一番目が肉体で二番目の樹がエーテル体とみた時に、肉体に接触不可能でエーテル体には接触可能な存在とは、一番上の樹の存在です。それは直接肉体のレベルに関与できるものは何もないが、下から二番目の樹には接触が可能です。一番上の樹の存在は、この下から二番目の樹の頭（ケテル）に足（マルクト）を乗せることができます。

　グルジエフの説明では、七つのコスモスはそれぞれの隙間に無と無限の境界線があるといいますが、これはこの生命の樹の関係性でいえば一つの樹のケテルがそのまま上の樹のマルクトになっている関係であり、これは四つの生命の樹の連鎖ではなく、一番下の樹と下から三番目の樹の関係であり、下から二番目の樹の仲介的な役割のことを示していません。

1ハウス・アセンダント・牡羊座は自我感覚
4ハウス・蟹座・IC で前進感覚が失われる

　異なる次元の関係を螺旋回転するパイプで描写する人がいます。回転するコイルは大きく円を描きますが、さらにこの円が螺旋の部品になってより大きな円を描くというのです。この時に、小さな円と大きな円は90度の関係となります。

　一つのパイプにおいての円回転の部分は陰陽の横波と考えられ、それに対して直進するのは四次元波として一つ上にある次元のエネルギーと考え

られていますので、ここでも一つ上の次元の領域は90度の関係ということになります。

　生命の樹のような異なる階層においては、90度は、下のケテルが上のアナハタチャクラになるような切り替えです。ケテルは理想であり、アナハタチャクラはそれが日常で成り立つものを意味しています。

　また占星術のハウスでいえば、1ハウスと4ハウスは目覚めと眠りです。人はアセンダントで起きてICないしは4ハウスで眠りにつきます。あるいは死ぬわけです。個人意識は集団意識の側に切り替わります。そこにちゃんと意識はあるのですが、個人意識としては存在していません。1ハウス・アセンダント・牡羊座などは自我感覚を表しますが、これは4ハウス・蟹座・ICでは大きな海のようなものに飲み込まれてしまい、前進感覚を失うことになります。

　ホロスコープの中に90度があると、これは90度関係でまたがる、ちょうど夢の中での本人と床屋さんの関係のような配置のつながりを刺激します。

　90度の作用とは、夜眠る時思い出してみるとよいでしょう。考え事をしているのは同じ意識の平面です。ここでは眠れません。眠るというのは、日常意識が途切れて集団意識のようなものに切り替わるということなのです。眠りそうになる時にイメージがリアルに浮かぶことがありますが、これはそれまでの日常意識が途切れる時に起こります。すると眠ることができるのです。これが90度体験だと考えるとよいでしょう。

意識が覚醒したまま継続する状況では
変成意識に入ることはできない

　生命の樹の連鎖で考えた場合、一番下の樹のケテルである頭は次の樹のティファレトに相応します。これは頭が心に変換されるということです。

ビジョンを見る時に、初期的には松果腺を使いますが、発達してくると胸のアナハタチャクラを使うようになります。これは肉体の樹から、エーテル体の樹に移行したことも示しています。

　昔、テレビで超能力者が何か実験をしようとしていて、それを科学者がじっと監視している光景を見たことがあります。それまでの意識がそのまま覚醒したまま継続する状況の中では変成は起きません。目覚めた意識の連続はいかなる変化も起こさないのです。この監視する意識の場の中では、超能力者はきっと何もできないでしょう。特にユリ・ゲラーはこの監視する意識の連続というものを嫌ったようです。

　何か変化が起きるには90度現象、『魔笛』の主人公のタミーノが巨大な蛇を見て気絶するような、暗転が必要です。

　グルジエフのいう、異なる次元との間には無と無限が挟まっているという溝を乗り越えるには、この仲介者的な次元が関与して頭が胸に切り替わるような、90度のスイッチ切り替えがあるとよいのです。

　これを意識的に行うには、夜眠る時に、どのようにして昏睡していくのか思い出してみましょう。あらゆる考え事をいったん脇に置いて、何も考えないような状態になるのです。目覚めた意識の継続性を諦めるようなリラックスを、眠る時ではなく、起きている時に試みるのです。確実にレベルに入るように、順番に体の力を抜いていくトレーニングをするとよいでしょう。

　横波は陰陽の因果律で、私達の物思いはこの陰陽の運動に同調したかたちで働いています。その横波に関わるかぎり、90度で直進する縦波には達しません。そのため、横波の流れから手を離すという練習が大切になります。

　ブルースと対談した時、ブルースはベッドに入ると数秒で寝てしまうのだといっていました。ブルースからすると5分も起きているというのは、不眠症に等しいのだそうです。これは90度意識の切り替えに慣れているのかもしれません。

7 土地を歩く時の心得

土地を歩き土地と語り合うことで
メガコスモスがトリトコスモスに侵入する

　私達の日常意識であるトリトコスモスの意識は、それが連続しているかぎり、より上位のメガコスモスを理解することはありません。グルジエフは、奇蹟とは異なる次元のものが入り込んできた時に生じる現象のことをいうのだと説明しました。

　一つのコスモスの中ではいかなる変化も日常的な変化であり、大きくいえば変化は存在しないことになります。誰かと出会って人生が変わったとか、人との関係で大きく運命が変わるなどといいますが、これはトリトコスモスの範囲においての先の見えている変化であり、それを奇蹟とはいいません。予想できるありがちな結末が多いのです。

　私がアボリジニのソングラインやドリームタイムを重視するのは、それはトリトコスモスの視点にとどまらず、メガコスモスの意識を受け入れていると思われるからです。トリトコスモスに閉鎖して生きている人にその意義は理解できないでしょう。オーストラリアにやってきた西欧人には、それは理解のできない、何の話をしているのかさえわからないような内容だったのと同じことです。

　メガコスモスの端っこでもよいので、そこに接触するには、土地と語り合うことです。トリトコスモスの思いを綴りながら、見るのではなく、トリトコスモスを断絶させて90度意識で切り替えるのです。物質的な脳ではなくエーテル体の胸で受け取ることです。ですから、どこか旅先で土地

を見る時に、そこに空白の隙間を入れるコツを覚えることです。そして自分の横波の因果律から自由になることです。

　逆に、私は土地を歩くことで、トリトコスモスとしての私の意識の連続性が途切れてしまうことに驚きます。移動すると、メガコスモスのトリトコスモスへの侵入があるのです。空中に張り巡らされたグリッドはメガコスモスとの接点であると考えてみましょう。歩くとくもの巣に引っかかるように、これに触れるのです。ときにはより大きなハブにも当たることもあるでしょう。すると、この聖なる干渉はますます強くなります。

　人よりもこのメガコスモスの方がエネルギーは強いのですが、これは当然のことです。私達はトリトコスモスに閉鎖することで、このエネルギーには触れないように心がけています。

どこに移動しても何の変化もないということは
上位のコスモスと関わっているかぎりあり得ない

　マカバを作らないかぎり、移動すると人間が歪んでいくという考えは、メガコスモスやより上位のコスモスのちょっとした差異が人間に大きな変化を与えてしまうということでもあるのかもしれません。妙な例えになりますが、メガコスモスでの1ミリほどの違いが、トリトコスモスでは数十メートルとかの違いを生み出すようなものです。山手国弘のいうように、自転車に乗って走るだけでもエーテル体が肉体とずれていくというのは、メガコスモスの微妙な差異がトリトコスモスに干渉することを示しているのです。

　人間個体としては、移動しても自分は変わりません。しかし、一つ上のコスモスからすると、人間が移動している時には場所が変わるのです。変わると、それは性質やエネルギーの変化があり、その変化は人間に持ち込まれるのですが、90度関係、ないしは無の断絶があるとすると、人間個人

はそのことにあまり気がつきません。

　私は少なくとも、気分とか記憶が大きく変化することをいつも気にかけるようにしています。何かを思い出すために同じ場所に行くこともあります。

　どこに移動しても人間として何の変化もないという状態は、人間がより上位のコスモスと関わっているかぎり、それはあり得ないことなのではないでしょうか。人は関心事としてはトリトコスモスとして閉鎖することができるように見えますが、実際に閉鎖できているわけではありません。

　あるいは上から降りると何にでも自由に変われるという点で、メガコスモスに対して優位性、自由性のあるデュートロコスモスの意識に同化した、つまりクロウリーのいう意味での星となった人ならば、変わらないでいることもできるかもしれません。

場所を移動することは内面を変えること
旅をすることは個人のエゴを解き放つこと

　空海が開いた四国八十八カ所を歩くお遍路さんは、アボリジニのようにメガコスモスを歩くことで、トリトコスモスという小さな範囲での偏りやカルマ、苦しみを解放することを目指しています。

　特定の信念体系は、土地にしがみつくことで作られます。これは土星・山羊座がMCあるいは10ハウスにある人は、その場所でしか成立しない価値観に拘束されるという例でも説明しました。30度西に行くとそれらは11ハウスに移動してより自由になりますが、もっと狭い範囲でも揺すぶりはかかります。

　場所を移動することは、個人が内面で気分を変えること、考え方を変えることよりも、はるかに大きな力と影響力を持ちます。旅をすることは個人のエゴから解き放たれることです。そして表の一つの人格と裏に隠れた六つの人格を平均化し、総合的な力を獲得することにつながるのです。

大きなコスモスの中でのトーンは、小さなコスモスの中の同一のトーンと共鳴した時には、もちろん小さなコスモスの範囲の中にある音をもっと強めます。

横と縦に移動するグリッドと特定の場所で、目的のトーンを巻き取り、凝縮させる自転の運動を作り出すのです。自転は力を切り取った後、凝縮することです。また山の上に上がるというのも、タロットカードの「V 法王」で説明しましたが、四元素を統合化した第五元素に接近することに似ています。

例えば、横須賀の走水神社は、日本地図のマトリクスでは射手座の2度くらい、北緯38度近辺に該当します。そのことを意識して、神社の敷地を公転という意味で巡回します。次に、特定のポイントを見つけて自転するのです。この二つを繰り返します。

惑星グリッドの網目は小さなものからより大きなハブ、さらに大きなハブへと接続されていきます。人は旅することで今までの自分が活用しているハブよりも、より大きな交点に出会うことができるのです。その時に、なだれ込んでくるもので活力や考え方、感情も変わってしまいます。

場所によって発見できるものが違ってくるのもポイントです。私はある時期1年くらいは東京体育館にあるランニングマシーンを使っていました。そのマシンの場所では、常に新しいアイデアが生まれたのです。それも必ずといってよいくらいです。そこで、日々の日課としてそこで走っていたのですが、違うマシンの場所にいくとそれができませんでした。例えば、原宿のゴールドジムのマシンでは何も発見できませんでした。明治神宮外苑を回ると、東京体育館と同じくらいそれは上手くいきました。ある公園ではある考えに取り憑かれますし、東京駅に行く途中では記憶の断絶があります。JR の中央線ではたくさん断絶します。

これは世間の一部でいうパワースポットに関係するのかというと、ちょっと違うと思います。つまりパワーがある／ないということはあまり問題に

しておらず、むしろ、そのカラーの違いや個性の違いということに関心が
向かうのです。ですから線ではなく、その線に囲まれた中の面の色を注目
するとよいのではないでしょうか。

8 黄金比での回転とマカバ

黄金比を12サインに当てはめると
獅子座の18度と蠍座の3度になる

　私は12サインの30度の内容を細かく読むために、サビアンシンボルとその背後にある数字の意味について考えるのですが、ここでは黄金比、すなわち1：0.618の比率も重要となります。

　30度の幅は前から見て11.46度、すなわち数え度数12となります。後ろからだと18.54度、すなわち数え度数19度で、黄金比の特徴が現れます。たいてい12度は秘密を暴くとか、見えないものを発見するということが多く、19度は想像的なものを拡張して、壁を越えるというような意味が多いのです。例えば、活動サインの19度は大風呂敷の19度と説明しますが、ここには無理なように見えたものが無理ではなくなるという性質があります。

　この30度の幅の中では、他にも3分の1や4分の1などを重視しますが、これはピュタゴラスのモノコードの考えだけではなく、360度の円で生じることをそのままハーモニック12的に30度のサイズの中に封入した読み方をしているということです。

　ということは、その反対に30度の内部で存在する特徴は360度範囲に拡張することもできるということです。

　樹木を上空から見ると、黄金角の比率で枝を伸ばすことが知られています。枝の葉が太陽光線をできるかぎりたくさん受けられるように、つまりどこかの枝が陰になりにくいように配列するためには、この黄金角が最も

効率が良いわけです。この場合、初めの枝と次の枝の角度は反時計回りで222.492236度、あるいは時計回りで137.507764度として並びます。360度に黄金比の0.618をかけると222.492236度になるということです。三本目の枝もこの二番目の枝から137.507764度で回転します。

サインでいえば、最初を牡羊座の0度と想定すると、137.507764度は獅子座の17.507764度で、サビアンシンボルでは獅子座18度の化学の先生というものに当たります。18度は日常の生活の中で自分の可能性を確保するところを見つけ出し、有利に運ぶという意味です。組み合わせていくと実に都合良く活用できるものです。獅子座は16度以後脱力したので、この中で自分を再起動する可能性を探さなくてはなりません。

反時計回りの方向では222.492236度、これは蠍座の12.492236度に当たります。蠍座の13度のサビアンシンボルは実験している発明家で、13度は稀有な可能性を発見し、誰もが思いつかなかったような展開を作り出すことができて、まさかと思うような結末を生み出します。

個人的な獅子座では見つけにくい穴を探し、共同的な蠍座では平凡な知性では思いつきもしなかったようなジョイントを考案していくというのが黄金比ということなのかもしれません。基本的な黄金比は、行き詰まることなく、増長できるという法則を体現しているので、次々と展開しても、限界点がやってくるのがとても遅いのです。たくさんの葉が豊かに並び、どれも腐ることなく満遍なく広がる光景は、自然界の知恵というものがうまく発揮されていることを想像させます。古い時代の人々は、そこに崇拝的な感情さえ抱いていました。

この獅子座と蠍座の度数のセットは、見つけ出しにくい自然界の法則を見つけ出し、そして角度をつぎつぎに加算していっても衝突が起きにくいという絶妙な比率で再構築します。植物の性質はそもそもエーテル体を象徴しています。しかも太陽の光を受けるのが目的でこの黄金角が使われるのです。

ダ・ヴィンチの「ウィトウィウス的図像」では、身体の高さを1として
へその位置を0.618とみなし、それを中心にしたものが運動的中心である
とみなします。つまり垂直の位置でこの黄金比を考えるのです。サインの
中では30度の幅で、円では360度の幅で、応用していきます。「ウィトウィ
ウス的図像」から考えると、これが肉体に対するエーテル体の接点である
と考えることができます。

へその位置は五角形であり
六角形の中心点はもう少し下となる

　人体でへそはマニプラチャクラです。これは、生命の樹ではホドとネツァ
クの二つに分けられて左右に配置されます。ホドは発信でネツァクは受信
として、外界と呼吸作用を起こしています。

　太陽の中枢であるティファレトを分割して、この一部の黄金の矢がへそ
を通じて外に飛び出します。カフナ式にはこの矢をターゲットに思い切っ
て突き刺し、するとネツァクを通じて戻ってくるものがあり、それはイエ
ソドに蓄積される、と考えられます。魚座の項目でこれを見えない舌とも
説明しましたが、額にもそれがあるのです。

　ですがこのホドとネツァクは、外界との交信という点ではへその二極化
であり、へそは二極化されればもう少し下の位置に収まります。タロット
の「XV悪魔」のカードは、上に悪魔がいて下に二人の手下がいます。こ
のように二極化されるのです。実際にこのホドとネツァクは、男性器と女
性器という2種類に対応しています。

　マカバは平面では六角形ですが、これは三角形と三角形の合わせ鏡で、
実際にマカバは男性型正四面体と女性型正四面体のセットです。マカバが
どこかに向かう時、この男性と女性に二極化して、その両方が互いに同調
し合うということを利用しています。

もっとわかりやすく考えると、へそは身長1に対して0.618の比率の黄金比の場所であり、黄金比に関係した五角形の場所です。五角形は基本的には単性的で、それ自身は自然界の中に他とぶつからないように、自分の形を変えないままに進展します。つまり外に飛び出す力を与えるわけです。

　そして現実にマカバとして機能するには五角形は二極化して、六角形になるのです。そうして行き先に到達します。この時、へそから性器へと重心が移ります。

　私が初めて無意識にマカバに乗った時、これはへその上に六角形を描いたのですが、へそは五角形の場所なので六角形のマカバは腰というよりは、性器のあたりに中心点がシフトするのが正しいのではないかと思います。例えば、チャクラでいえばへそのマニプラチャクラは5番目で、性器の位置のスワディスタナチャクラは6番目になります。飛び出すのは五角形でどこかに着くのは六角形です。

ティファレトの自己分割したものを
ホドを通じて外に飛び出させる

　タロットでいえば、「Ⅴ 法王」のカードは黄金比を連想させる対数渦巻のように勢力を拡大しますが、それがどこかの環境に入り込むのは、次の「Ⅵ 恋人」のカードとみなしてもよいかもしれません。それは三角形と三角形、つまり主体がどこかの環境の中に同調したことを示しています。六角形や6の数字は偶数で、基本的に五角形のように独立できません。それは相手や環境との不可分な関係にあります。

　5の数字の単性的というのは、どこにもぶつからず、どこにも重ならず、勢力を拡大するということです。ですから、マカバのように六角形になれば、どこかの環境に行きますが、五角形のままだとそれはどこにも収まらないで逃げ続け、どこにもロックはされません。

タマフリとタマシズメは、太陽ティファレトの自己分割したものを、ホドを通じて外に飛び出させます。そしてそれは外界の事物に張りつくのです。それをあらためて身体の中に回収するのがネツァクなのですが、紐をターゲットに飛び出させて張りつけそれを回収しようとした時に、ターゲットが自分よりも大きい場合には、自分の方がその場所に飛んでいきます。スパイダーマンは糸を出してターゲットに張りつけたり、ビルからビルに飛んだりします。つまりマカバの飛翔はこのタマフリとタマシズメの大型版と考えればよいのです。

　小さなエネルギーの循環であれば、それは外界に飛び出し、そしてかき回して、それを食べるということですが、ターゲットが大きければ、自分がそこに吸い込まれることになります。

　そもそもマカバは空間的に飛ばないと説明しましたが、空間的に飛ぶというのは、私達のトリトコスモス的な三次元のイメージであり、マカバは何か違う場に同調するだけです。そのため私達の感覚の受け取るリアリティが変わるだけで、それはこのティファレトを割って何かに張りつけ、そしてそれを自分の中に吸い込むという操作の中で十分に生じることなのではないでしょうか。

出す⇒吸い込む⇒出すという運動で
だんだんとターゲットの世界に同調

　ホドから投射する紐は、意図という意味では「XV悪魔」のカードで、それはティファレトからホドへですが、実際のエネルギーとしてのエーテルレベルでは「XIX太陽」のカードとなります。

　ウエイト版の「XIX太陽」のカードは白い馬とヒマワリが描かれています。白い馬は飛び出す太陽の矢の異なる象徴でもあり、もちろんヒマワリはこの太陽の自己分割の矢の集まりを描いています。そしてそこに描かれたの

は白い馬に乗る子供ですが、白い馬に乗る子供は、太陽の自己分割が子供として外に投射される絵柄と考えてもよいので、マルセイユ版の「XIX 太陽」のカードとは全く趣旨が違うとみなしてもよいでしょう。

　マルセイユ版では肉体の子供とエーテル体の子供の二人を表し、それを合体させると太陽に戻ります。飛び出す紐は内側が太陽で、ティファレトからホドの流れであり、その紐の外皮はイエソドからホドへ流れていきます。「XVII 星」のカードは、今度はそれの回収で、回収する時にもしターゲットが大変に大きいものであれば自分がそのターゲットに回収されます。「XVII 星」のカードのイメージでいえば、星の光が降り注ぐのではなく、自分がその星に引っ張られて上がっていくというものです。

　私が体外離脱で星に向かった時、途中で人の形が溶けて筒になりました。この筒の中に私がまるで人間魚雷の回天のように中に入り、螺旋回転で前進して星に向かいました。小さな筒ならそれはへそから出てくる糸のようなものですが、筒が大きいのでこの中に自分がすっぽりと入ったわけです。

　カフナのエーテル体をターゲットに突き刺すという方法は、へそから細い繊維を出して、それを思い切ってターゲットに刺すのですが、この太陽から一部を切り取り、それを外に投射する時には、それは上空から見た枝の黄金角的な分岐に似ています。樹は太陽の光を受けるためにこの黄金角で枝を伸ばしますが、主客逆転させれば、太陽は黄金角の比率で自分の子供や分身、金色の矢を周囲に伸ばすことになります。この外へ飛び出させる時には、５の数字の中に潜む黄金角で触手を出すわけです。

　それがホドとネツァクに二極化した時には、吐き出すと吸い込むという運動の方向性が生まれ、この陰陽運動がどこかの世界に同調するのです。出す⇒吸い込む⇒出す⇒吸い込むという運動の中でだんだんとターゲットの世界に同調していきます

　この場合、五角形から六角形へと二極化する時に、今までの自分が分割され、割れてしまうことに対する恐れを克服するとよいのではないでしょ

うか。

出すことは吸い込むことだが
本質的には自作自演で何も変わっていない

　私は中学生の頃、自分の感覚が消えた時、自分が柿の種のようになり胸の中心に住んでいることを知りました。そして私のこの卵の実体は、その周囲に感覚をつないで世界を認識していたのです。

　まず生命の卵はどこからか飛んできて、この地球に着床したのです。そして感覚が発生しました。私達はマカバによって、このささやかな世界に飛び続けています。地上の職場とか対人関係とか住む場所、さまざまな試みをしていき、この環境の所有物になっています。それは六角形的な関係です。そしてこの関係は六角形であるかぎりは解消できません。

　そこで、まず五角形に引き戻す必要があるのです。五角形はどこにも所属していません。そのためにはへそ中心の場を作り、そこに「ウィトウィウス的図像」のように円を作り出します。この円はどこにでも飛び出す準備をしています。環境に食われていない場合、強い欲求や強いエネルギーを実感できるはずです。

　モンローのヘミシンクでは、始めにエネルギーボールのようなものを作り、それを身体の外側に張り巡らせるとしています。「ウィトウィウス的図像」の中の、男の像を取り囲む円を作り出すのはとても大切です。黄金比のへそを中心にして、環境に二極化されていない私に戻し、そして新しい環境に二極化させます。

　つまり円を作ることで五角形に引き上げ、次に新しい環境で六角形に割るわけです。オルフェウス教の世界卵は、原初では二極化されない卵でした。その後、天と地に分かれました。この段階で二極化したのです。そのため、円、ないしは卵、自分を取り囲むボールを作ることは今の環境に対

する無関心さを作り出します。この世界に所属するところの陰陽の因果運動に乗らなくなることです。

このマニプラチャクラという五角形的なへその中心点が、生命の樹でいうところのホドとネツァクという二極化を起こした時に、ホドのパスは外に矢を射て、ネツァクでは外から勾玉の形で取り入れます。この発信と受信は、一つのものが自作自演的に二つの意識を感じ取ることであり、初めから何も変わっていないのですが、自分を二つに割った時に、発信の側の映像と受信の側の映像に分かれてしまうのです。とはいえ、これも自作自演であり、何も変わってはいません。

つまり、ホドはどこにも飛び出させておらず、ネツァクはどこからも取り込んではいないのです。ですが、この一つのへそを陰陽に分けた時、世界が現出するのです。なぜなら、世界は陰陽で成り立っているからです。

より小さな世界で上から降りる動きを作り出し それが自分の中ではなく自分を運んでいく力に変わる

生命の樹だけで考えてみると、このホドとネツァクの陰陽関係は、へそからの二分化と考えるよりは、ティファレトの自己分割とみなした方がよりシンプルかもしれません。ティファレトは胸の中心のアナハタチャクラと同一ではなく、少しばかりマニプラ寄りに、胸の中心から少しばかり下にあるはずです。

マニプラが分岐してホドとネツァクになったという面倒な説明ではなく、ティファレトからホドとネツァクへという分岐で語られるべきものかもしれません。

私は、1980年代に太陽の扱い方について重要なコツをつかんだ気がしました。求めるものを外部に探してもそれは永遠に見つかりません。求めるものを探すには、自分を分割して与えるという心理的な手続きが先行す

る必要があるのです。「もし、それを自分が持っていないとしても、あたかも自分がそれを既に持っているかのように想定し、そして分割して与え、すると、それを私は受け取る」というものです。

　これは下にあるものは上がれないが、しかし上にあるものは自分を分割して降りることでそのショックを作り出し、下にあるものを上げることができるという理屈と同じです。そしておそらく、より小さな世界でこの上から降りる動きを作り出すことで、それが自分の中ではなく自分を運んでいく力に変わるという奇蹟なのです。

　不思議なのは「持っていないけれど、持っているかのように想定する」ということでした。上から降りてくる太陽の力をコンパクトに、自分の中で模擬的に再演することに、何か大きな極意があるような気がしました。すると現象として手に入るということが起こるわけです。

　これはティファレト（あるいはマニプラチャクラ）という小太陽を分割して、ホドから外に飛び出させる「XV悪魔」のカードのパスの操作をするとタイムラグなしで、「XVII星」のカードで星の力が降り注ぐということに変化するということです。

　私は出すと私は得るわけですが、それらすべてが自作自演なのです。この自作自演的な動きの中で、マカバはどこかに移動します。細い紐をへそから出すと、それは自分を運ぶ大きな螺旋のパイプになります。こうした小さなものが大きくなったり、内にあるものが逆転して外になったりするミラクルな転換は、アンドロメダを借りるともっと飛躍的になると思います。

9 地図への投影法

カノープスの土地を地球に投影させると
熊野古道をまたがるようなところに当たる

　カノープスはマカバではありませんが、しかし同じような船です。これを地球地図に投影してみましょう。

　カノープスは蟹座14度59分、黄緯南緯75度49分、グループ7で、蟹座のど真ん中にあります。この度数の手前が、蟹座の中に入り込んだ外宇宙との隙間です。

　実際には、この13.00度から13.99度までの北東の大きな暗い空間に向いている老人というシンボルを持つ場所の方が、実際にカノープスの存在する15度の飲み過ぎ食べ過ぎの人々という場所よりはふさわしいイメージにも見えます。

　ファシーズは山羊座の5度以前に戻した方がイメージは合致するのと同じく、これも少し前に戻すと、サインの性質と恒星が似てくるように思います。

　恒星の位置は72年に1度移動しますから、長い歴史の中では推移することになります。14度地点のこの東北の老人では、感覚が使えなくなったということを説明しました。それは卵が蟹座という共同体の真ん中で割れ目ができた時に、その割れ目から飛び出す瞬間なのだといえます。

　現在のカノープスに該当する場所は、世界地図のジオデティック、ピリ・レイスの本初子午線東経31度13分に、104度59分を足すので、グリニッジという虚の本初子午線からすると、黄金角にも近い東経136度12分と

なります。

　これは三重県の熊野古道をまたがるような場所にあります。熊野古道は東西に長いので、多少カノープスの位置が動いてもここに長くとどまるはずです。蟹座の14度05分にはシリウスもあるので、これもかなり近いといえます。

　シリウスは南緯蟹座14度5分で黄緯南緯39度36分のグループ5で、マニプラの位置にあります。

　蟹座の14度の位置でグループ5にシリウスがあり、グループ7の下にはカノープスがあるというのは興味深いものがあります。シリウスは動物と人の一体化した姿を示しており、それはイルカだったり、猫だったり、牛だったり、ライオンだったり、あるいは人とそれらの姿を合わせたものだったりします。このシリウスは、まだ分割されていないへそを意味するのではないでしょうか。それが六角形のカノープスに乗り込むとそれはどこかに引き寄せられ、移動するのです。

　シリウスは半獣半人の姿をしていて、これはケンタウロスのアゲナよりも上位の階段にあり、象徴的にアゲナとトリマンが人の中の男女の二極化と統合ならば、シリウスは生命の中の人と動物の二極化と統合です。

　ヤコブの梯子の入り口のアゲナは蠍座23度47分で、シリウスは蟹座14度5分です。今のところ、これは両方ともヘリオセントリックの水のサインにあります。

　それぞれの三次元ホロスコープを作り、そこに惑星がなくても、この度数のポイントがどのハウスにあるのか考えてみるとよいでしょう。また、もし惑星がこのアゲナ・シリウス・カノープスに関わっていれば、ヤコブの梯子がより直接的なテーマであることを考えてみましょう。

　ちなみにアゲナは二極化をする場所だとすると、それを修復するのはトリマンとも考えられます。もちろんトリマンもアゲナと共に、セットでヤコブの梯子を作り出しています。トリマンは蠍座29度28分で、これは

360度の度数では239度28分です。シリウスは蟹座の14度5分で、これは104度5分となります。差は135度23分です。だんだんと黄金比に近づいてきているといえます。2度程度は許容範囲というのならば、明らかに黄金比に入ります。

トリマンすなわちケンタウルスα星は、太陽系から4.39光年しか離れておらず、太陽系には最も近い恒星のグループと考えてもよいかもしれないので、その意味では階段の一番近いところにあるといえるのです。

象徴と事物の対応の自由性
誰もが納得の固定的な意味は存在しない

地図に投影するのならば、地球の地図の中では熊野古道です。日本の地図の中では蟹座の真ん中を探すことです。あるいはもっと小さな場所で、住んでいる都市の中でも、このシリウス・カノープスポイントを探してみるとよいでしょう。ここでは地球地図のピリ・レイス的ジオデティックの度数では熊野古道なので、世界中の人がカノープスに乗るには、熊野古道に来ればよいのです。

私は以前、雑誌「恋運暦」で日本の各地を12サインに当てはめてコラムを書いていた時には、起点を伊万里にしていたため、この蟹座の14度の領域は坂越でした。坂越は秦河勝がうつぼ舟でたどりついたところで、河勝の墓がある島は、一般人は入れませんが、坂越の港はこの世で最高の場所だと感じました。秦河勝を東北に向かった老人と重ねやすかったのです。坂越はまさに理想の環境に感じました。

しかし今回のマッピングであれば、日本の歴史に関係なしに、離島を入れない土地の端と端に日本を当てはめたので、この12サイン割り当てでは蟹座の14度は坂越ではありません。世界地図の対応では、始点をギザの大ピラミッド近辺にしておけば特に揺れることはないでしょう。

事物と象徴を割り当てるのは、この日本地図や世界地図、都市の地図に12サインを当てはめるのと同じことであり、ここに固定的な関係はありません。事物と象徴はいつでも取り外し可能なのです。ピノキオは塩化ビニールで作ることもできれば木で作ることもできます。

ですから、誰もが納得できるような固定的な意味にこだわる必要性はそれほどありません。本当のところ、真実な当てはめは何なのかと考える必要もないのです。私がUVG120の惑星グリッドのマッピングに多少疑問を呈するのは、北極と南極に座標を固定していることです。

今回の当てはめで熊野古道とカノープス・シリウスなどを結びつけるのは、アボリジニの土地の奥から元型を呼び出すというのと同じような作業だと感じています。実際にはどの土地にもすべての記憶が内在していて、どのようなものもどこからでも呼び出すことができるわけです。もし七つを統合化できるような意識を持っているのであれば、いかなるものにも変えられます。したがって、このマッピングは恒星とか象徴的な力を呼び出しやすくするための目安と考えるとよいのです。

事物に象徴を張りつけることが好きな人は
必ず偶然とは思えないような符号を見つける

事物に象徴的な意味を当てはめる遊びをする癖のある人は、どのようなつまらないものからでも偶然の一致とは言いがたいような暗号を見つけ出してきます。乙女座の5度に妖精の夢を見る男というのがありますが、その反対側の魚座5度には教会のバザーという度数があります。これらは事物に象徴的な意義を重ね合わせる遊びをしているわけです。

乙女座は事物の部分性にはまり込み、そこに大きなものを託そうとします。魚座は事物から離れて象徴を現実とみなしていくプロセスを進んでいるので、事物と象徴は剝離しかけていて、関係性は比較的自由になりつつ

あります。

　そこで、共に事物に象徴を当てはめて遊ぶのです。極端に低コストで作られたタオルやカップに可愛らしい名前をつけると工業製品という印象が退き、何か可愛げなイメージを刺激してくるものに変わります。

　こうした事物に象徴を張りつけることが好きな人は、この行為に集中していれば、必ず偶然とは思えないような符号を見つけることでしょう。これも大地から意味を引き出すという作業と同じなのです。

　エジプトのピラミッドに長い間こだわっていれば、そこに古代文明の知恵が結集しており、現代に伝えようという意味のある暗号が満載されているように感じます。ウンベルト・エーコは『フーコーの振り子』でそれをパロディ化しています。

　事物と象徴には固定的な関係はありません。あると考えるのは信念体系の一つにすぎないのです。固定的な関係があると信じている人は、これが真実であり、あれは間違いというふうに考えたりします。

　このように、移動させると死んでしまう猫になってしまうとマカバは作れません。マカバはどこにでも移動します。新規の場所では新規にマッピングするのです。生命を維持するに必要なパーツをすべて象徴的なもので所持しており、そこらを必要な時に適時、事物に張りつけるのです。小麦がなければトウモロコシで同じものを作るというわけです。

惑星グリッドの力は細分化されるので
どの場所にもホログラムを作れる

　不死の存在になるにはどうすればよいか、という話題がときどき登場しますが、自分が成り立つために必要なパーツをエーテル素材の中に全部置き換えるというのが、古来からの悲願でした。肉体依存していると、肉体が死んだ時に自分も一緒に死んでしまいます。しかし肉体よりも一つ上に

ある、もう少し永続性の高いエーテル体に器官を移し変えることができるのならば、その後もその人は続いてきます。これは物質、すなわち事物から自分を引きはがして、シールを違うものに張りつけるように、エーテル物質に張りつけるという行為です。それを抽象化された存在というふうに名づけてもよいでしょう。

　歴史について書いている本を読んで、しばしば疑問に感じることは多いかと思います。神話的な人物や出来事を実際の日本のどこかの地域と結びつけることがあります。例えば、イザナギノミコトが天に通うために梯子を立てて作ったのが天の橋立といわれたのだという『風土記』の内容から、実際にその土地がそうなのだと考えたりすることです。

　神話的な存在は実在する人ではないことに注意すべきです。具体的な土地にそこまで固有の役割を与える必要はありません。惑星グリッドの力は細分化されていくので、どの場所にもどのホログラムを作ることができます。しかし、具体的な土地に縛られていれば、その自由性を認めることができないのです。

　繰り返しますが、下にあるものはそれ自身では上がれません。上にあるものは自己分割して、どこかに降りることができます。天の橋立を京都でない場所に置くというのも自由なのです。

10 　まとめ　〜分割の恐れを乗り越えるために〜

3歳くらいまでは縦波が忘れられていないが
成長にするにつれて横波に心奪われていく

　これまでの話をおさらいすると、外に飛び出すことと内側に吸い込むことは、主客が自作自演的に分かれたものですが、三次元の世界では、この主客の分離は両方を共有することができず、必ず片方のみへ同一化するということでした。

　四次元以上の世界ではこの主客という二極化がないので、移動するためには、自分の中でこの陰陽の二極化のチューニングによって、異なるホログラムを選べばよいという結論になりました。四次元科学と称されるデネボラ的(フリンジ的)な分野では、陰陽の因果律を持つ横波に対して直進する縦波はパイロット波となり、この陰陽の回転の推進方向をすると考えます。ですが、あいかわらず陰陽の横波の間ではそれは意識の中に入ってこず、そこから虚の力であるとみなされ、四次元に折り畳まれているとか、時間の因果律を超越するなどといわれました。

　ヘリオセントリックの12サインの中では、この横波に対する縦波は魚座の終わりであり、牡羊座の始まり、すなわち春分点周辺で働きます。というよりも働くべきなのです。そうでないと12サインの回転という横波は、そこにずっととどまり、いつ果てるともなく輪廻を繰り返してしまいます。

　12サインに90度方向で縦波の力がかかると、この回転は螺旋運動へ変わります。この縦波の力が強いと螺旋の傾斜の角度が大きくなり、進化速度が速くなりますが、同時に、まるで駆り立てられるかのように生き急ぐ

ことにもなります。

　牡羊座はそもそも生まれてきたばかりの幼児のようなサインです。幼児を見て「7歳までは神のうち」という言葉がありますが、3歳くらいまで大人よりも賢いように見える時があります。これはまだ縦波が忘れられていない段階ではないかとも思います。やがてはこの世の陰陽の運動、横波に心を奪われ、この世界の中でのことしかわからなくなります。

　反対に魚座の終わり頃は、死ぬ時期の近づいた翁の精神に近づき、また縦波に対する予感を感じるようになります。横波に関心が集中している間は人生全体を見る視点はありません。人生全体を見て、この人生全体をまるごと違うところに移送するのが縦波であり、この縦波に運ばれる前に、人生全体をまとまりのよいワンパックにまとめておかなくてはなりません。

山羊座が自分の立ち位置を決めて
牡羊座と天秤座が際限のない拡大を行う

　知覚の境界線を決めるのは天秤座です。つまり触覚として、自分の住む世界の輪郭を決定するのです。牡羊座の自我感覚と天秤座の触覚は、対の関係でこれは主客の自作自演的な二極化だと説明しました。

　牡羊座が突けば突くほど、天秤座の触覚の境界線は広がっていきます。もちろんその人にはその人の均衡というものがあり、これは牡羊座と天秤座に対して90度の関係にある山羊座が自分の立つ場所を決めているので、ここで牡羊座と天秤座の際限のない拡大には抵抗します。

　許容範囲の狭い意識を、家を変えてしまうと死んでしまう猫と例えましたが、これは牡羊座と天秤座の揺れに対して、山羊座の許容度はかなり狭いということです。また狭くなければならないという理由もあります。山羊座が存在をどこかの場所に留め具でとめておかないと存在性は解体してしまうからです。

牡羊座の意識がまだ春分点から降りてきて縦波のパイロット波を忘れていない時には、牡羊座の人を社会不適応にしてしまいます。しかしまた同時に、大きな範囲の自我感覚を持ち、この力を天秤座の鏡にぶつけると、天秤座は触覚の境界線を大きく広げざるを得ないのです。

　限界を突破するというよりも、限界をまだ設定できていない段階というのは、12サインのどれでも24度がその役割となります。それは底なし沼のようです。とすると、牡羊座の24度は、もしまだ縦波のことを忘れていないのならば、このコスモスの壁を突き破って外にまではみ出そうとします。

　自作自演的な関係性の中で、それを受けた天秤座の24度は、これまでの触覚的な境界線に綻びを作ります。牡羊座24度は、サビアンシンボルでは開かれた窓のカーテンにコーヌコピアの型ができるというもので、天秤座の24度は、蝶の左側の三番目の羽です。

　余ったエネルギーを外宇宙に突き出すと開かれた窓を通じて、つまりエニアグラムの9の位置を通じて、突き出した分だけ、反対にこちらに何かが侵入してきます。外に出たものと侵入してくるものは同じで、自分が出れば出るほど自分に突き刺さってくると思えばよいのです。

　蝶の羽はオーラのようなもので、左側は受容性であり、三番目は生産的な原理です。三番目は四番目が抑止しないかぎりは果てしなく流動していきます。作っては壊し、作っては壊しを続けるわけです。つまりオーラの境界線、すなわち感情や心理などの触覚ラインが決められなくなります。

　牡羊座の24度と天秤座の24度は、エネルギーが余ると果てしなく流動するのです。この開かれた窓のラインにはたまたまアルクトゥルスが重なっていて、アルクトゥルスは輪郭がなくなることをよしとする宇宙系なので、アルクトゥルスからすると良きものとなりますが、しかし地上の生活からすると最悪という意味にもなります。

　もちろんここで、社会的な立場とか、物質的な生存の立場を保持しようとする山羊座は、このグループに対して直接関わるのは、正確な90度を

作る山羊座の24度で修道院のシンボルです。つまり苦肉の策として、社会の中で唯一霊的拡大を正当なものと認知される修道院やお寺などにいれば牡羊座と天秤座の出たり入ったりは、この社会の中で異常なものとはみなされません。

　例えば京都のある禅院などでは、資料が外に出てしまえば、歴史の常識を覆しかねないような内容のものが保管されています。ですが、禅院ならそれでもよいのだ、という話になるわけです。

ある信号を聞き取るためには
それにふさわしい場所を見つけ出すとよい

　私が大阪の講座で、生命の樹のホドを通じて太陽を分割した矢をどこかに投射してターゲットに突き刺すと自分にも同じことが起こり、少しばかり人格クラッシュが起こるということをいったがために警戒心が発生して上手く変成意識に入れなかったという人がいました。今までの自分を変えたくないとか、今仕事が重要な局面に入っているため自分が変わるのは困る、などと考えるわけです。暇で失うものがない人はさほど困らないかもしれませんし、人生に希望が持てない人はもっと困らないのかもしれませんが、社会生活を維持しなくてはならず、妻も子供もいるというような人は、山羊座の立ち位置感覚が、牡羊座と天秤座の自作自演的な拡張、とりわけ、かろうじて残る縦波の力を受け止めてしまうと崩れてしまうのは目に見えています。

　権威や地位、立ち場を守りたい人は、この牡羊座と天秤座の拡張力を食い止めねばなりません。あるいは山羊座の立ち位置感覚の場を、もっと大きなものに変えなくてはならないのです。

　グルジエフは、社会生活を今まで通り続けながら道を探求することを第四の道といいました。それ以前の旧来の道では、みな道に入るには世俗を

捨てなくてはならなかったのです。世俗を捨てるか、あるいは権威や立場を作ることを捨てた山羊座24度の場に入らなくてはなりませんでした。ですがこのグルジエフ的な第四の道に順応できるのは、社会的な職業の中では、おそらく芸術家や作家、哲学者などであり、会社員ではないのかもしれません。

　山羊座を強く固定すると、それに合わせて牡羊座と天秤座はおとなしくならざるを得ません。牡羊座と天秤座の振幅を大きくすると、山羊座は嵐に巻き込まれて、いつのまにか立場を崩されてしまいます。こういう時には、十字の最後の部品である蟹座の聴覚で、見えない共同体の輪に共鳴することも重要です。

　山羊座は物質的な立ち位置であり、蟹座は見えない立ち位置であり、それは聴覚と同じように、身体の輪郭を超えて、天使的な仲介を経て、大きな太陽系的共同体の輪の中に共鳴します。この輪は見えない輪なのですが、範囲の大きな山羊座の立ち位置感覚と似たものだと考えてもよいでしょう。ただ通信手段は、もちろん非物質的なものでなくてはなりません。具体的に見えるもので、物質的な通信手段が使えるとなると、それは蟹座の聴覚ではなく、山羊座の均衡感覚に類するものとなり、許容度が思い切り狭い性質のものに変わってしまいます。

　あくまで聴覚の働きであることに満足するべきものなのです。それは聞こえるがものとして手に取れないというものです。無言の響きの中にあり、強く情感を刺激しますが、物的証拠は提示されないのです。

　つけ加えておくと、180度側でこの見えないクラスターの受け皿として、地上には山羊座24度の修道院が存在します。どの修道院もこのどれかのクラスターの地上支所です。この支所にアンテナが立ち、ここから聴覚的なものに似た電波のようなものが発信され、それは蟹座のクラスターの波と送受信を繰り返しているわけです。

　山羊座と蟹座の関係は、場所を決めると、その点を中心にして音楽が広

がるようなもので、これはまるでレコードに針を置くとそこから音楽が流れ出すかのようです。1点を決めないと拡大して共鳴する場も決められません。音楽の調をどれにするか決めるようなものかもしれません。

　この1点・修道院の場所・アンテナが立つ場所は、蟹座ファミリーとしてのクラスターごとに違うので、それが地球上のどこにあるのか、あるいは日本のどこにあるのかを探索してみると楽しいのではないでしょうか。部屋の中でさえ最適の場所があるはずです。

　私は千葉県の勝浦に行くとダスカロスと私が同じグループだという夢を見ました。勝浦はダスカロスの生まれたキプロスと同じ北緯で、つまりそこに針を置いたら信号の行き来があったということです。

　山羊座の立ち位置と蟹座の聴覚的な拡大が互いに180度としての釣り合いを持っているとしたら、ある信号を聞き取るためには、それにふさわしい場所を見つけ出すといっそう効率的ということなのです。そのためにあちこちをうろつくのはとても有意義なはずです。

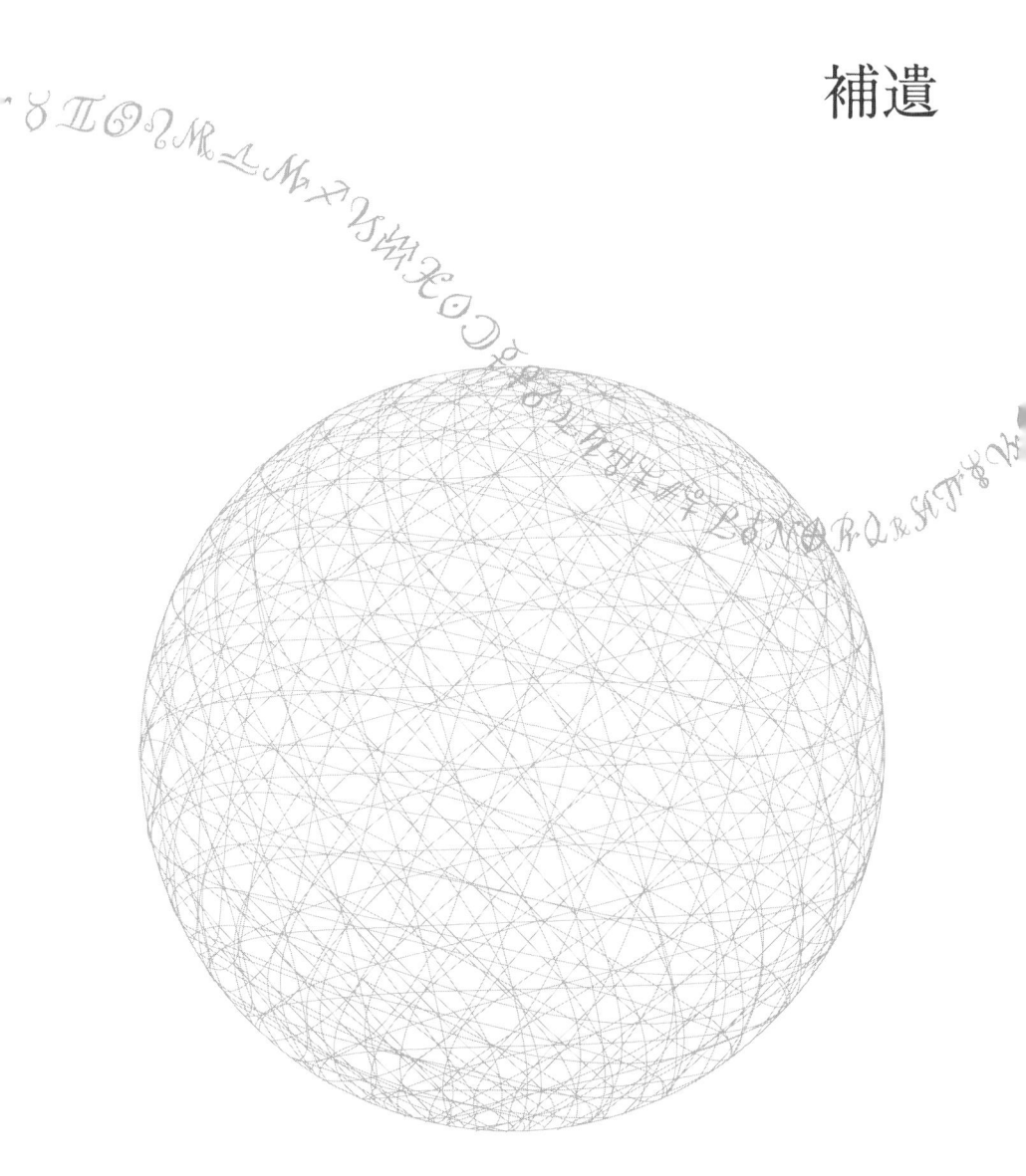

補遺

1 三次元ホロスコープの出し方

あらためて、三次元ホロスコープの出し方について補足しておきます。三次元ホロスコープはヘリオセントリックの計算法なので、ヘリオセントリックのホロスコープが作成できなくてはなりません。

私が身近に使っているのは、以下の三つです。

1 Stargazer（スターゲイザー）

これは Windows 専用のアプリケーションで、セントリックチャートという項目では、太陽系の中のどれかの惑星を中心にして天体位置を計算できます。この中で、円表示で太陽を選ぶと、ヘリオセントリックの計算の図が表示されます。

トランジットで、今どこの位置に惑星がいるかを素早く見るにはこれが最も便利です。また黄緯もそのまま表示されているので、どのエリアにあるかもすぐにわかります。

あらかじめ出生データが登録されていれば、出生データ読込で出生図を見ることができます。

ただし、図は常に出生図とかトランジット図とか一つしか出せないので、別ウィンドウを開いて、横に並べて比較するとよいでしょう。

2 インターネットサイトの astro.com

パソコン以外の iPad などでも見ることができるので、かなり使いやすい

です。左上のメニューで、「Free Horoscope」を選び、この中で、「Horoscope Drawing & Calculations」の三つの項目のうち、二番目の「Extended Chart Selection」を選択し、「Options」のうち、「Zodiac」で、「WARNING: heliocentric(tropical)」にします。その後一番下の「Click here to show the chart」をクリックすると図が表示されます。

金星のマークを逆さにしたような記号が地球ポイントです。

あらかじめ自分のデータを登録しておかなくてはなりませんが、追加は上の部分にある「Add a New Person」で可能です。

3 SOLAR FIRE（ソーラーファイヤー）

Windows 版の市販アプリケーションです。英語モードで使います。プラネタリウムはこのアプリで見ることができます。しかし平面的に表示されているので、想像力で立体を思い浮かべるとよいでしょう。

メニューで出生データを登録する時に、あらかじめヘリオセントリックを選ぶ必要があります。またハウスシステムを、「0° Aries」にしておくと、ホロスコープでの表示がサインごとに表示されるのでわかりやすいでしょう。ここで Asc と MC が表示されますがこれは無視してください。地球ポイントはマルの中に十字の記号で表示されます。天体位置の計算結果は、astro.com とかなり似た度数になります。ごくわずかに分表示が違うこともあります。

ハウスを考えるには、チャートを印刷し、手書きでサインごとに地球ポイントと同じ度数に印をつけて、そこをハウスの始まりとします。例えば、地球ポイントが山羊座の22度ならば2ハウスは水瓶座の22度で3ハウスは魚座の22度という具合にです。このように同じ度数で始まるものをイコールハウスといいます。

それではプラネタリウム表示にしてみましょう。「View」メニューから、

「Planetarium」を選びます。表示した後、右上のメニューでは「Ecliptical」にします。すると、図の赤道位置に太陽系の惑星が横に並ぶ配置になります。右下の横に向いて三角の記号をクリックすると、左右どちらかにプラネタリウムが回転します。

このプラネタリウムでは、黄緯を問わず、惑星に近い黄経にある点をクリックすると右の一覧表の中で、この点はどの恒星なのかわかります。そこで下の「Show Info」を押すと恒星の簡単な説明が出てきます。例えばSIRIUS ならば、「Alpha Canis Major-NGC8833」と表示され、「Long/Lat.」は13度蟹座26分、－39°35′です。「The mundane becoming sacred」以下に意味の説明がされています。

ヘリオセントリックのホロスコープを印刷し、惑星の度数と惑星に近い場所でクリックした恒星の黄経 (Lat.) の度数を比較して、通常は3度以内、強い興味があれば5度くらいまでの範囲にある恒星が、惑星に受け取られる影響だと考えます。何も考えない受動的な作用としては、ホラリーなどでは1度程度が惑星と恒星のオーヴであり、またブレイディの恒星パランでは0.5度程度が適切だとされています。

しかしヘリオセントリックの三次元ホロスコープでは、このオーヴはかなり広く取ります。そもそも目的がはっきりと違うからです。狭いオーヴで活用されるホラリーやブレイディのものは、現象の中に恒星の影響が出るのかどうかということで考えられてきたオーヴだからです。

三次元ホロスコープでは惑星の進化の未来ということを考えるため、注意力によってそれを引き寄せるということが特徴です。それは夢や憧れの中に取り込まれます。惑星はそれらを地上生活に生かすためにバイパスの役割を果たそうとします。

ヘリオセントリックは、チャクラでいえば頭のてっぺんのサハスララチャクラから降りてきたもので、それは地上の現象ではなく、まずは精神に超意識的な要素に受け取られ、それから現象的な下の領域へと降りていきま

す。情報の受け取りの回路が違うのです。

　通常のジオセントリックは物質的な面から、すなわちチャクラでいえば、腰のムラダーラチャクラから見る視点であり、恒星の影響を確認するのに、現象とか行為、出来事などで検証することになります。

　上からのものは内的な夢とか願望で確認し、下からのものはもので確認するという対比があります。今日的な考え方の習慣として、現象として確認しなくては納得しないというのは、ムラダーラチャクラに閉じ込められた人の発想で、また夢の中では確認できても現象や生活に結びつかないのは、上からものがムラダーラチャクラにまで降りてこないということです。

　ほとんどの人は身体のどこかに断絶があり、この上からのものと下からのものが分裂傾向にあります。この連絡がつかないと、その人の本当の意味での満足はありません。そして無理な場合は諦めてどちらかを選ぶことになります。その段階で、その人の人生は挫折したとみなさなくてはなりません。また再チャレンジした方がよいのです。

　惑星の位置に近いところに、黄経にして三つくらい恒星があるケースもあります。このような場合は、あらためて自分の生活や夢、憧れ、目的意識、執着することなどを点検してみるとよいでしょう。恒星の影響はたいてい長く思い続けます。十年とか二十年とか、持ち続けるビジョンであることが多いのです。自分はこの恒星に何の親しみも感じない、通じるものはないと思うケースはむしろ少ないでしょう。

　プラネタリウムを回転させながら、さまざまな場所を見てみましょう。ソーラーファイヤーでは、上下のラインは10度ずつ仕切られており、これを元に七つの区分を想像してみてください。

　このプラネタリウムはアダムカドモンの樹であると考えます。恒星の黄緯や七つの区分の分布は、アダムカドモンという普遍的な存在性の中で恒星が決まった役割を持っていることを表しています。チャクラの位置としては変わりません。

私はブレイディの恒星の数だと少ないと思っています。ですから、ソーラーファイヤーでは、「Chart Options」で「Files」を選ぶと、この中に「Fixed Stars File」があり、例えば「Starfiles.fst」を選ぶと大量に恒星が表示されます。この表示をして自分の惑星により近い恒星を探してみるとよいでしょう。ただしブレイディの説明もありませんから、それを推理する手がかりもありません。

　神話が結びついている場合には、それを手がかりにすることができますが、特有の呼称も神話もない場合もあり、その場合は自分でサーチしてみることをオススメします。つまり精神の旅です。これはヘミシンクや瞑想などでもよいでしょう。繰り返すことによって次第に手がかりがつかめるはずです。

　その昔、私はある朝起きると埴輪（はにわ）のような男がそばに立っていて、その男は私と１万５００年前に知り合いだったというのです。今はオリオンの方向の星に住んでいるが、地球からは見えないので探しても無駄だといわれました。オリオンの方向ですが、もっと奥にあるということなのでしょう。地球からするとマイナーで小さな恒星です。

　死んだ後、そこに住むということは、死ぬ瞬間解放された意志の方向にフィットした場所に向かったということです。死ぬ瞬間に現世にしがみつくと後ろ向きになり、この意志は隠れて見えなくなります。すると、その先に飛び出していく力が弱まるのです。死ぬことは失われることではなく、旅立つことなのだと認識すれば、その人の意志に最も適した場所に行くことになります。

　この意志あるいは意図が存在すれば、生きている間でも、意味はわからず名前だけがわかっている恒星でもそれを探索することができます。何度も繰り返せば正確になることでしょう。

　この探索を趣味にしてみるとよいのではないでしょうか。この未知の恒星は、それと結びつくバイパスの惑星を通じて、あなたの人生においての

個性的な力になります。圧倒的な突き抜けた能力というのは、実は恒星との関わりを持っている人のみが手にするものです。惑星はどれほどがんばっても基本的でありきたりなものしか開発しません。

　恒星は継続する夢であり、この力が支えると、一つのことをいつまでも取り組んでいつのまにか優れた能力になります。カストールやポルックスに引き寄せられた人は物語を書き続けます。誰も認めなくてもブログを書き続けたり、日記をひたすら書いたりするのです。そうやって続けたら、文章が上手になるに決まっています。そしていつのまにかそれで生活するようになるわけです。

　例えば、ある人が「物書きになりたい」といったとします。それでホロスコープを見ると、水星が土星とスクエアしかなくて、それは発達が遅いとみなすとします。しかも言葉で落とし続けるのです。読んだ人は「なんて盛り上がらないんだろう」とげっそりするかもしれません。ホロスコープのリーダーによっては「物書きは諦めた方がいいよ」というかもしれません。ですが、この水星がカストールと重なっているとしたら、恒星のしつこさは土星のスクエアを乗り越える可能性があると思います。ポルックスだと、逆に土星の暗さはフィットするかもしれません。

　物覚えが悪いとか、習熟が遅いとか、精神の理解力が狭いとか、それは実は長く時間をかけたら何とかなるものなのです。恒星はそのくらいのことは気にしません。

　作家を目指しているのに上手くいかないので途中で挫折して、違う仕事をしていますというのは、途中で諦めたということですが、恒星はずっと光り続け、諦めるという要素がありません。諦めるのは惑星の方ですから恒星とのリンクを切り離して、狭いところに閉鎖して手打ちしたということになるのです。

　ずっと続けて、環境の方が根負けしてしまい、世界の方が「もういいから、それをさせてあげるから」というふうにしてチャンスを手にする人という

のは、恒星に支えられた人生です。そういう人は、体の具合が悪くなっても、お金がなくなっても、やめようとはしません。そしていつか思い通りになります。いろいろなことを諦めても、これだけは絶対にやめないというのが何かあるとしたら、それに該当する恒星は必ずあります。

恒星はたいてい神話的なものや夢、あるいはガイドのような形で擬人化されることが多いので、一度接触すると何十年でもそれを忘れません。

このいつまでも忘れない願望は、その人を浄化する力でもあるといえます。発熱すると身体の雑菌は死にます。そのようにこの願望がノイズを焼いてしまうという現状が起こるのです。

注意するべきことは、天体計算とかホロスコープ作りは三次元的な座標、トリトコスモスにおいての考え方の一つであり、現実は多くの人が思い描くような天に輝く恒星に生き物が住んでいるというようなものではありません。地球上に人が住むようなかたちで人がいるわけではありませんし、星も地球のような星があるわけではないのです。元型的なものが、三次元領域においては、あたかも天の配置のように見えてくるというだけなのです。トリトコスモスから見る上位のコスモスは、実際のコスモスの様相とはかなり違います。しかしトリトコスモスからすると、天体位置はそのわずかな接点なのです。

この恒星の探索のために、多少値段の張るソーラーファイヤーを手に入れても無駄ではないと私は思っています。恒星を探すということでは、Stargazer や astro.com ではなかなか代用できないのが本当のところです。

2 ジオセントリックと ヘリオセントリックの併用

　本書ではジオセントリック占星術について、さんざんなことをいってきたかもしれませんが、個人の地上生活においての可能性探索という点では、ジオセントリックはとても細かい情報を提供してくれます。

　私は日本のあちこちの場所でホロスコープ読み講座をしてほしいという依頼を多く受けるのですが、これは私が個人鑑定せず、一対一での対面というのを好まないので、公開で一人30分とかの時間で数時間の間に何人も続けてホロスコープのリーディングをして、参加者はそれをホロスコープの読み方練習にするという公開リーディングの講座が出来上がったからです。

　私の方としては、これは全く無計画なまま始めたもので、ある意味気楽ですが、このタイプの講座はとても人気が高くずっと続いています。

　そしてたいてい連続で何人も読むので、他の人と比較しながら読むということが多くなります。ある心理学カウンセラーは、心理学の場合は人の類型を考えるのに少数のパターンしかないが、占星術の場合は一つとして同じタイプがなく、それでいてこの誰にも似ていない自分の個性について弱気になるのではなく、「これでいいんだ。これが自分のやり口だ」と自信を持てるので、カウンセリングに適しているということをいっていました。

　ポアンカレのいうように惑星は同じ配置になることは永遠にありません。ですから、占星術の達人であっても、「この人の図は前に他の人の例で見たことがある」とはいえず、どの人を見ても新しい発見となり、「この手があったのか」と感心することになるわけです。

　私の場合、通常の占星術のロジックについてはあまりにも長く接しすぎていたので飽きていますが、それでも続くのは、この誰を見ても毎度新し

いパターンがあり、それにいつも驚いてしまうということが原因です。同じ人がいつまでも同じ講座にやってきて、また同じ図を読むことも多いのですが、その場合でも前に見落としたところに目が行き、驚きを感じます。

　ジオセントリックのホロスコープの個別性はとても面白いものがあります。ですが、本書でも書いているように、これはその人を地上に閉じ込めてしまうのです。つまり肉体が発生したピンポイントから宇宙を見るので、自分の感覚的な性質に閉じ込められ、そこからどこにも出ることができないということを意味しています。それはパーソナリティの牢獄というようなものです。

　本書を書いた直後に、違う出版社で「もっと一般的なヘリオセントリックの本を書いてほしい」という企画が出て、本書が書店に並ぶ前にこの次の本を書いているのですが、そこでは天と地を結ぶ虹があり、この虹は7色の七つの階層があり、そしてジオセントリックは下から三つ目までは上がってそこで止まるが、ヘリオセントリックは上から降りてきて上から四つ目までを埋め、そして下と上がつながると両方が行き来できるという説明をしました。

　本書と何も変わらない趣旨ですが、「七色の虹」という言葉を使ったところが、少しわかりやすいのかなと感じました。編集者は「女子中学生でもわかるような本にします」と主張していて、私が Google ドライブに書いた原稿を編集・加工する予定なのですが、果たして女子中学生に理解できるものになるのかどうか不明です。言葉がやさしくても概念が難しければ、なかなか大変だからです。

　地上的な社会適応に関しては、まずジオセントリックのホロスコープで可能性を考えるとよいでしょう。ただ、生理学的機械の部分と混同はしないでください。生理学的機械とは、人は何度までの気温だと生きることができて、何時間睡眠が必要で、生体維持にはこれこれこういう部分が必要で、というような要素のことです。ホロスコープは、基本的にアストラル

体に働きかけるもので、物質的な肉体に影響は及びにくいのです。人間は等しく同じような機械であるという視点で生きているところでは、占星術は意味をなしません。

その問題をクリアした上であらためて考えると、ジオセントリックは自分の創造力が反映されるというよりは、環境の中でどうすれば上手く生きていけるかということに焦点が当てられています。

一方でヘリオセントリックは、太陽から分割された光線が地球に降りてくるというものなので、もともとの太陽と結びついた創造性を表します。ジオセントリックにはこの太陽との結びつきがありません。なぜなら、地球から見る太陽は、ステンドグラス効果によって地球色に染まった太陽なので、「猫は人を猫の一種と見ている」というところから一歩も前に進んでいないからです。この地球側の視点があるかぎり永遠に太陽には行けません。

数年前にある本で、芥川龍之介の『蜘蛛の糸』を引用しました。お釈迦様は池の底の地獄にいるカンダタに糸を降ろしたのですが、降りた糸はヘリオセントリックそのものなので、ジオセントリックが上手くこの糸を這い上がってきてくれたら、まっすぐに天と地の間に柱が立つことになるのだといえます。

まずジオセントリックで生活や仕事、さまざまな可能性を見ていき、次にヘリオセントリックで環境適応以上のプラスアルファを見つけ出すのです。私はよく講座で、ワーキングプアで生活ができていない人はそれで手一杯なので、詩集を読むとか音楽を聴くという贅沢を味わえないといいますが、ジオセントリックで可能性をまだ見つけ出していない人は、ヘリオセントリックを使う贅沢さに至らないでしょう。そのためジオセントリックを考える前に、ヘリオセントリックに走るのは好ましくないかもしれません。

占星術の手順が混乱する例はたくさんあります。例えば、出生図を見て、

惑星を読まずにいきなり小惑星の一つに注目するとか、出生図の可能性を見ずにいきなりハーモニックを読むとかたくさんありますが、その点では、やはりジオセントリックを見て、その後、ヘリオセントリックの方が好ましいのです。

　また比較というのも興味深いものがあります。

　ジオセントリック図とヘリオセントリック図の惑星の場所を比較してみましょう。一番大きな違いが出てくるのは内惑星です。

　まず、水星のサイン・ハウス・アスペクトについて比較してみてください。水星は、ジオセントリックでは双子座と乙女座の支配星で、学習や知能、言葉、また仕事能力などに関係しています。サインはそのカラー、ハウスはどういう分野でそれが働くか、アスペクトは行動特性のようなものです。職業を考える時には、立ち位置としての土星は職種とか、また乙女座の支配星としての水星は具体的な働き方などになります。

　ヘリオセントリックの水星は、太陽の初めの分割になります。水星はまだ太陽から自立しておらず、公転はしているけれど自転では太陽に同じ面を向けたままという状態です。自転とは惑星の惑星なりの自立性なので、水星はまだ太陽からは離れたがらないのです。その点では、私はまだ分離がはっきりしていないヒルコのイメージで水星を見るようにしています。

　この曖昧な、まだ活動方向がはっきりしていないところのものは、太陽の力を残しつつ惑星へと向かいます。ですので、自分の本質を切り離さないまま、そこから活動方向を模索することになります。この水星がヘリオセントリックの図の中でどのサインか、どのハウスかは、他のあらゆる惑星の中で最も重視するべきです。なぜなら、そこが人生のスタートだからです。

　太陽は静止しており、太陽系の中では絶対であり無であり、ワンネスなので、そこに活動はありません。太陽系を支えるメリーゴーランドの軸なのです。活動の始まりの模索は水星からです。

このジオセントリックとヘリオセントリックの対比は、好きな仕事をしたい人が、まだすぐには上手くいかないので、生活のために仕事をしてだんだんと好きな方向にシフトするという具合に、適応のためにジオセントリックを使い、本質的に生きるためには、だんだんとヘリオセントリックにシフトというイメージで考えてみるとよいのではないでしょうか。

　ジオセントリックとヘリオセントリックの比較をもっと詳しく研究したい人は、ジオセントリック図にジオセントリックのトランシット、ヘリオセントリック図に、ヘリオセントリックのトランシットというコントラストで比較してみてください。その前に出生図で、例えば、ジオセントリック水星が土星、天王星のＴ字スクエアなどで固められているとジオセントリックでは水星の動きにブレーキがかけられていると考えることもあります。

　反対に、ヘリオセントリックでは水星がグランドトラインという人もいます。こうなると、初めから、水星はヘリオセントリックで使ってくださいという話になります。

　水星は最も重要な天体という意味では、いくら時間はかけてもよいので、それを比較してみてほしいと思います。

　具体的な事例として、アルバート・アインシュタインの水星について考えてみたいと思います。

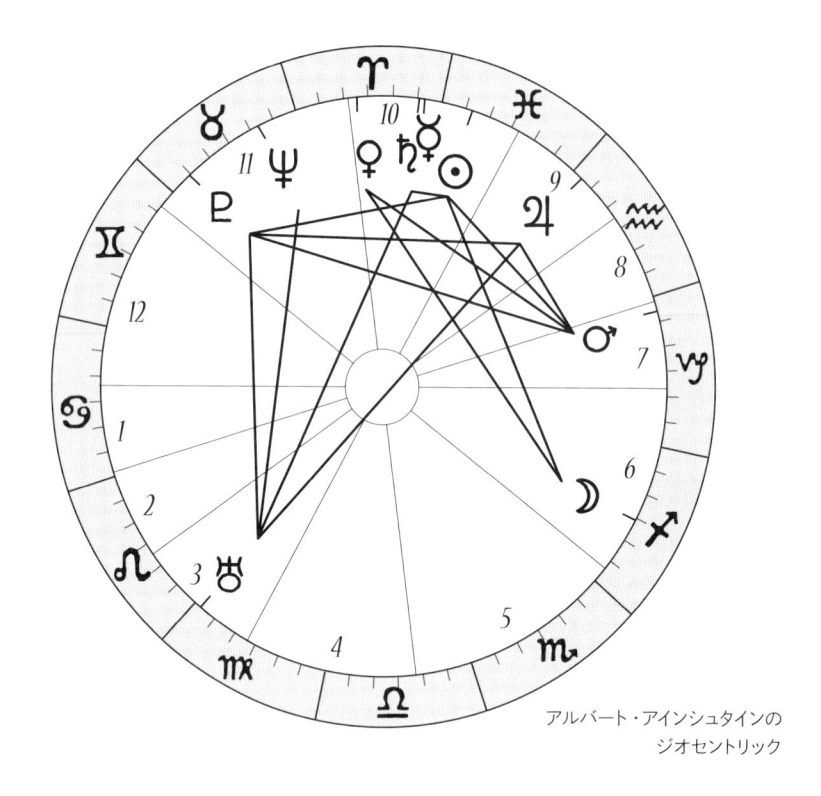

　水星は牡羊座の初めの方にあり土星と合です。これは10ハウスの中に
あります。水星は土星と重なると理解が遅いといわれます。そもそも牡羊
座の初めの春分点に近いと、新しい理論を考えたりしますが、あまり世俗
的ではありません。純粋な理論などを考えたりするのです。アインシュタ
インは、若い頃は学校で扱いにくいといわれていました。

　10ハウスは職業的な立場でもあるので、水星・土星の専門家として生き
ていくということが推理できます。加えて春分点に近いために、どこかの
組織で従属して働くということは苦痛なはずです。これがジオセントリッ
クの水星です。つまり地上において、アインシュタインが生きていく知性
の方向といえます。

　それでは、次にヘリオセントリックを見てましょう。

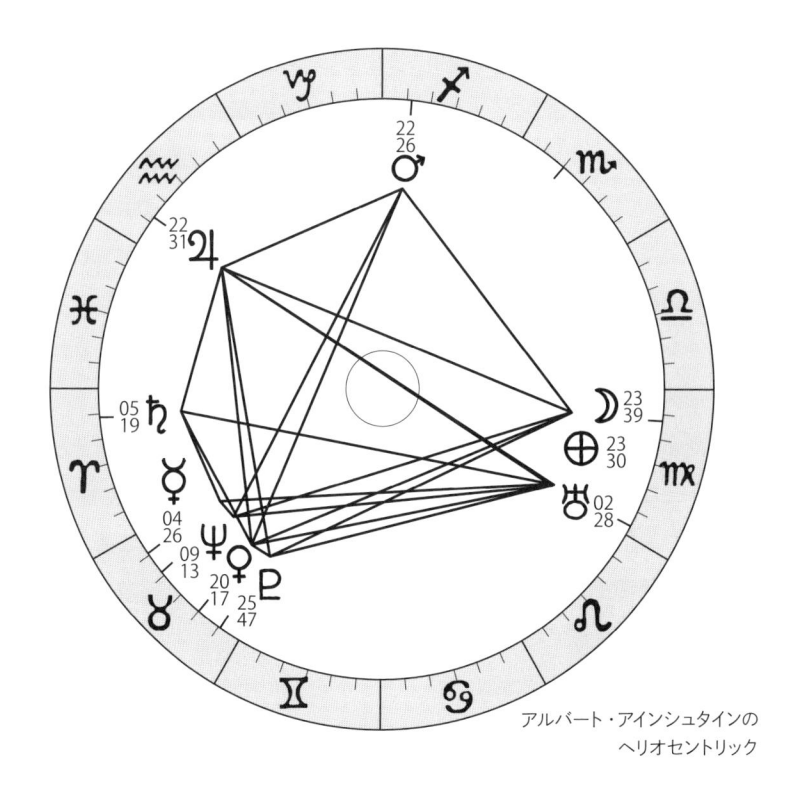

アルバート・アインシュタインの
ヘリオセントリック

　地球ポイントが乙女座の24度ということで、牡牛座4度26分の水星は8ハウスに入ります。牡牛座には惑星が四つもあり、ヘリオセントリック的な牡牛座は思考感覚だということを考えると、考えて考える人ということになります。そして8ハウスは深入りするので、深層にあるものを考えるということです。もちろん8ハウスは研究に適しています。

　興味深いのは、牡牛座の9度13分に海王星があることで、ジオセントリックでは10ハウスの水星・土星がまるで技術屋さんや専門家という印象なのに、ヘリオセントリックでは8ハウスの水星・海王星で、とらえどころのない見えないものを言語化・理論化するということになります。そもそも土星は、山羊座の支配星ですから、それはもっぱら社会的な役割の中で働くことが多く、海王星はその枠から大幅にはみ出しています。土星と海

王星の対比はまさに極端に違い、そこが興味深いのです。

　地上から見るアインシュタインは厳格な理論家であり、天から降りてきたアインシュタインは夢見の中で模索し、深くしつこく考えていく人ということです。海王星は近日点に近く、海王星の作用としてはエキセントリックではありません。恒星ハマルとシェダルは牡牛座の7度の後半にあり、水星と海王星の間にあります。

　アインシュタインは26歳の時、1905年6月30日にまず特殊相対性理論を発表しましたが、このアイデアは16歳の時に「光に乗る」という思考実験から始まったといわれています。それから彼は10年間考え続け、本人いうところの「ラバのような強情さ」を続けたのだというのです。

　ラバのようにしつこく考え続けるのは牡牛座の四つもある思考感覚であり、また思考実験という頭の中のイメージで考えるのは水星・海王星だと思われます。決して水星・土星ではありません。

　アインシュタインのジオセントリックの中に相対性理論は出てこないと思われます。それは地上の外面的な姿だからです。反対に、ヘリオセントリックの中には相対性理論が出てくるのだといえます。なぜならそれは中身を見ているからです。

　特殊相対性理論は1905年に発表されましたが、この時に木星は牡牛座で、水星・海王星近くを通過し、天王星は山羊座の初めあたりから水星に対して120度でした。

　ジオセントリックの場合には、牡羊座の初めの水星・土星については、蟹座の初めの海王星、山羊座の初めの天王星とＴ字スクエアが出来上がります。これは職業的な立場、すなわち10ハウスの水星に対して逸脱するというかたちで現れます。そういう局面を見ているわけです。ヘリオセントリックでは夢見の果てのものを外に出すチャンスがやってきて、そしてジオセントリックでは職業的な逸脱というところに視点が当たるのです。

　もう一つ金星の例について考えてみたいと思います。

ゲーリー・カートンは自身のサイトで、芸術家の多くはヘリオセントリックでは金星と海王星の鋭いアスペクトがあるといいました。その例として、フィンセント・ファン・ゴッホの図を掲載しています。

< http://www.dreamastrologer.com/astrology-artIcles/ >

　まずはゴッホのジオセントリックの出生図です。

　金星は魚座の28度30分にあり、火星も近く10ハウスです。10ハウスはどちらかというと立場の維持に関係し、金星・火星に関係した職業的立場になるという意味です。ただし、魚座の終わり頃の金星・火星ということになると、世間的には積極的でなく、世間からは逃げ出し、辺境に向かうような位置となります。そして新規に牡羊座のスタートとなるわけです。

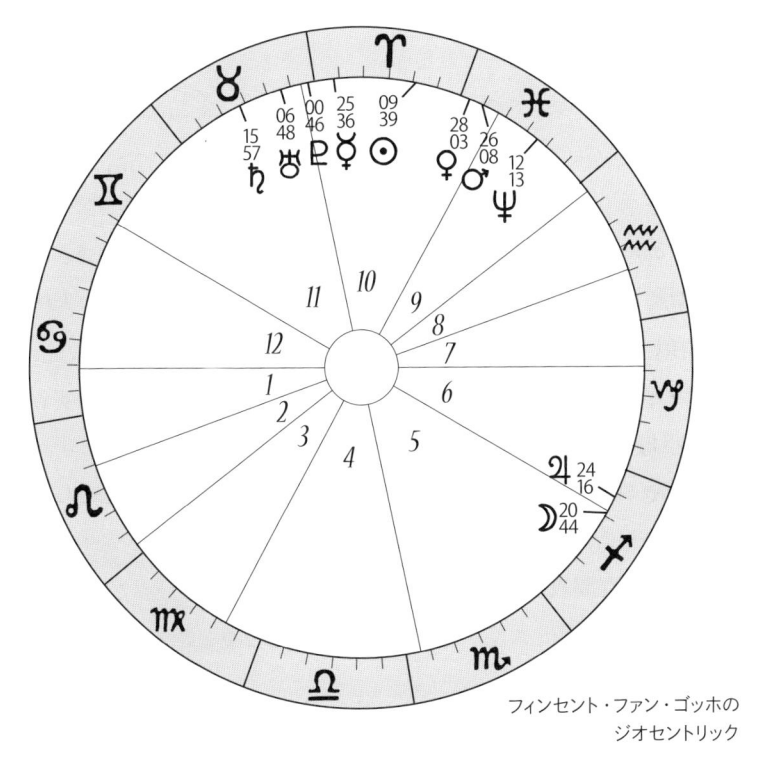

フィンセント・ファン・ゴッホの
ジオセントリック

　次に、ヘリオセントリックの出生図を見てみます。

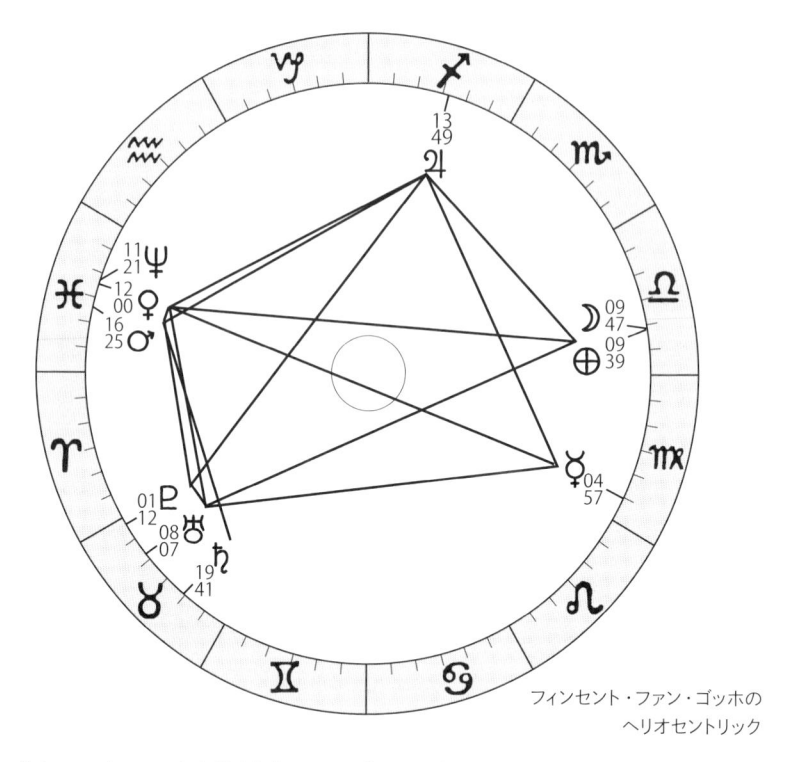

フィンセント・ファン・ゴッホの
ヘリオセントリック

　ジオセントリックと比較すると、金星が海王星の位置に近づき、6ハウ
スで金星・火星・海王星の合が出来上がります。これら三つの天体は、ジ
オセントリックでもヘリオセントリックでも魚座にありますが、ヘリオセ
ントリックの金星・火星・海王星は11度から16度あたりに分布するために、
魚座15度18分の恒星アケルナルにかなり近づくことになります。嵐のよ
うな変動に巻き込まれ、静かに落ち着いた生活などはできません。不穏に
揺れ続けますが、生命力は活性化していきます。

　ゴッホの空間表現は、アケルナルの浸された川の流れが現れてきたか
のようです。金星・火星・海王星という芸術表現としては傑出しているが、
あまりにも不安かもしれません。

　ジオセントリックでは、金星は魚座の最後に近い28度3分でサビアンシ
ンボルはプリズムです。これは春分点に抜け出す前に、自分の資質を法則

的に整頓していくことを表して、俗世的な感情を脱色し、ヘリオセントリックの激しい情動とは真逆なものでもあります。

このようにして、違いの大きな内惑星、金星や地球ポイントなどについて比較をしていくとよいのです。ただ、頭のてっぺんであるサハスララチャクラから降りてきたものは、現象面としてはわかりにくいかもしれません。しかし本人の意識としてはかなりリアルであると思います。ぼうっとして何か考えているといった時に、このぼうっしているというのはジオセントリックで、そして考えている内容そのものはヘリオセントリックということとなのです。

アインシュタインとゴッホの例でニュアンスについて考えてもらいたいのですが、「職業は何がいいですか？」と聞かれた時、アインシュタインならば10ハウスに水星・土星で「技術屋さんや専門家がいいです」で、ゴッホならば10ハウスに金星と火星で「芸術家がいいです」と答えることができます。しかし、やっている中身はわかりません。

ヘリオセントリックでは、アインシュタインは想像の中で、思考実験をしながら、果てしなくラバのようにしつこく考え続けているテーマがあるといえます。ゴッホは、情動の激しい川の奔流の中で流動的な絵を描いていきます。この違いを考えてみてください。

ジオセントリックは基本的に、ローカル図であり、10ハウスの位置も、国を変えてしまえば立ち場は変わります。そのため、狭い場所での適応のための図となるのです。ヘリオセントリックはほとんど場所に関わりません。しかも個人生活の月は全く度外視されています。

ホロスコープをリーディングする人で親切な人ならば、この二つをじっくりと比較しながら説明してみるとよいかもしれません。

そのためには、まず自分の二つの図の鋭い対比について十分に知っておかなくてはならないでしょう。あなた自身のジオセントリックとヘリオセンリックを作ることをオススメします。

おわりに

　ヘリオセントリックのホロスコープで、地球ポイントをスタート点にして、ハウス座標を考えていくという試みをすると、三次元ホロスコープは、より具体的になります。身体投影で考えた時、地球ポイントを真正面に置いてみます。つまり太陽という大きな自己から自己分割して、今、自分の一部が地球に向かっている瞬間を考えるのです。今もこの瞬間地球に向かい続け、地球内部の活動に、太陽の力を注ぎ続けているのです。私達はそれをし続けており、このし続けていることをやめてしまうと、この瞬間にも存在をやめてしまいます。

　この正面が地球ポイントということを考えて、他の黄緯・黄経を身体の周囲に配置して考えてみます。惑星は、胸から腹の位置の周囲を取り囲む腹巻とみなします。この帯は複数の種類の大きさのもので、一番近いところには水星があり、また土星までが日常の生活に関係するところです。土星と天王星の間には、なかなか乗り越えられない溝というか傷の場所があり、そこが嫌な人はそこで止まってしまい、制限された範囲の中で生きることになります。

　個人意識は、この土星を超えた段階で、自己拡張領域に入り、個人の物質的な体験ではないものも含むようになります。そうやって冥王星の範囲まで行ったら、この帯の最大サイズのところまで到達します。冥王星領域は揺れていて、太陽系の中心の太陽に従属するか、それとも外の影響にさらされるか迷っています。その結果として、輪郭がいびつになっています。

　私はしばしば意識のベクトルを矢印で思い描くことが多いのですが、この矢印を外に放射状に向けていくだけで、ある段階が来ると日常意識から

変成意識、つまりある種のトランス状態に入ってしまいます。これは土星までが可視的な日常意識の輪郭で、その外の天王星から冥王星までが超個的な意識に入るということで、輪郭を拡大するだけで意識のスイッチは切り替わるものです。狭い室内とか内輪の世界に没入する時には地球の軌道よりももっと小さな金星の輪郭の場所で意識の及ぶ範囲を止めてしまいます。社会に働きかける人は地球の外にある火星に至ります。

　太陽系の惑星は、こういうふうに、自分の仮想的なオーラの輪郭のいくつかの層であると想定してみましょう。外に出るのが億劫（おっくう）で、今日は1日家にいてパソコンの前に座り続けようと思うと、地球という基準値よりも狭いところに輪郭が収縮するのです。

　あなたが夢を見た場合、この夢の体験の中で、さまざまな事物や印象などがどの方向からやってくるのか、思い出してみてください。地球ポイントを正面に置くと、たいていの場合、10ハウスは右横90度の位置になり、4ハウスは左横90度の位置になります。私が初めてヘミシンクをした時、上空で私を見ている人影を発見しましたが、その人物はその後も何年も、ことあるごとに登場してきます。これは地球ポイントから見て、左上上空、少し黄緯の高いところにある恒星と関連のある存在です。このように何かの印象がどの方向から働きかけたのか考えることで、それと関係する恒星を特定することができます。

　物理学と心理学を結合したアーノルド・ミンデルは、わりに方向感覚とか空間の方位などを応用したメソッドを数々と考案し紹介していますが、空間方向と意識のあり方は非常に密接なかたちで連動します。従来の占星

術、すなわちジオセントリック占星術は、身体組織そのもの、感覚そのものから方位を認識する手法なので、例えば、夢のような、身体から離れた夢見の身体（エーテル体、アストラル体）においての方向感覚とは違います。三次元ホロスコープの方位感覚は、太陽から見たもの、太陽と地球の関係で作られた12サインの位置座標を借りて考えるので、この非感覚的なところでの方位に直結していると思います。それは身体感覚の方位とは違うものですが、これをミンデルのいう、身体感覚とは違うところから来る呼び声と同一視してもよいでしょう。

　ちょっと新しすぎる治療を受けたりする時に、あるいはアイソレーションタンクのようなものに入っている時に、ある方向から光がちかちかするとか、何か圧力が来る、ある印象がやってくるという時に、これがあなたの三次元ホロスコープのどの恒星からやってきて、そして腹巻の（つまり惑星の）どれをバイパスして入り込んできているのかを考えてみましょう。

　本書は、いくつかのアイデアをまずはまとめて1冊にしてみようということで書き始めました。

　まず担当者の高木さんと打ち合わせをして、それで行けそうなら私が内容の企画書を書き、それから会社で会議します。オーケーが出たら、そのまま書き始めますが、まとめて書くこともあれば、段階的な進行がそのまま編集の人に見えるように、Googleドライブで共有設定したまま、書き進めることもあります。

　今回は久しぶりに、まとめて書きました。

　その後最近は、Adobe Readerの注釈機能でPDF化されたゲラなどを修

正します。

　紙版で校正する時のために 1 本だけ残していたウォーターマンの万年筆を使う機会はなくなりました。

　毎回、高木利幸さんにお世話になっております。

著者紹介

松村　潔（まつむら・きよし）

1953 年生まれ。占星術、タロットカード、絵画分析、禅の十牛図、スーフィのエニアグラム図形などの研究家。タロットカードについては、現代的な応用を考えており、タロットの専門書も多い。参加者がタロットカードをお絵かきするという講座もこれまで 30 年以上展開してきた。タロットカードは、人の意識を発達させる性質があり、仏教の十牛図の西欧版という姿勢から、活動を展開している。著書に『完全マスター西洋占星術』『魂をもっと自由にするタロットリーディング』『大アルカナで展開するタロットリーディング実践編』『タロット解釈大事典』『みんなで！　アカシックリーディング』『あなたの人生を変えるタロットパスワーク実践マニュアル』『トランシット占星術』『ヘリオセントリック占星術』『ディグリー占星術』『本当のあなたを知るための前世療法　インテグラル・ヒプノ独習マニュアル』『クラウドスプレッドタロットリーディング』（いずれも説話社）、『決定版 !!　サビアン占星術』（学習研究社）ほか多数。
http://www.tora.ne.jp/

三次元占星術
（さんじげんせいじゅつ）

発行日	2015 年 1 月 23 日　初版発行
発行日	2015 年 8 月 10 日　第 2 刷発行

著　者	松村　潔
発行者	酒井文人
発行所	株式会社 説話社
	〒 169-8077　東京都新宿区西早稲田 1-1-6
	電話／ 03-3204-8288（販売）03-3204-5185（編集）
	振替口座／ 00160-8-69378
	URL http://www.setsuwasha.com/

デザイン	染谷千秋
編集担当	高木利幸
印刷・製本	株式会社平河工業社

© Kiyoshi Matsumura Printed in Japan 2015
ISBN 978-4-906828-10-4 C 2011

郵便はがき

1 6 9 - 8 7 9 0
116

東京都新宿区西早稲田1-1-6

株式会社 説話社

「愛読者カード」係行

フリガナ		
お名前		

年齢層 10代 20代 30代 40代 50代 60代以上	性別 男・女

フリガナ
〒 ご住所

E-mail

※このハガキにご記入の個人情報を小社の商品・イベント情報のご案内のために利用
させていただいてよろしいでしょうか？
　□利用可　　　□利用不可

小社の本をお買い上げいただき、ありがとうございました。

●お買い上げの書籍タイトルをご記入ください。

●好きな占いのジャンルは？（あてはまるものいくつでも）

西洋占星術　四柱推命　タロット　易　姓名判断　人相　手相
紫微斗数　九星気学　数秘術　O学　算命学　奇門遁甲　ルーン
宿曜占星術　夢占い　星座占い　血液型占い
その他（　　　　　　　　　　　　）

●好きな占い師または著者として読んでみたい占い師をお聞かせください。

●占い以外に読まれる本のジャンルは？（あてはまるものいくつでも）
純文学　エッセイ　スピリチュアル　推理小説　ホラー小説　SF
恋愛小説　歴史小説　ビジネス書　ノンフィクション　歴史書
科学書　コミック　趣味・実用書（ジャンル：　　　　　　　　　）
写真集（ジャンル：　　　　　　　）　学術書（ジャンル：　　　　　）
その他（　　　　　　　　　　　　）
●その他ご意見・ご感想をお聞かせください。

ご協力ありがとうございました。

完全マスター　西洋占星術

A5判・函入り上製・488頁
本体価格 4500 円 （税別）

西洋占星術の第一人者である松村潔が書き下ろした、本格的占星術の本。ホロスコープから意外な性格や才能、過去・現在・未来の出来事を読み解く方法を伝授。星が働きかけてくる影響の活用法も具体的に示され、読めば読むほど運命の不思議と人生の面白さが味わえます。

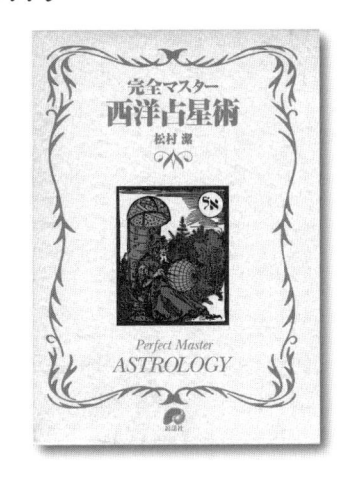

トランシット占星術

A5判・並製・324頁
本体価格 2400 円 （税別）

「トランシット」とは出生図と通過する惑星の相互作用から未来を予測する技法です。冥王星、海王星、天王星を重視する点に特徴があり、各天体がどのハウスに入った時に私達にどのような影響を与えるのかを詳しく解説。古代の占星術技法「パラン」を使っての恒星の影響も紹介しています。

ヘリオセントリック占星術

A5判・並製・240頁
本体価格 2400 円（税別）

従来の価値観を 180 度変える力を与えてくれる占星術の技法である「ヘリオセントリック」について解説した1冊。なじみの深い、太陽や月、その他の惑星の位置関係を見る「太陽星座（雑誌やテレビなどでみる「12星座」）」ではなく、太陽から地球を見た「地球星座」で読み解く、あなたの才能や性格、今後の発展などがわかる新占星術です。

ディグリー占星術

A5判・並製・252頁
本体価格 2400 円（税別）

「ディグリー占星術」とは、ホロスコープに明示されている「ディグリー（＝度数）」から自分自身を深く読み取るためのもので、1度から 360 度までの度数の意味を説明したサビアンシンボルと違い、12サイン共通の1度から30度までの各度数の意味を解き明かしものです。さらに、12サイン別の度数のテーマも合わせて取り上げていますので、サビアンシンボルとして勉強されたい方にも最適です。